浙江省习近平新时代中国特色社会主义思想研究中心省委
浙江省委党校共同富裕研究中心

浙江省山区县
跨越式高质量发展研究

ZheJiang Sheng ShanQu Xian
KuaYueShi GaoZhiLiang FaZhan YanJiu

王立军◎著

企业管理出版社
ENTERPRISE MANAGEMENT PUBLISHING HOUSE

图书在版编目（CIP）数据

浙江省山区县跨越式高质量发展研究 / 王立军著. —北京：企业管理出版社，2022.7
ISBN 978-7-5164-2654-8

Ⅰ.①浙… Ⅱ.①王… Ⅲ.①县级经济-区域经济发展-研究-浙江 Ⅳ.①F127.555

中国版本图书馆 CIP 数据核字（2022）第 110682 号

书　　名：	浙江省山区县跨越式高质量发展研究
作　　者：	王立军
责任编辑：	刘一玲
书　　号：	ISBN 978-7-5164-2654-8
出版发行：	企业管理出版社
地　　址：	北京市海淀区紫竹院南路 17 号　　邮编：100048
网　　址：	http://www.emph.cn
电　　话：	编辑部（010）68701322　发行部（010）68701816
电子信箱：	liuyiling0434@163.com
印　　刷：	北京虎彩文化传播有限公司
经　　销：	新华书店
规　　格：	710 毫米×1000 毫米　16 开本　15.75 印张　200 千字
版　　次：	2022 年 8 月第 1 版　　2022 年 8 月第 1 次印刷
定　　价：	78.00 元

版权所有　翻印必究　印装有误　负责调换

前　言

在新发展阶段，为支持浙江省高质量发展，2021年5月20日，发布《中共中央 国务院关于支持浙江高质量发展建设共同富裕示范区的意见》。2021年6月11日，中共浙江省委十四届九次全体（扩大）会议通过《浙江高质量发展建设共同富裕示范区实施方案（2021—2025年）》。共同富裕不仅是社会发展概念，更是一场以缩小地区差距、城乡差距、收入差距为标志的社会变革。分析进入新世纪以来浙江省山区县的发展轨迹，可以发现山区县在浙江省高质量发展建设共同富裕示范区的作用和地位日益突出。

习近平同志在任浙江省委书记时就多次强调，要把先富带后富作为全省经济发展的大战略，不断促进区域经济协调发展。区域协调发展是浙江省推动共同富裕的独特优势，也是巨大潜力所在。如何缩小地区差距？浙江省委书记袁家军在中共浙江省委十四届九次全体（扩大）会议讲话指出："要深化细化行之有效的做法举措，念好新时代'山海经'，进一步完善省域统筹机制，实施差别化区域政策，挖掘区域发展特色优势，系统性增强内生动力，推动形成全域一体化高质量发展新格局。一要加快省域一体化。以'四大建设'为统领，以空间规划一体化为引领，推动资源要素在全省域自由流动、高效配置。深入推进公共服务一体化发展，提高公共服务供给质量，使优质公共服务更加普惠均等可及。深入推进基础设施一体化，加快建成省域、市域、城区3个'1小时交通圈'，优化省域新基建布局。二要推动山区26县跨越式高质量发展。按照分类引导、'一县一策'的思路，系统性推进数字赋能、创新赋能、改革赋能、开放赋能、生态赋能、文化赋能，实施做大产业扩大税源行动和提高居民收入富民行动。持续缩小基础设施差距，加快构建内畅外联山区交通基础设施和新型基础设施体系，推动山区26县全面融入全省一体化；持续缩小产业发展差距，加快构建特色现代产业体系，探索建立跨山统筹产业平台；持续缩小公共服务差距，以教育共同体、医共体、帮共体和"互联网+"等方式，推进教育、医疗卫生等优质公共服务资源共享。衢州、丽水要建设好新时代山水花园城市，进一步加强人口集聚，做好人口迁出地的'后半篇文章'，盘活闲置资源，打造重大平台，重塑发展格局。省委、省政府每年召开一次山区26县工作推进会，把这项工作抓实。三要创新实施山海协作升级版。更大力度推进海洋强省建设，高质量发展海洋经济。拓展迭代山海协作方式、载体和内涵，推动先富带后富政策制度集成、数字化系统集成、帮促力量集成。打造一批产业链协作、公共服务合作的标志性工程，推进'科创飞地+产业飞地'双向飞地建设，形成山海互济、携手共富的良好态势。四要创新实施对口工作升级版。推动山海协作理念、方法向省外拓展，发挥我省民营经济、数字经济、市场发达等先发优势，深入推进东西部协作和对口支援，用心用情加强对省外欠发达地区帮扶，推进工作项目化、项目体系化、体系品牌化，打造对口工作金名片。"[1] 只有山区县实现跨越式发展，才能进一步缩小浙江省的区域差距，实现共同富裕。本书就是对浙江省山区县跨越式高质量发展的一个实证研究。

本书源自2021年年初浙江省发展和改革委员会开展的山区26县跨越式高质量发展调研，笔者所在的中共浙江省委党校浙江发展战略研究院作为智库之一，负责对衢州市的常山县和江山市开展调研。之后笔者又负责开展《常山县跨越式高质量发展五年行动计划（2021—2025）》和《松阳县跨越式高质量发展五年行动计划（2021—2025）》的编制工作，对浙江省山区县跨越式高质量发展有了新的认识。之前，在2011年笔者也曾主笔吕祖善省长重点调研课题《加快山区县域经济提升发展的思路和对策研究》，对浙江山区发展有较长的研究经历。2022年春，浙江省再次遇到疫情，利用这段相对比较充裕的时间，在总结整理以往调研资料并开展新的研究的基础上完成了此书。

---

[1] 袁家军. 忠实践行"八八战略"奋力打造"重要窗口"扎实推动高质量发展建设共同富裕示范区 [J]. 政策瞭望，2021（6）：11-20.

本书分为四篇。第一篇 总论，分析了欠发达地区跨越式发展相关理论，山区县对于浙江省发展的意义，浙江省扶持欠发达地区发展的政策演进，以及新时期山区县跨越式高质量发展思路。第二篇 比较篇，分析了法国山区和日本北海道的开发经验及启示。第三篇 路径篇，从产业转型、全域旅游、乡村振兴和生态转化角度分析山区县的发展路径，每个路径均有相应的案例研究。第四篇 实践篇，以常山县和松阳县为例，分析生态发展类和跨越发展类山区县的高质量发展。

王立军

2022 年 4 月 28 日

目 录

第一篇 总 论

第一章 欠发达地区跨越式发展相关理论 / 1

一、经典经济理论与欠发达地区发展 …………… 1

二、绿色发展理论与欠发达地区发展 …………… 12

三、数字经济创新与欠发达地区发展 …………… 18

第二章 山区县与浙江省发展 / 24

一、浙江省山区县的基本概况 …………… 24

二、山区县对浙江省发展的意义 …………… 61

第三章 扶持欠发达地区发展的政策演进 / 65

一、从统筹区域协调发展的战略高度重视
欠发达地区发展 …………… 65

二、适时出台扶持政策
推进欠发达地区加快发展 …………… 66

三、建立健全"三位一体"大扶贫格局 …………… 68

四、创新合作交流机制
促进欠发达地区加快发展 …………… 70

第四章 新时期山区县跨越式高质量发展思路 / 73

一、明确思路与目标 …………… 73

目录

二、实施增强发展动力的两大行动 ……………… 75

三、完善基础设施 优化公共服务 ……………… 82

四、加强陆海统筹 升级山海协作 ……………… 87

第二篇 比 较 篇

第五章 法国山区开发的经验 / 89

一、法国山区的基本状况 ……………………… 89

二、法国山区开发的主要措施 ………………… 90

三、法国山区开发的几点启示 ………………… 96

第六章 日本北海道开发的经验 / 98

一、日本北海道开发的主要特点 ……………… 98

二、新世纪日本北海道开发的方向和新目标 …… 103

三、日本北海道开发的几点启示 ……………… 104

第三篇 路 径 篇

第七章 产业转型与山区县发展 / 107

一、发展生态工业 促进山区县发展 …………… 107

二、发展历史经典产业 促进山区县发展 ……… 118

三、发展数字经济 促进山区县发展 …………… 123

第八章 全域旅游与山区县发展 / 128

一、全域旅游重塑山区品质 …………………… 128

二、一县一策：支持泰顺县加快推进全域旅游 …… 130

三、案例：江山市绘就全域旅游画卷 ……………… 133

第九章　乡村振兴与山区县发展　/ 139

一、山区县实施乡村振兴战略的重要意义 ………… 139

二、支持山区县乡村振兴的主要举措 ……………… 143

三、案例1：打响"常山阿姨"品牌

　　输出就业高质量 …………………………… 147

四、案例2：江山市以"五村联创"为抓手

　　打造城乡协调发展样板区 ………………… 152

五、案例3：松阳县以传统村落保护为抓手

　　助力乡村振兴 ……………………………… 156

第十章　生态转化与山区县发展　/ 160

一、山区县生态产品转化的路径与机制 …………… 160

二、支持山区县生态环保的政策举措 ……………… 163

三、构建以山区为重点的GEP核算应用体系 ……… 165

四、案例：常山县组建"两山银行"

　　拓宽生态价值转化通道 …………………… 172

第四篇　实　践　篇

第十一章　常山县跨越式高质量发展研究　/ 179

一、发展背景 ………………………………………… 179

二、总体思路 ………………………………………… 183

三、重点任务 ………………………………………… 186

— 3 —

四、保障措施 …………………………………………… 204

第十二章　松阳县跨越式高质量发展研究　/ 206

一、发展背景 …………………………………………… 206
二、总体思路 …………………………………………… 210
三、重点任务 …………………………………………… 214
四、保障措施 …………………………………………… 231

参考文献　/ 233

后记　/ 239

第一篇 总 论

第一章 欠发达地区跨越式发展相关理论

改革开放以来，随着社会生产力的发展，我国稳定解决了14亿人的温饱问题，全面建成小康社会。但是发展不平衡、不充分问题依然明显。这不仅成为满足人民日益增长的美好生活需要的主要制约因素，也成为推动高质量发展、实现经济持续健康发展亟待破解的难题。如何推进欠发达地区的跨越式发展，这不仅是经典经济理论关注的问题，也是绿色发展理论和数字经济理论的关注点。

一、经典经济理论与欠发达地区发展

关于推动欠发达地区发展的经典理论主要有比较优势理论、经济增长理论、经济起飞理论、梯度转移理论等，我国学者根据中国实际对其进行阐发，实现了欠发达地区发展理论的中国化。

（一）比较优势理论

斯密（Adam Smith，1776）在《国富论》中提出了比较优势的理论。李嘉图（Ricardo，1817）在《政治经济学及赋税原理》一书中将相对比较优势理论放在了一个更加宏观的理论系统中进

行阐述。根据该思想，每个国家都应集中生产并出口其具有比较优势的产品，进口其具有比较劣势的产品，这样可以增加整个世界以及彼此的福利。赫克歇尔-俄林要素禀赋理论（E. Heckscher，1919；B. Ohlin，1933；简称 H-O 理论）认为，各国应该出口密集使用自己相对丰富、价格相对便宜的生产要素生产的产品，进口自己相对短缺、价格高的要素密集生产的产品。克鲁格曼（Krugman，1985）揭示出规模报酬是国际分工的形成和贸易发生的新动因。[1] 比较优势发展战略就是指要在经济发展的每一个阶段上都选择符合自己要素禀赋结构的产业结构和生产技术。林毅夫（2005）认为，只有发挥比较优势，才能形成竞争优势；不发挥比较优势，竞争优势是形成不了的。[2]

我国学者结合国情进一步发展了比较优势理论。[3]

（1）比较优势理论起作用的条件。杨小凯等（2001）认为无论国内贸易还是国际贸易都是专业化经济与节省交易费用两者折中的结果。贸易产生的经济条件是分工经济大于交易费用。人口规模对经济发展的作用要视交易效率的高低而定。若交易效率低，像改革开放前的中国，尽管人口多，生产率水平却很低；若交易效率高，像日本、中国香港和新加坡，人口多就会成为加深分工的有利条件，促进经济发展。道理就在于发达国家（地区）的交易效率比发展中国家（地区）高，提高了分工水平，增加了商品种类数，扩大了市场容量，使得发达国家（地区）之间的贸易更为有利可图。[4] 杨青龙等（2012）认为，交易成本过大甚至会使得部分产品成为非贸易品，在现实贸易活动中，即使一国（地区）存在基于生产成本的比较优势，但如果制度效率低、交

---

[1] 刘钻石. 比较优势理论研究述评 [J]. 经济学家，2009（8）：76-77.
[2] 林毅夫. 比较优势与中国经济发展 [J]. 经济发展前沿，2005（11）：5-9.
[3] 任文启. 欠发达地区发展理论中国化研究综述 [J]. 理论月刊，2014（7）：163-166.
[4] 杨小凯，张永生. 新贸易理论、比较利益理论及其经验研究的新成果：文献综述 [J]. 经济学，2001（1）：19-44.

易成本大，贸易仍将无法顺利进行。①

（2）在我国发展过程中应用比较优势理论的重要意义。林毅夫（2002）认为，大多数发展中国家（欠发达地区）具有比较丰富的劳动力资源。优先发展劳动密集型产业可以提高竞争力，减少农村人口，解决农村贫困问题。②林毅夫（2005）指出，产业政策导向应该以比较优势原理为理论基础，选择当地有传统的产业、有工业基础的国有企业、独特资源、当地已有产业向上下游延伸等方向。③林毅夫（2013）提出，推进良性城镇化进程主要靠发展比较优势产业。如果按照比较优势发展相关产业，那么在早期，劳动力密集产业或在资本密集型产业中劳动力相对密集的产业区就会发展得快。这样发展的好处是非常有竞争力，而且能够给农村劳动力提供大量生产力和工资水平较高的就业机会。因为竞争力强，经济发展和资本积累会较快。资本积累推动产业升级，又去投资符合比较优势的产业，创造更多收入水平高、有竞争力的就业机会。东亚各国就是靠这种发展模式在快速城镇化过程中避免了贫民窟的出现。政府在这一过程中发挥应有的作用——改善基础设施、提供公共服务、对农村提供必要的支持、提高农业生产力水平，从而实现城乡、工业和农业进入良性互动。④

（3）我国欠发达地区依据比较优势原理促进发展需要注意的问题。欠发达地区发展策略的出发点是突出重点，发挥地区比较优势，促进地区经济发展和产业结构不断升级，西部地区应充分利用好、发挥好本区能源和资源富集、重要矿产比较丰富等一系

---

① 杨青龙. 基于制度要素的比较优势理论拓展——以交易成本经济学为视角 [J]. 财贸研究，2012（8）：58-62.
② 林毅夫. 消除贫困也要发挥比较优势 [J]. 瞭望新闻周刊，2002（15）：43.
③ 林毅夫. 比较优势与中国经济发展 [J]. 经济发展前沿，2005（11）：5-9.
④ 林毅夫. 发展比较优势产业 推进"好的城镇化" [N]. 中国城乡金融报，2013-01-17（A03）.

列比较优势，通过大力发展特色经济，促进资源优势向产业优势、经济优势转化，增强自我发展能力，不断创造经济发展新亮点，从而让本区有机会占据国内或国际分工的一席之地。陈昕（2013）认为，从全面、整体和动态的比较优势理论看，欠发达地区的"筑巢引凤"经济发展策略存在一定缺陷，需要不断从局部比较优势向全局比较优势转换，从单一比较优势向综合比较优势转换，从静态比较优势向动态比较优势转换。[①]

（二）经济增长理论

经济增长理论的研究主要涉及两个方面：一是探究经济增长的背后原因；二是为什么不同国家出现不同的增长速度。对于这两个问题的认识，涉及经济增长的三个基本方面：一是影响经济增长的因素有哪些？二是为什么不同国家的经济增长速度有如此大的差异？三是为什么会出现个别国家经济增长速度特别快，例如中国的"经济增长奇迹"。

现代宏观经济学是由英国经济学家凯恩斯创立的，因此第一代经济增长理论也是基于凯恩斯主义的。在凯恩斯主义经济学中，经济增长主要靠投资，但投资主要靠什么，第一代经济增长理论给出了答案，认为储蓄率是决定经济增长的关键因素，经济增长率决定于储蓄率。英国牛津大学哈罗德教授提出的第一代经济增长模型，在经济学中被称为哈罗德—多玛模型，因为美国经济学家多玛在他的论文中也提出了类似模型。

现代经济增长理论主要包括新古典增长理论和内生增长理论。根据经济增长源泉的区分，内生增长理论又主要包括资本驱动的内生增长理论和创新驱动的内生增长理论。新古典增长理论通过外生技术进步和劳动增长来解释经济增长，也被称为外生增长理论。区

---

① 陈昕. 我国西部地区"筑巢引凤"发展策略浅析——基于比较优势理论的视角 [J]. 经济问题探索，2013（7）：181-200.

第一篇 总 论

第一章 欠发达地区跨越式发展相关理论

别于新古典增长理论，内生增长理论认为经济增长率是由经济参与体（包括家庭、厂商和政府）的最优化行为决定的，而不是外生给定的。内生增长理论也被称为新增长理论。相对于新古典增长理论，内生增长理论更强调市场的不完备性和经济中存在的扭曲，这为政府干预经济提供了更为充分的理论依据。[1]

现代增长理论所提出的政策建议是具有积极意义的。该理论认为一个地区的政府对长期和可持续发展的影响是具有十分巨大的潜力的，这对于欠发达地区发展也有一定的启发。例如，从制度层面研究开发激励发展的机制、人才引进的机制、技术和知识的扩散机制、教育的开发机制等，以这些机制作为基础，在欠发达的水平上实现赶超和跨越。所有这些相互联系的增长特征，都有一个共同因素和纽带，就是"对技术创新的大规模应用"。经济的迅速增长使得基础科学研究成为可能。而基础科学研究又反过来促进技术的发明与创新，技术的发明与创新则推动了经济进一步的增长。

回顾中国的经济增长，经历了改革开放前1949—1977年的重工业优先增长赶超期，经济年平均增长6.5%。1978年改革开放后到2012年出口导向的工业化赶超增长，2012年中国第二产业产值占总产值的比重为45.3%，与第三产业占比持平，而工业占比已经从2011年的40%下降到2012年的38.7%，而后第二产业占比持续低于第三产业。中国进出口额在2015年达到全球进出口额的13.79%，达到顶峰，出口份额更高，而后逐步下降。2012年以后中国经济增长逐步减速至8%以下，预计这一趋势伴随着中国逐步成为发达国家而继续增速放缓，直到高质量转型成功进入新"稳态"，向发达国家增速上限水平收敛。

改革开放前在苏联的影响下中国采用了重工业优先增长的经

---

[1] 严成樑. 现代经济增长理论的发展脉络与未来展望——兼从中国经济增长看现代经济增长理论的缺陷[J]. 经济研究, 2020 (7): 191-208.

济赶超模式,成为中华人民共和国成立后经济建设的基本模式。这一模式促进了中国的重工业化发展,增长速度虽不低,但伴随的是结构失衡、民生匮乏、经济大起大落、国际横向差距拉大等问题。改革开放后,现代市场经济制度的引入,经济发展和增长理论范式逐步成为中国经济实践和研究的重要指引。为中国经济新、旧赶超模式的转型,以及适应从工业化向服务化增长的持续动态调整提供了思想和方法上的借鉴,各界达成了共识,也存在不少分歧。伴随这一过程的理论与政策探索,事实上成为"中国奇迹"无形资产的重要组成部分。

中国经济高质量转型是实现第二个百年奋斗目标的根本保障。经济增长的高质量转型伴随着国家治理现代化体系的建设。党的十八届三中全会提出全面深化改革总目标,国家治理体系和治理能力是一个国家制度和制度执行能力的集中体现。国家治理体系的完善程度及治理能力的强弱,是一个国家综合国力和竞争力的重要标志。经济治理体系中的市场治理、政府治理和社会治理,是国家治理转型中三个最为核心的要素。中国发展的历程表明,经济增长与国家治理密不可分,传统模式只增长无分享,而社会主义市场经济体系下的国家治理体系则激励增长,推动全民参与和分享,人民福利全面提高,经济就会持续和健康发展。提高人民福利的根本在于提高效率,激励效率的最有效的制度安排是社会主义市场经济和对外开放体制,只有改革开放才能优化资源配置,激励创新发展。[1]

(三) 经济起飞理论

经济起飞或跨越论对于欠发达地区来讲,是其从欠发达阶段跨越到发达阶段的重要理论支撑。所谓跨越,指的是现代化发展

---

[1] 王宏淼,张平. 从工业化赶超到高质量增长:中国经济增长理论研究70年 [J]. 经济纵横, 2019 (9): 9-20.

的初期用较短的时间来实现基本经济结构及生产方式的转型。在满足跨越的基本条件后，其科技、经济、社会等都将逐渐步入内生可持续的增产阶段。

1960年，罗斯托在《经济成长的阶段》一书中提出了"经济发展阶段理论"，该理论按照科学技术、工业、发展水平、产业结构和主导部门的演变特征，将一个地区、一个国家，甚至全世界的经济发展历史分为六个"经济成长阶段"，即传统社会阶段、为起飞创造前提阶段、起飞阶段、向成熟推进阶段、高额群众消费阶段和追求生活质量阶段。[①] 各经济成长阶段的特征如下：

第一，传统社会阶段。此阶段没有现代科学技术，主导产业是农业。

第二，为起飞创造前提阶段。从传统社会向起飞阶段转变的过渡阶段，农业产量的增长具有重要意义。主导部门是工业部门，如食品、饮料、烟草、水泥等。

第三，起飞阶段。增长成为各部门的正常现象。此阶段农业劳动力逐渐从农业中解脱出来，进入城市劳动，人均收入大大提高。主导产业体系是非耐用消费品的生产部门（如纺织业）和铁路运输业。

第四，向成熟推进阶段。起飞后经济持续发展，已经有效吸收了当时技术的先进成果，并有能力生产自己想要生产的产品。主导部门是重化工业和制造业体系，如钢铁、机械和肥料。

第五，高额群众消费阶段。工业高度发达，经济主导部门转向耐用消费品部门，主导部门是耐用消费品工业（如汽车）。

第六，追求生活质量阶段。以服务业为代表的提高居民生活质量的有关部门成为主导部门。

在以上六个阶段中，起飞阶段是关键。起飞阶段是传统经济

---

① 罗斯托. 经济增长的阶段：非共产党宣言 [M]. 北京：中国社会科学出版社，2001.

进入现代经济的高速增长阶段,是经济摆脱不发达状态的分水岭,罗斯托对这一阶段的分析也最透彻。因此,罗斯托的理论被人们叫作"起飞理论"。

罗斯托的经济发展阶段理论有两个显著特点:第一个特点是以生产的动态理论为基础,围绕经济起飞去分析各个发展阶段的基本特征,强调投资率的提高对经济起飞和经济增长的至关重要的作用。他认为在起飞阶段,有效投资占国民收入的比例应从5%增加到10%以上;在成熟阶段,国民收入的10%到20%应作投资之用。第二个特点是提出了主导产业的概念。罗斯托认为,主导产业的增长率高、扩散效应强,在产业结构中占有举足轻重的地位,它的转变会引起整个产业结构的根本性转变,从而有可能导致经济发展阶段的转变。由于各个时代经济社会的主要特征集中反映在产业结构和经济结构的差异上,因此罗斯托的主导产业理论具有重要意义,为划分经济发展阶段提供了新的方法。[①]

(四)梯度转移理论

梯度转移理论的基础是产品周期理论,最早提出该理论的是美国经济学家弗农。弗农等在分析经济梯度转移时把生命循环论引用到经济学中,认为经济在发展过程中必须经历创新、发展、成熟和衰老等四个阶段,各工业部门在不同时期处于不同的生命循环阶段上。区域经济的盛衰主要取决于产业结构的优劣,而产业结构的优劣又主要取决于地区经济部门,特别是主导部门在生产循环中所处的阶段。如果一个区域的主导部门是由处于创新阶段组成的,这个地区就是高梯度地区;如果一个地区的主导部门是由处于衰老阶段组成的,这个地区就是低梯度地区。每个国家、每个地区在某一时期总是处在一定的经济发展梯度上,每一

---

① 钟杵.经济起飞理论与经济起飞阶段的界定[J].江西农业学报,2008(12):132-134.

第一篇 总 论
第一章 欠发达地区跨越式发展相关理论

种新技术、新产品、新行业都会随着时间的推移像接力赛一样,由高梯度区向低梯度区传递。根据弗农的论述,梯度转移需要两个条件:一是客观上存在经济与技术发展的区域梯度差异;二是存在产业与技术由高梯度地区向低梯度地区扩散与转移的趋势。[1] 影响梯度转移的速度、频度和梯度值的最关键因素就是创新能力,具有较高创新能力的高梯度区通过不断向低梯度地区转移经济发展能力,成为引导经济全面增长的引擎。但是不能绝对地、机械地理解梯度转移理论,梯度转移的实现没有固定的模式和程序,不排除落后的低梯度地区直接采用新技术,发展高科技产业,实现超常规的发展,也不排除低梯度地区在某些领域向高梯度地区转移,实现反梯度转移的可能。[2]

1932年日本经济学家赤松要在考察日本棉纺工业发展进程时发现,随着19世纪60年代末70年代初日本的开放,西方棉纺织品大量涌入,促使近代技术和低工资成本相结合的日本纺织工业迅速成长,并经历了进口浪潮——国内工业形成——出口浪潮三个阶段。由此赤松要认为,主导产业的发展要依次经历从发达国家(地区)进口新产品和新技术、建立和形成与先进国(地区)相同的本国(地区)产业、向区外出口等三个阶段。该理论起初主要是用来说明日本工业成长模式的,20世纪80年代起成为日本政府建立以日本为核心的东亚经济圈的理论依据,认为日本在亚洲地区经济、科技发展的每一阶段和产业结构转移上的每一周期都应是"领头雁"。

邓宁(Dunning,1993)把一国的对外直接投资与该国的经济发展阶段联系起来。在经济发展初期,一国(地区)基本上处于国际产业单向移入阶段。随着经济的发展和人均GDP的增加

---

[1] 陈赤平.产业梯度转移与区域经济的协调发展[J].广州市经济干部管理学院学报,2006(2):12-15.
[2] 林元旦.区域经济非均衡发展理论及创新[J].中国行政管理,2004(6):35-38.

与产业结构的调整,以及企业国际竞争力的提高,该国才能逐渐走上国际化道路。① 纵观各国经济发展历史,产业转移一直持续不断。每一次产业转移,都促进了承接地的经济腾飞。我国学者对梯度转移理论发展的认识有以下几个方面。

(1) 梯度转移的路径和模式。曹荣庆(2001)认为,区域产业推移的路径应是商品输出——市场拓展——资本输出——人才联合。相应地区域产业转移模式可分为六种:①整体迁移,指企业随着行业生产中心的迁移而异地新生;②商品输出,指对邻近市场乃至国际市场的商品输出;③市场拓展,指通过有形或无形市场的拓展,进而使企业具有更大的市场空间;④资本输出,指企业通过资本输出而实现的多元化经营;⑤产业关联,指一个企业通过产业间的渗透或跨越而实现产业转移和结构优化;⑥人才联合,指通过人力资本的累积而达到产业结构优化和升级。② 肖美香(2009)认为,从生产要素的转移方向来看,产业转移方式包括产业转入和产业转出两种,而从生产要素的载体——企业的角度来看,转移方式主要有六种:对外投资、建立加工点、设立营销网络、设立研发机构、转移生产设施及转移企业总部。③ 马子量(2007)认为,我国经济发展一直遵循非均衡发展的梯度转移理论,改革开放后东部非均衡发展率先完成了梯度转移的第一步。西部自身工业化和市场化程度不高,进一步影响西部承接东部产业转移的能力。东西部经济的不协调发展还将继续存在,梯度转移之路还很漫长。④

---

① Dunning J. H. Multinational Enterprises And Global Economy, Addison-Wesley, 1993. 77-99.
② 曹荣庆. 浅谈区域产业转移和结构优化的模式 [J]. 中州学刊, 2001 (6): 22.
③ 肖美香. 我国产业梯度转移的理论与模式选择探索 [J]. 鲁东大学学报(哲学社会科学版), 2009 (5): 38-40.
④ 马子量. 东西部区域经济发展中梯度转移效应的差别分析 [J]. 甘肃农业大学学报, 2007 (2): 135-141.

(2) 我国现实情况下实现梯度转移的条件。李金生（2009）以四川承接珠三角地区产业转移为例，发现承接地在承接地市场化程度低、各种意识还比较淡漠、制度不健全、缺少产业集群和配套能力不高，提出承接产业转移过程中四川要改变落后观念，改善承接基础。① 唐雪凡（2009）以安徽为例论述了产业配套不足对承接产业的制约作用。安徽省的基本特征之一是工业化水平低、产业结构低级化、产品竞争力弱，工业化进程仍处于初级阶段向中级阶段的初中期转化过程中。在这样的生产力水平下，很多产业部门还未得到有效发展，产业配套严重不足，从而限制了部分产业的转移。②

(3) 我国欠发达地区依据梯度转移原理促进发展需要注意的问题。曹洪华（2008）认为，对于大型劳动密集型产业和资源紧张的资源密集型，西部地区不具备产业优势，不但不能承接东部的产业转移，而且还应鼓励本区域该类产业和生产要素转移到东部；对高新技术产业，西部地区应结合自身环境优势和国家生态补偿政策，积极吸引东部地区产业要素和企业进行自身布局。③ 中部作为产业转移的承接地，不是把高能耗、高污染的企业转移过来，不是简单的产业或工厂的搬迁，而是必须坚持生态环保，走集约化的发展道路。邹俊煜（2011）提出，要协调区域经济发展，促进产业梯度转移，至少要从以下几个方面着力解决这些问题：高度重视制度安排，从深层次来研究解决诱发"诸侯经济"的体制性障碍，通过深化政府体制改革和转变政府职能来完善市

---

① 李金生.四川承接珠三角地区产业转移研究[J].社科纵横，2009（1）：56.
② 唐雪凡.安徽省承接东部产业转移所面临的问题与对策——以梯度转移理论为视角[J].黑龙江对外经贸，2009（2）：46-49.
③ 曹洪华.西部主体功能区产业布局——基于产业梯度转移理论的思考[J].中国外汇，2008（6）：47-48.

场配置资源的机制；对中西部地区要有针对性的政策支持。①

二、绿色发展理论与欠发达地区发展

绿色发展是新发展理念之一，是未来很长一段时期我国经济社会发展的基本遵循。绿色发展理念形成的过程，也是人们不断探索新发展模式，解决经济增长的资源环境约束的过程。

（一）绿色发展的理论内涵与演化脉络

自《国民经济和社会发展第十二个五年（2011—2015年）规划纲要》正式采用"绿色发展"一词，到党的十九大，绿色发展成为全面建成小康社会、实现"两个一百年"奋斗目标的理论指导和行动指南之一，我国推动绿色发展的战略路径日益清晰。然而，与理念共识和实践进程形成反差的是，关于绿色发展似乎尚未形成一个系统性的理论体系，或者说，绿色发展概念较为宽泛，其理论散落在相关领域的研究之中。从五大新发展理念之间的关系来看，绿色发展是一个强调经济、社会和环境协调发展的综合概念，也是对"绿色"发展观的综合性描述。②

1. 绿色发展的内涵

"绿色发展"这一词汇正式提出的时间虽然不长，但却成为众多研究所关注的主题。从字面上来理解，"绿色+发展"应该是构成绿色发展内涵的重要组成部分，但绿色发展又不仅仅体现的是"绿色+发展"。胡鞍钢认为发展和绿色是绿色发展的特定维度。王毅（2011）提出要厘清"绿色发展"的概念，他认为经济发展的"绿色"应该有三层含义：①资源节约、污染治理和生态

---

① 邹俊煜.产业梯度转移理论在区域经济发展中失灵的原因分析及其启示——兼议经济理论应用中约束条件的不可忽略性[J].科技进步与对策，2011（4）：31-36.
② 王勇.绿色发展理论内涵、评估方法及策略路径研究回顾与展望[J].环境与可持续发展，2020（1）：37-43.

保护是"绿色"的固有之义；②发展绿色产业，如节能环保、新能源等；③经济系统的绿色改造，即把绿色理念融入生产、消费、投资、外贸等经济发展的各个领域。①

绿色发展本身内涵的宽泛性，既表现为"绿色"的多维度，又涉及"发展"的多维度。其中，绿色体现为资源、生态、环境等要素，而增长只是发展的目标之一。因此，单独从某一角度很难将绿色发展的内涵诠释清楚。夏光（2016）提出，绿色发展是"五位一体"全面的绿色发展，即政治、经济、社会、文化、环境生态文明都要绿色化发展。② 在胡鞍钢和周绍杰（2014）构建的"三圈模型"中，绿色发展体现为经济、社会和自然系统的共生性，反映为绿色增长、绿色财富和绿色福利的耦合关系。③ 李佐军等（2012）认为，绿色发展要统筹经济、社会、人口、资源、环境等各种发展要素，通过"绿色化""生态化"的实践，实现经济、社会、生态协调共进。④ 王玲玲、张艳国（2012）指出，绿色发展涵盖绿色环境、绿色经济、绿色政治、绿色文化等既相互独立，又相互依存、相互作用的诸多子系统，其中绿色环境是前提，绿色经济是物质基础，绿色政治是制度保障，绿色文化是内在精神。⑤

2. 理论辨析

关于"绿色发展"有很多提法，与此相关的概念有循环经济、绿色经济、低碳经济、可持续发展等。这些概念内涵既有区别又有重合，似乎绿色发展成了一个"人人喜欢但没有人能明确其含义的词"。此外，由于绿色发展的很多基础概念受到国际发展潮流的影响，因此在理论辨析中常常伴随着与国际可持续发展

---

① 王毅. 厘清"绿色发展"理念 [J]. 北京观察, 2011 (6): 27.
② 夏光. 绿色发展的三大动力 [N]. 上海证券报, 2016-01-21 (A01).
③ 胡鞍钢, 周绍杰. 绿色发展：功能界定、机制分析与发展战略 [J]. 中国人口·资源与环境, 2014 (1): 14-20.
④ 李佐军. 中国绿色转型发展报告 [M]. 北京：中共中央党校出版社, 2012: 2.
⑤ 王玲玲, 张艳国. "绿色发展"内涵探微 [J]. 社会主义研究, 2012 (5): 143-146.

理论脉络的比较。如果把"可持续发展"视为人类社会的长远理想目标，那么"绿色发展"可以认为是中国在当前环境与经济之间矛盾异常突出的特殊时期和发展阶段而出现的应对之道。① 还有学者认为，绿色发展与可持续发展是一脉相承的，两者的实质都在于选择一种对传统发展模式进行根本变革的创新型发展模式。胡鞍钢强调绿色发展是在新时代背景下对可持续发展理念的全新诠释。②

党的十九大报告提出，建立健全绿色低碳循环发展的经济体系，故绿色、低碳、循环应该是绿色发展的核心。在诸多文献研究中，绿色经济、低碳经济、循环经济的异同是讨论的重点。1962 年美国经济学家鲍尔丁提出的"宇宙飞船理论"被看作是循环经济思想的萌芽。20 世纪 90 年代中期，德国等欧洲国家首先提出循环经济理念，很快带动日本等国家先后制定循环经济法律。循环经济的核心是资源循环利用，"循环"的直义不是指经济循环，而是资源在国民经济再生产的各个领域各个环节不断地循环消费与使用。③ 20 世纪 80 年代，二氧化碳排放带来的温室效应成为全球性重要议题。但直到 2003 年，"低碳经济"的概念才被英国政府在《我们的未来能源：低碳经济》的"能源白皮书"中提出。低碳经济理论的侧重点在于加强低碳技术创新和制度创新，强调节能减排，强调减少 CO_2 排放，是顺应全球气候变化的重要产物。④ 绿色经济一词最早由英国环境经济学家皮尔斯在其所著的《绿色经济蓝图》中首次提出，但并未对绿色经济给出明确定义。联合国环境规划署等国际组织 2007 年在《绿色工作：在

---

① 俞海. 中国"十二五"绿色发展路线图 [J]. 环境保护，2011 (1)：10-13.
② 胡鞍钢. 中国：创新绿色发展 [M]. 北京：中国人民大学出版社，2012.
③ 陈德敏. 循环经济的核心内涵是资源循环利用：兼论循环经济概念的科学运用 [J]. 中国人口·资源与环境，2004 (2)：13-16.
④ 鲁丰先，王喜，秦耀辰. 低碳发展研究的理论基础 [J]. 中国人口·资源与环境 2012 (9)：8-14.

低碳、可持续的世界中实现体面工作》的报告中首次对绿色经济进行了定义,即"重视人与自然、能创造体面高薪工作的经济"。在此之后,经济合作与发展组织提出了向绿色经济过渡的 8 个关键经济议题,联合国环境规划署提出了与绿色经济有关的 8 个行业,这标志着绿色经济开始深入到可操作性层面。[①] 事实上,低碳经济与循环经济、绿色经济的发展目标是一致的,即实现环境与经济发展相和谐。雷鹏(2011)对三者的内在关联进行了阐释,即低碳经济是实体经济领域中的绿色经济,绿色经济能够降低能耗、减少温室气体排放、改变对化石能源的依赖进而实现低碳发展。循环经济是绿色经济和低碳经济可持续发展的经济方式。[②]

3. 演化脉络

相关文献从绿色发展理念、理论和思想演化的视角来明确绿色发展的内涵,这些研究体现为两类:一是梳理我国绿色发展思想的演化脉络;二是梳理我国绿色发展实践的演化脉络。一般认为,我国的绿色发展经历了一个由初级到高级、由简单到复杂的演进过程,是在对传统发展模式总结和反思的基础上形成的,是以适应人与自然和谐共生为特征的发展模式。陆波和方世南(2016)梳理了中华人民共和国成立以来中国共产党对绿色发展理念认识逐渐清晰的历程,大致包括三个阶段:1949 年 10 月后到改革开放初期中国共产党关于绿色发展的初步探索、可持续发展战略孕育与形成、开启中国生态文明和绿色发展新时代。[③] 秦书生和杨硕(2015)认为习近平总书记的绿色发展思想集中地体现在他发表的多次重要讲话中,主要包括以下六个方面:转变经济发展方式是重要前提、发展循环经济是重要手段、绿色技术是

[①] 唐啸. 绿色经济理论最新发展述评 [J]. 国外理论动态,2014(1):125-132.
[②] 雷鹏. 低碳经济发展模式论 [M]. 上海:上海交通大学出版社,2011.
[③] 陆波,方世南. 绿色发展理念的演进轨迹 [J]. 重庆社会科学,2016(9):24-30.

重要支撑、正确处理经济发展同生态环境保护关系是基本要求、绿色消费是重要途径、改善人民群众生存环境是根本目标。① 王海芹和高世楫（2016）梳理提出，我国绿色发展历经了环境污染末端治理、可持续发展、科学发展观、生态文明建设和绿色发展等不同阶段，并对不同时期的政策目标、立法体系、政策工具进行了总结。②

（二）"两山论"是经济欠发达地区绿色发展的理论依据

"两山论"是中国特色的绿色发展理论。2005年8月，时任浙江省委书记的习近平就曾指出："我们追求人与自然的和谐，通俗地讲，就是既要绿水青山，又要金山银山。"③ 2015年3月，中央政治局会议通过《关于加快推进生态文明建设的意见》，正式把"坚持绿水青山就是金山银山"的理念写进中央文件，成为指导中国加快推进生态文明建设的重要指导思想。"两山论"从辩证唯物史观的基本立场，以系统的观点深刻分析了"绿水青山"与"金山银山"之间的关系，对解决经济欠发达地区发展经济与保护环境的矛盾问题具有重要的指导意义。

（1）"两山论"体现人类社会存在的自然环境基础。按照历史唯物主义的观点，人类"本来就是自然界"，是"自然界的一部分"，是自然界发展到一定阶段的产物。同时，人双重地存在着：主观上作为他自身而存在着，客观上又存在于自己生存的这些自然无机条件之中。可以看出，人类的存在与发展也是以自然环境为前提的，人类社会的存在和发展是与自然环境不可分割的。这就是说，人类社会发展的前提条件，是以"绿水青山"为

---

① 秦书生，杨硕. 习近平的绿色发展思想探析 [J]. 理论学刊，2015（6）：4-11.
② 王海芹，高世楫. 我国绿色发展萌芽、起步与政策演进：若干阶段性特征观察 [J]. 改革，2016（3）：6-26.
③ 习近平. 干在实处 走在前列——推进浙江新发展的思考与实践 [M]. 北京：中共中央党校出版社，2006：197.

代表的自然资源和生态环境，而人类社会发展所追求的"金山银山"也只是自然环境价值的一种外在体现。人类社会发展的最初就是依赖于环境、依赖于对自然资源的加工和制造。如果将绿水青山置于社会发展的基础规约之外，那么人类的生存及社会的发展也将是不可持续的短视追求。

（2）"两山论"挖掘社会生产力当中的生态要素。马克思主义唯物史观认为，[①] 劳动生产力是由多种情况决定的，其中包括：工人的平均熟练程度，科学的发展水平和它在工艺上应用的程度，生产过程的社会结合，生产资料的规模和效能，以及自然条件。生产力的变迁是推动社会发展的重要动力，自然条件也是一种生产力。习近平则进一步丰富发展了马克思主义关于生产力的基本理论，创造性地将以"绿水青山"为代表的自然环境等生态要素也视为推动社会财富积累的生产力的一部分。2013年5月24日，习近平总书记在中央政治局第六次集体学习时指出："要正确处理好经济发展同生态环境保护的关系，牢固树立保护生态环境就是保护生产力、改善生态环境就是发展生产力的理念。"[②] 从这个意义上说，"两山论"丰富了马克思主义关于生产力的基本理论，将社会生产力当中生态要素的重要性进一步明确并提升至新的高度。

（3）"两山论"揭示经济社会发展所追求的生态价值。人类社会的发展始终没有离开对价值的追求，人类社会发展的各个阶段都不同程度地忽略了对于生态环境内在价值的追求。我国经济社会发展实际上也经历了一个对于生态价值追求过程的演变，从"以绿水青山换取金山银山"到"宁要绿水青山不要金山银山"，

[①] 劳动生产力是由多种情况决定的，其中包括：工人的平均熟练程度，科学的发展水平和它在工艺上应用的程度，生产过程的社会结合，生产资料的规模和效能，以及自然条件。

[②] 习近平主持政治局第六次集体学习，新华网，2013-05-24.

再到"绿水青山就是金山银山"。这个过程反映出我国经济社会发展从最初看重对于经济价值的有限追求,到经济价值受到生态价值的制约,再到对于经济价值与生态价值的兼顾演变的历史进程。从哲学的观点看,这是对于经济价值与生态价值从"二元对立"到"内在同一"的一种转变,也是我国经济社会发展的辩证转变。"两山论"揭示经济发展与环境保护从"两点论"到"重点论",再到"统一论"的发展过程,是对发展模式的哲学反思和生动实践。[①]

(三)经济欠发达地区绿色发展的现实路径

经济欠发达地区的绿色发展要解决"发展"和"绿色"两个重要问题。"发展"是对经济发展的量的要求,"绿色"是对经济发展的质的要求。可以说绿色发展本身就是一个包含经济发展与环境保护的双重命题,这个命题的解决,不能用简单的阶段论来认识,不是哲学意义上由量变到质变的过程。在近代工业化进程中,经济发展与环境保护被认为是两种不可共时性存在的事物,二者的矛盾带来了经济发展的严重生态问题。近代以来,西方国家孤立、机械地看待经济发展与环境保护之间的关系,以"先污染后治理"的路径完成了自身的发展,同时也造成了当前生态环境恶化的全球性问题。因此,经济欠发达地区的绿色发展应该以系统、整体的观点正确处理经济发展与环境保护的关系,用自身的比较优势走一条兼顾经济发展与环境保护的可持续发展道路。

三、数字经济创新与欠发达地区发展

随着大数据、云计算、物联网、人工智能等技术的发展,信息的采集、存储和分析方式已经发生了巨大改变,具有网络化、

---

① 薄海.我国经济欠发达地区的绿色发展理论依据及现实路径[J].经济研究导刊,2017(25):6-8.

第一篇 总 论
第一章 欠发达地区跨越式发展相关理论

数字化、智能化等特点的信息技术使经济活动更加灵活和高效。数字经济本身正处于高速增长阶段，同其他经济领域的结合也在推动传统经济模式转型升级，数字经济已经成为驱动全球经济增长的重要动力，在培育新的产业增长点、实现普惠和包容性发展方面发挥着重要作用。对于我国来说，发展数字经济是深化供给侧结构性改革，推动经济高质量发展的内在要求，是优化经济结构，实现新旧动能顺利转换的重要方式，同时也是欠发达地区实现跨越式发展的重要战略选择。

数字经济的概念最早于1996年由唐·塔普斯科特（Don Tapscott）提出，其著作《数字经济：网络智能时代的前景与风险》对数字经济的发展情况进行分析，同时，他认为在传统经济中，信息流的呈现主要以实体方式进行，而在新经济中，信息流的呈现主要以数字方式进行。[1] 美国商务部经济分析局（1998）从狭义上指出数字经济即为信息通信技术（ICT）直接相关的经济活动。[2] 国际货币基金组织（2018）则将其分为平台经济、共享经济等新业态的狭义范畴和一切经济活动数字化的广义范畴。[3] 而20国集团（2016）认为，"使用数字化的知识和信息作为关键生产要素，以现代信息网络作为重要载体，以信息通信技术的有效使用作为效率提升和经济结构优化的重要推动力的一系列经济活动"[4]，即数字经济。关于数字经济的内涵，我国学者杨佩卿[5]

---

[1] Tapscott D. The Digital Economy: Promise and Peril in the Age of Networked Intelligence [M]. New York: McGraw-Hill, 1996.
[2] 美国商务部. 浮现中的数字经济 [M]. 北京：中国人民大学出版社，1998.
[3] International Monetary Fund (IMF). Measuring the Digital Economy [R]. Washington, D.C.: International Monetary Fund, 2018.
[4] 二十国集团数字经济发展与合作倡议 [EB/OL]. 中国网信网，2016-09-29.
[5] 杨佩卿. 数字经济的价值、发展重点及政策供给 [J]. 西安交通大学学报（社会科学版），2020（2）：57-65，144.

(2020)和任保平[1]（2020）认为数字经济涵盖数字产业化、产业数字化、治理数字化，其中，数字产业化主要指信息和数字技术相关产业，包括信息产品和服务的提供、信息技术的改革和创新等；产业数字化主要是指信息技术在传统产业中的应用，即信息技术与一、二、三产业的融合应用，这种融合可以提高传统产业的质量和效率，其新增产出属于数字经济；治理数字化主要是指将信息技术运用到公共服务和政府治理领域，创新治理模式，提高治理能力。随着数字经济的发展，数字经济的内涵也在不断扩展，在"三化"基础上，中国信息通信研究院结合国家促进数据要素市场化的政策，提出了数据价值化的"第四化"[2]。

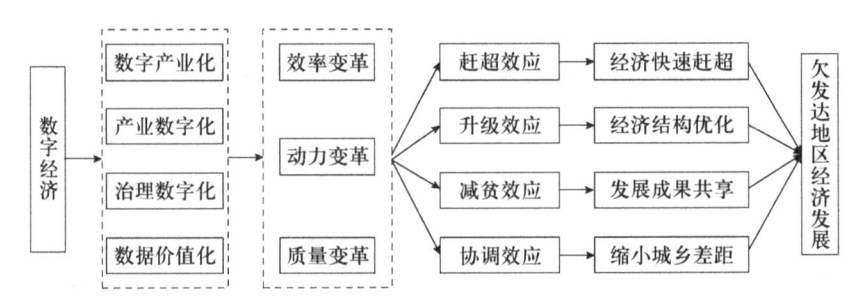

图 1-1　数字经济促进欠发达地区经济发展的理论逻辑

数字经济促进欠发达地区经济发展的理论逻辑见图 1-1。数字经济通过"四化"实现了经济领域的效率变革、动力变革和质量变革，促进我国经济高质量发展。[3] 效率变革是指以新技术为创新驱动机制，提高资源要素配置效率；动力变革是指用新动能逐渐替换旧动能，培育经济社会发展新动力；质量变革是指使用

---

[1] 任保平. 数字经济引领高质量发展的逻辑、机制与路径 [J]. 西安财经学院学报，2020（2）：5-9.
[2] 中国信息通信研究院. 数字经济发展白皮书（2020）[EB/OL]. 中国信通院网，2020-07-05.
[3] 任保平. 数字经济引领高质量发展的逻辑、机制与路径 [J]. 西安财经学院学报，2020（2）：5-9.

第一篇 总 论
第一章 欠发达地区跨越式发展相关理论

数字技术提高产出效益,满足人民对美好生活的需要。通过这三项变革,我国经济发展水平和质量进一步提高。对于欠发达地区而言,数字经济的运行机制具有特殊性,数字经济对经济发展的促进作用主要体现在四个效应上。[①]

(1) 赶超效应。可以从两个维度来理解,一方面,数字经济在欠发达地区的发展速度更快。张勋等发现与东部发达地区相比,数字经济在经济落后地区的发展速度更快,而且可以显著提升家庭尤其是农村低收入家庭的收入。[②] 刘传明等发现数字经济在发展水平较低的区域具有更强的自我发展能力,从长期来看还可能出现跳跃式发展。[③] 另一方面,数字经济对欠发达地区经济增长具有更大的促进作用。从数字金融这一细分领域来看,数字金融能够提升经济发展质量,且在欠发达地区效果更加显著。[④]

(2) 升级效应。李晓钟和吴甲戌认为数字经济在长期对产业结构转型升级具有持续的正向作用,且数字经济对欠发达地区产业结构合理化具有明显的驱动作用。[⑤] 唐文进等发现数字金融对经济结构升级具有显著的促进作用,且这种升级效应从东部到中部再到西部逐渐增强。数字经济对经济结构的升级作用主要体现在以下三个方面[⑥]:

第一,促进经济创新发展。大数据、云计算等新技术在传统部

[①] 刘瑾,李振,王开. 数字经济创新与欠发达地区经济发展:理论分析与贵州经验 [J]. 西部经济管理论坛,2021(2):20-30.

[②] 张勋,万广华,张佳佳,等. 数字经济、普惠金融与包容性增长 [J]. 经济研究,2019(8):71-86.

[③] 刘传明,尹秀,王林杉. 中国数字经济发展的区域差异及分布动态演进 [J]. 中国科技论坛,2020(3):97-109.

[④] 钱海章,陶云清,曹松威,等. 中国数字金融发展与经济增长的理论与实证 [J]. 数量经济技术经济研究,2020(6):26-46.

[⑤] 李晓钟,吴甲戌. 数字经济驱动产业结构转型升级的区域差异 [J]. 国际经济合作,2020(4):81-91.

[⑥] 唐文进,李爽,陶云清. 数字普惠金融发展与产业结构升级——来自283个城市的经验证据 [J]. 广东财经大学学报,2019(6):35-49.

门中得到越来越多的应用，这种数字化改造增强了新旧产业之间的协同性，促进传统产业向数字化、自动化和智能化方向转型。

第二，促进经济高质量发展。从微观来看，新技术的应用可以使企业更好地了解用户需求，提高生产和经营效率；从中观来看，数字经济正在打破产业边界，推动产业融合发展。

第三，促进经济可持续发展。传统经济发展模式依赖自然要素，以资源消耗和环境破坏为代价，数字经济是一种新型的绿色经济发展模式，数据要素属于绿色生产投入要素，对生态环境的破坏很小。

（3）减贫效应。数字经济在助力减贫方面主要有四条路径：一是利用大数据等技术可以融合民政、人社等多个政府部门的数据，实现数据共享，准确识别贫困群体，为政府采取精准扶贫措施提供数据支撑。二是数字经济的发展可以带来创业机会的均等化，数字经济特别有助于促进低物质资本家庭的创业行为，进而有助于减少贫困。[1] 三是数字普惠金融能够为欠发达地区提供更多金融服务，为更多中小企业的发展提供资金，促进包容性经济增长。[2] 四是信息技术的发展使地理位置对生产和经营的约束力减小，电子商务等数字经济行业的发展为贫困地区产品的销售提供渠道，使贫困地区的企业和个人有更多的机会参与到市场经济中。随着新型消费扩展消费新空间，农村电商激活下沉市场，"十三五"期间，我国农村网络零售额从 0.35 万亿元增至 1.8 万亿元，年均增速 38.75%。[3]

（4）协调效应。数字经济的发展有利于缩小城乡差距，改善"二元"结构，促进城乡协调发展。这主要表现在以下几个方面：

---

[1] 张勋，万广华，张佳佳，等. 数字经济、普惠金融与包容性增长 [J]. 经济研究，2019（8）：71-86.

[2] 唐宇，龙云飞，郑志翔. 数字普惠金融的包容性经济增长效应研究——基于中国西部12省的实证分析 [J]. 西南金融，2020（9）：60-73.

[3] 国家发展和改革委员会. 大力推动我国数字经济健康发展 [J]. 求是，2022（2）：7-9.

第一篇 总 论
第一章 欠发达地区跨越式发展相关理论

一是数字普惠金融有助于缩减城乡之间的收入差距。[①] 二是数字基础设施建设可以为农村地区提供更加完善的信息化服务，提升农村地区的公共服务水平，使农村居民也能够享受互联网、4G等信息技术发展成果，有助于建设幸福乡村、美丽乡村。我国现有行政村已全面实现"村村通宽带"，超过99%实现光纤和4G双覆盖。三是数字乡村助力乡村振兴。乡村新业态蓬勃发展，"互联网+"农产品出村进城带动农民增收，乡村旅游智慧化水平大幅提升，乡村治理数字化助力强村善治，促进农业高质高效、乡村宜居宜业、农民富裕富足。

---

① 宋晓玲. 数字普惠金融缩小城乡收入差距的实证检验 [J]. 财经科学，2017（6）：14-25.

第二章　山区县与浙江省发展

目前浙江省共有 26 个山区县，大部分分布在浙江南部和西南部，是浙江的生态屏障，也是浙江省发展的新增长极。提升发展山区经济，也有利于浙江统筹区域协调发展，实现共同富裕。

一、浙江省山区县的基本概况

浙江省的山区县共有 26 个，包括衢州市与丽水市所属的所有县（市、区），温州市所属永嘉、平阳、苍南、文成、泰顺 5 县，台州市所属仙居、天台和三门 3 县，以及金华市磐安、武义县和杭州市淳安县。

（一）衢州市的山区县

衢州市位于浙江省西部、钱塘江源头、浙闽赣皖四省边际，市域面积 8844 平方公里，辖柯城、衢江 2 个区，龙游、常山、开化 3 个县和江山市，人口 257 万人。衢州市因山得名、因水而兴，仙霞岭山脉、怀玉山脉、千里岗山脉将衢州三面合抱，常山江、江山江、乌溪江等九条江在城中汇聚一体。全市森林覆盖率 71.5%，出境水水质保持Ⅱ类以上，是浙江的重要生态屏障、国家级生态示范区、国家园林城市、国家森林城市，2018 年 12 月获联合国"国际花园城市"称号。衢州市所有县（市、区）均属于山区县。

1. 柯城区

柯城区位于浙江省西部，钱塘江上游，于 1985 年随衢州撤地建市而建区，是衢州市的政治、经济、文化中心，区域面积 609 平方公里，常住人口 52.88 万人，下辖 2 个镇、7 个乡、9 个街道。柯城区的区域特色可以概括为以下几个方面。

(1) 古城圣地。柯城始建于东汉初平三年（公元 192 年），至今已 1800 余年，是国务院批准的国家级历史文化名城。素有"三圣之地"美誉，公元 1129 年，孔子第 48 代嫡长孙孔端友奉诏南渡，宋高宗赐家衢州，在城中建南孔圣地"孔氏南宗家庙"；城南烂柯山被誉为道家洞天福地和围棋圣地，"王质遇仙"传说即出于此；城北九华山（灵鹫山）是浙西佛教圣地，九华立春祭被列入人类非遗。石梁武侠文化渊源深厚，金庸先生曾在此求学，多部作品均有柯城元素。

(2) 秀美田园。柯城是国家园林城市、国家森林城市、国家级生态示范区、全省新时代美丽乡村示范区，出境水质保持在 II 类以上，空气质量常年维持在国家一级标准，是"中国天然氧吧"。"衢州有礼·运动柯城"城市品牌不断打响，国家运动休闲旅游度假区加快创建，成功举办国际森林汽车穿越大赛等一批 IP 赛事。"衢州有礼诗画风光带"15 个项目落地建设，"一乡千宿"扎实推进，现有星级民宿 77 家，其中白金宿 2 家、金宿 3 家、银宿 9 家。农村综合集成改革焕发生机活力，"三位一体""三权分置""绿色期权"等改革走在省、市前列，"一村万树"[①] 创新做法全省推广，"村播"数字营销模式得到省委主要领导高度肯定。

(3) 幸福家园。坚持"党建统领+智慧治理"，扎实推进"县乡一体、条抓块统"改革试点，"两难"三级钉钉群举措获评"2020 年年度中国十大民生决策"，打造"国企+社区""红色物业

---

① "一村万树"行动，即以 1 个村新植 1 万株树为载体，大力发展珍贵树种、乡土树种，持续加快农村绿化步伐，优化农业农村生态环境，着力构建覆盖全面、布局合理、结构优化的乡村绿化体系。2018 年，浙江省计划建设示范村 300 个以上、推进村 3000 个以上。

联盟+邻礼通""五色管理+全科网格"等特色治理模式,党员进社区志愿服务成为全国试点,"最多跑一地"卓有成效,全省率先打造县级矛调中心(信访超市),连续5年获省平安区。坚持以人民为中心,教育、卫生、医疗等社会事业全面进步,创成省教育基本现代化区,乡村音乐会、余东农民画等一批特色文化品牌知名度不断打响。扎实推进城市更新改造,城市能级不断提升,以全国第四的优异成绩荣获全国文明城市称号。

(4)创业热土。柯城区位优越、交通便捷,自古就有"四省通衢"的美誉,浙赣、杭长、衢九、衢宁等铁路线路及杭金衢等高速、国道横贯境内,杭衢铁路将于2022年开通,民航班机连接北京、深圳等16个国内重要城市。营商环境持续优化,政务服务事项网上办理、民生事项"一证通办"实现100%,惠企政策实现"政企通""一网通办"。产业集群效应初显,航埠智尚小镇、专业市场城等重点产业平台能级不断提升。山海协作提质升级,柯城科创园落户杭州未来科技城,连续三年获省考核一等奖。数字经济扬帆起航,借力余杭数字经济先发优势,搭建"一院一会一平台",数字驱动重点产业和企业创新发展,数字经济发展综合评价全市第一。[1]

2. 衢江区

衢江以水为名、因水而兴、以水为美,地处浙、闽、赣、皖四省边际,素有"衢通四省"之称,是连接长三角、泛珠三角和海西经济区的重要节点。区域面积1748平方公里,下辖3个街道、10个镇、8个乡和1个办事处,总人口40余万人。衢江区的区域特色可以概括为以下几个方面。

(1)生态优良的康养之城。衢江山好、水好、空气好,拥有华东最好的Ⅰ级地表水,是"鸟类活化石"中华秋沙鸭的越冬

---

[1] 柯城区情概况 [OL]. 柯城区人民政府网, 2021-11-02.

地；获评"中国天然氧吧",森林覆盖率达73%,空气负氧离子每立方厘米含量最高达1.5万个;衢南有全国面积最大的5000亩白豆杉林、长三角首屈一指的六春湖万亩杜鹃,有堪称中国水电建设摇篮的"中华第一坝"——黄坛口大坝,有"小三清山"之称的天脊龙门,有传说中神农采药的药王山;衢北有千里岗省级自然保护区,有华东地区最大的灰坪天坑和最好的全天候攀岩基地,是极为重要的"天然基因库"。

(2)历史悠久的人文之城。衢江区前身为衢县,始建于东汉初平三年(公元192年),至今已有1800多年历史。蕴育了唐代高僧大彻禅师、北宋"铁面御史"赵抃、南宋抗金名将徐徽言、状元毛自知、明代"中华第一神针"杨继洲等一批文化名人;涌现了外交部原副部长徐以新、改革先锋谢高华、语言学家方光焘等现当代名人。境内有葱口新石器洞穴遗址、庙山尖西周土墩墓群、初唐古寺明果寺、两弓塘宋代青瓷遗址、金仙岩南宋摩崖石刻等历史遗存。

(3)宜居宜业的活力之城。城乡面貌绽放新颜,十里运动休闲长廊全面开园,沿江美丽公路衢江段全线通车,高位创成全国文明城市,先后举办两届世界针灸康养大会、世界名校赛艇挑战赛、全国户外极限运动公开赛总决赛等重大活动,获评"中国户外极限运动之都";是中农办、省农办乡村振兴双联系点、部省共建乡村振兴示范区,获评省新时代美丽乡村示范县,建成全国首个"田园型"乡村未来社区——莲花乡村国际未来社区,发布全国首个指标框架和建设指南。放心农业走在前列,创成国家现代农业示范区、全国首批农产品质量安全县、国家生态循环农业示范点、全国农村综合改革标准化试点等,是G20杭州峰会农产品主供地。转型升级步伐加快,是中国高档特种纸产业基地、矿山装备制造业基地,仙鹤股份、五洲特纸在A股主板上市,志高机械入围"中国工程机械制造商30强"榜单,动态投资73亿元的抽水蓄能电站全国同批推进最快；深入实施"1258"全域旅游发展战略，打造衢北运动康养度假圈、衢南生态康养慢游圈、中部特色康养风光圈。

（4）开放放开的枢纽之城。位于杭州1小时、上海2小时高铁经济圈，是华东唯一、全国少有的集公、铁、水、空"四位一体"的县（市、区）。四省边际多式联运枢纽港列入省"十四五"规划纲要，义甬舟开放大通道西延行动15个重大标志性项目、10大高标准实施工程，是衢州"大三城记"的重要组团、浙江自贸区衢州联动创新区的核心区。数字化改革扎实推进、"县乡一体、条抓块统"改革全省先行先试、"最多跑一次"改革迭代升级，连续三年荣获全国营商环境百佳县。[①]

3. 龙游县

龙游县地处浙江省中西部，县域总面积1143平方公里，辖6镇7乡2街道，人口40.4万人。龙游县的区域特色可以概括为以下几个方面。

（1）千年古县。龙游历史悠久，春秋时期"姑蔑"古国建都于此，秦王嬴政25年（公元前222年）置太末县，唐贞观八年（公元634年）改名龙丘，五代吴越宝正六年（公元931年）改称龙游，至今已有2240多年的建县历史，是浙江省历史上最早建县的13个县之一。源远流长的历史，留下了丰厚的文化积淀。境内拥有国家、省、县三级文物保护单位100多处，荷花山新石器时代遗址发现人类走出洞穴后最早的地面构筑物，青碓新石器时代遗址发现全世界迄今最早的稻作遗存。龙游英才辈出，素有"儒风甲于一郡"之誉，龙游商帮曾是明清时期全国十大商帮之一，也是唯一以县域命名的商帮，有"遍地龙游"之美誉。

（2）交通枢纽。龙游东临金华，南接遂昌，西连衢江区，北

---

① 衢江概况 [OL]. 衢江区人民政府网，2021-12-22.

靠建德,是浙江东、中部地区连接江西、安徽和福建三省的重要交通枢纽,公路、铁路、民航、水运十分便利。公路四通八达,杭金衢、龙丽温、杭新景三条高速公路在龙游交会,320国道、315省道、528省道纵横交错,建有全省县级城市中第一条城市环线;杭长高铁、浙赣电气化铁路过境,衢宁铁路完工投用,杭衢高铁已经开工,谋划建设衢丽铁路,均在龙游设站;距衢州、义乌、萧山等机场均在30分钟至90分钟交通圈内;衢江500吨级内河航道和设有14个500吨级泊位的龙游港区已开港通航,"四省通衢汇龙游"迈入新时代。

(3)生态福地。龙游是国家级生态示范区,境内山脉、丘陵、平原、河流兼具,自然资源与人文景观融为一体,自成特色,素有"东游西游不如龙游"的说法。被誉为"千古之谜"的龙游石窟是全国重点文物保护单位、衢州市首个国家"4A"级旅游景区,正积极申报世界历史文化遗产。建于公元1330年至1333年的姜席堰被国际灌溉排水委员会确定为世界灌溉工程遗产,民居苑是全国两处古民居异地集中保护地之一。总规划面积3.5平方公里、总投资80多亿元的红木小镇入选省级优秀小镇、十大示范小镇,成功创建国家"4A"级旅游景区。

(4)宜居新城。龙游1959年被撤销县建制,1983年重新恢复。坚持"城、景、文、游"四位一体发展,打造最佳人居环境品牌。两江(衢江、灵山江)、两山(鸡鸣山、凤凰山)、两滩(衢江船厂沙洲、石窟沙洲)自然条件优越,城市建成区面积13平方公里,集聚人口14万多人,是全省首批11个美丽县城试点县(市)之一。围绕"法治龙游""平安龙游"建设,积极发展各项社会事业,持续改善群众生活条件,推进市民文明素质提升,促进社会和谐稳定,先后跻身国家卫生县城、省级文明县城、省级园林城市、省级教育强县、省级全域旅游示范县、省级公共文化服务体系示范区行列。

(5) 投资热土。龙游同时被纳入长三角、浙中城市群和海西经济区组团，以"最多跑一次"改革为引领，创新"无证明县""龙游通"等做法，打造营商环境最佳县，连续13年入选全国中小城市投资潜力百强县，连续三年跻身前二十位，2019年还跻身全国科技创新百强县市、中国营商环境百佳示范县市。龙游经济开发区规划面积40.2平方公里，目前已开发27.81平方公里，入园企业700多家，入选全国绿色产业园，获批精密高端装备制造省级高新技术产业园区，特种纸产业集群入围全省首批现代服务业与先进制造业深度融合试点。"3+3"制造业体系逐步形成，高档家具制造、特种纸、绿色食品饮料三大传统产业稳步发展，高端装备、新材料、智能制造三大战略性新兴产业势头迅猛，一批科技型创新型企业纷纷落地。已有10亿元以上企业4家，8家企业成功挂牌新三板，7家企业启动主板上市。龙游农业资源丰富，有"中国竹子之乡""中国黄花梨之乡"称号，生猪、鸡蛋等农产品在浙商所挂牌上市，发糕、小辣椒、富硒莲子、"中黄三号"黄茶等地方特产声名远播，是发展现代农业的理想区域。①

4. 江山市

江山地处浙闽赣三省交界，是浙江省西南门户和钱塘江源头之一。唐武德四年（公元621年）建县，1987年撤县设市。区域面积2019平方公里，总人口61.33万人，下辖11镇5乡3街道、292个行政村17个社区（2020年年底统计数据）。江山市的区域特色可以概括为以下几个方面。

(1) 江山是工业新城，工业基础扎实，发展势头强劲。江山是浙江省老工业基地、首批20个工业强市建设试点县之一。确立了以省级经济开发区——江山经济开发区（省级智能装备高新技术产业园区）为主，贺村、四都和峡口乡镇功能区为辅的"一主

---
① 龙游县情概况［OL］. 龙游县人民政府网，2021-03-05.

三副"工业大平台，平台总规划面积近 80 平方公里。依托"一主三副"工业平台，创新运营模式，同步打造特色小镇、园中园、小微园等新型产业发展载体。重点培育门业产业和装备制造产业、健康生活产业、消防应急产业，以及新材料、新能源等新兴产业为主的"1+3+2"产业体系。门业产业：是江山首个百亿产业，拥有华东地区最大的国产原木集散交易中心和国内第一家木门上市公司，全市年产木门 1600 多万套，占国内木门市场的 1/5，被授予"中国木门之都"。装备制造产业：主要为输配电、电力电气成套装备及智能电网电器元件、节能环保装备等。健康生活产业：蜂产业规模和效益连续 28 年居全国县（市）第一；江山是华东地区最大的猕猴桃销售集散中心，白菇品质和工厂化企业数量均居国内县（市）前列。消防应急产业：拥有覆盖全国的销售网络，常年有 3 万多人在外从事产品营销，分布于全国，销售额占全国消防市场 60% 以上，成功携手海康威视，着力打造中国数字消防第一城。新兴产业：主要包括新材料、新能源产业，主导产品有锂电池生产所需硫酸钴、纳米硅多功能材料、有机硅、阻燃材料、磁性材料，以及新能源车电子水泵、电动空压机、电机控制器和汽车气制动系统等零部件。全市规模以上企业 325 家，10 亿元企业 3 家，主板上市企业 3 家。

（2）江山是山水家园，生态环境优美，宜居功能完善。江山是国际花园城市、全球绿色城市、全国绿化模范、国家级生态示范区、国家卫生城市、国家森林城市、国家园林城市、中国天然氧吧。境内森林覆盖率 69.51%，全市空气优良率达 95.6%，有国家级森林公园 1 个、省级自然保护区 2 个。碗窑、峡口和白水坑三大水库常年蓄水库容达 4.7 亿立方米，出境水、江山港地表水功能区、集中式饮用水源地水质达标率均为 100%，其中出境水水质稳定达到 II 类水标准，在衢州各县（市、区）中首个夺得五水共治"大禹鼎"银鼎。江山幸福乡村美丽绽放，从 2009 年开始持续实施以"富裕、满意、文明、美丽、和谐"为内容的中国幸福乡村建设，2019年对标省级新时代美丽乡村建设标准，开展新时代中国幸福乡村创建，建成省级新时代美丽乡村达标村80个，新时代中国幸福乡村25个，是全国十佳魅力新农村县（市）、浙江省首批美丽乡村示范县、衢州市唯一入选全国新一轮农村宅基地制度改革试点县。江山区位优势突出，杭长高铁、京台（黄衢南）高速、浙赣线铁路贯穿全境，与京、沪、杭、甬等大都市间交通便捷，建有浙西货运量最大的铁路货运场；杭长高铁目前经停51趟列车，包括始发到北京、上海、杭州等城市，开创了县级城市高铁始发直达北京的先河。

（3）江山是文化名市，历史人文荟萃，文化底蕴深厚。江山历史绵长、人杰地灵，孕育了清漾毛氏文化、江郎山世遗文化、仙霞古道文化、廿八都古镇文化及村歌文化，是一个值得探寻的人文故地。[1]

5. 常山县

常山县位于浙江西部，钱塘江源头，素有"四省通衢，两浙首站"之称。全县总面积1099平方公里，辖6镇5乡3个街道，180个行政村，10个社区，人口34.4万人。常山县的区域特色可以概括为以下几个方面。

（1）钱江之源。位于钱塘江源头区域，县域生态环境优良，森林覆盖率73.2%，常年空气质量保持在二级以上，$PM_{2.5} \leqslant$ 31微克/立方米，县城负氧离子浓度最高达1万个/立方厘米以上，出境水水质常年保持Ⅱ类水以上标准，拥有全国第7座国际慢城，是国家重点生态功能区、浙江省重要生态屏障、全国百佳深呼吸小城十佳示范城市，有"千里钱塘江、最美在常山"美誉。

（2）四省之交。地处浙闽赣皖四省九地市中心地带，是中西

---

[1] 江山概况[OL]. 江山市人民政府网，2021-12-06.

部通往长三角地区的"桥头堡"。境内交通体系完善，汇聚十大通道，杭金衢、黄衢南、杭新景三条高速贯穿全境，205、320、351三条国道和221省道纵横交错，沿江美丽公路快速便捷，衢九铁路建成通车，常山港航道综合开发大幕即将拉开，黄金水道通江达海、前景广阔，县城距衢州机场、杭长高铁衢州站均半小时车程。

(3) 宜业之城。产业转型走出新路，装备制造、纺织、钙产业加快升级，新材料、大健康、数字经济异军突起。可口可乐公司、瑞典SKF集团等全球行业巨头和常山"联姻结亲"。云耕小镇、赛得健康养生小镇培育成型。新都工业园区、集聚区、辉埠新区、生态园区"四区合一"，基础设施完善，要素保障有力。营商环境持续优化，政策优惠，服务优良，是投资兴业的活力高地。

(4) 宋诗之河。东汉建安二十三年（公元218年）建县，始称定阳，迄今1800多年。境内古道古渡、古街古村不胜枚举，万寿寺、文峰塔、文昌阁挺拔傲立。宋诗文化源远流长，陆游、杨万里、辛弃疾等大批诗人沿常山江赋诗吟咏，留下宋诗3000余首。常山江"宋诗之河"被纳入钱塘江诗路黄金旅游带规划，入选全省首批诗路旅游目的地培育名单。诗画风光带建设多点开花，徐村"紫薇花海"、长风"古渡金沙"、东方巨石阵成为网红打卡地。

(5) 胡柚之乡。绿水青山孕育"常山三宝"，是中国常山胡柚之乡、油茶之乡、食用菌之乡。胡柚种植面积达10万亩，年产14万吨，胡柚青果切片"衢枳壳"荣登药典，并入围新"浙八味"，"常山胡柚利于肺"深入人心。常山油茶历史悠久，全国油茶交易中心、国家油茶公园落户常山，常山油茶产区入选中国特色农产品优势区。"常山猴头菇"通过国家农产品地理标志登记。

(6) 赏石之都。地质形成达4.6亿年之久，有中国第一枚

"金钉子"剖面——奥陶系达瑞威尔阶全球层型剖面点,极具科考旅游价值,是国家地质公园。拥有三衢石林、梅树底两个国家4A级景区,三衢石林获评"全球低碳生态景区"。矿石资源丰富,石灰石、萤石矿储量和品质均居全省首位,青石、花石品质优良,有华东地区最大的青石花石专业市场,建成中国观赏石博览园,"赏石小镇"为全省首批创建特色小镇,是"中国观赏石之乡"[1]。

6. 开化县

开化县位于浙江省西部、浙皖赣三省交界处。东北邻淳安县,东南接常山县,西与西北分别与江西的玉山县、德兴市、婺源县相依,北接安徽休宁县。县境周长297.73公里,南北长66公里,东西宽59.2公里,县域总面积2236.61平方公里。建县于北宋太平兴国六年,即公元981年。中华人民共和国成立初期,开化县属衢州专区。1955年划归建德专区。1958年改为金华专区。1985年分置金华、衢州为省辖市,开化县属衢州市。2015年,按照重点生态功能区示范区和国家公园建设要求,开展乡镇行政区划调整,将原来的9镇9乡调整为8镇6乡,辖255个行政村。截至2020年年底,开化县辖一个办事处、14个乡镇:芹阳办事处、华埠镇、桐村镇、杨林镇、音坑乡、中村乡、林山乡、池淮镇、苏庄镇、长虹乡、马金镇、村头镇、齐溪镇、何田乡、大溪边乡,共有255个行政村。现有总人口为361557人,其中城镇人口98900人。开化的县情特点可概括为"六个一"。

(1)一方红色热土。开化县是浙江省最早建立苏维埃政权的地区之一,也是南方三年游击战争时期坚持最久的苏维埃政权的地区,是浙西革命的摇篮、衢州市唯一的革命老区县,方志敏、陈毅、粟裕等老一辈革命家都在这片红色的土地上留下了战斗的

---

[1] 常山县情概况[OL]. 常山县人民政府网, 2021-09-28.

足迹。土地革命战争时期,开化是闽浙(皖)赣革命根据地浙西中心。期间,建立中共闽浙赣省委机关、中共浙皖特委,坚持土地革命和武装斗争长达七年之久。抗日战争全面爆发初期,南方八省的红军游击队在开化集结组编为新四军第一、二、三支队,开化成为新四军主力组建地,是铁军之源。目前,全县有革命老区村108个,拥有革命旧址、遗迹59处。

(2) 一片青山绿水。开化是国家生态县。县域的85%为山地,素有"九山半水半分田"之称。全县森林覆盖率80.9%,林木蓄积量1105万立方米,拥有大片的原始森林,生物丰度、植被覆盖、大气质量、水体质量均居全国前10位,是全国9个生态良好地区之一;平均水资源量27.2亿立方米,人均水资源占有量为全国的4.38倍、全省的5.03倍,出境水质常年保持在Ⅰ、Ⅱ类标准,是浙江的优质"大水缸",典型的江南小家碧玉;空气质量常年为优,$PM_{2.5}$≤30微克/立方米,县城负氧离子浓度3770个/立方厘米,钱江源国家森林公园、古田山国家级自然保护区负氧离子浓度最高达40万个/立方厘米,被誉为"华东绿肺",是"中国天然氧吧"。

(3) 一茶飘香四海。开化位于中国绿茶金三角核心产区,是"中国龙顶名茶之乡"、浙江省茶叶十强县。全县茶园超过12万亩,从事茶叶生产经营的人员超过10万人。"开化龙顶"名茶以"干茶色绿、汤水清绿、叶底鲜绿"为特征名扬海内外,自1985年荣获"全国名茶"称号以来,已获国际国内部级以上大奖108项,荣膺"中国农产品区域公用品牌价值百强"。"浙江十大名茶",被认定为中国驰名商标,批量出口40多个国家和地区。

(4) 一刀雕出乾坤。开化是中国根雕艺术之乡。开化根雕从唐代兴起,其后受佛教文化和徽派建筑、家具雕刻技艺等影响,经过1000多年的演变发展,逐步形成了融根艺、佛学、美学、生态学于一体具有独特艺术魅力的根雕文化,被列为浙江省传统工艺美术保护品种、浙江省非物质文化遗产。根宫佛国文化旅游区是衢州市首个、浙江省第11个国家5A级景区，是目前国内规模最大、工艺水平最高、以根雕为主题的国家文化产业示范基地，拥有大型系列根雕作品2000余件，其中最大单件作品重达40余吨，景区所在的根缘小镇被评为中国十大最受欢迎旅游小镇。

（5）一举享誉世界。开化是浙江省青少年举重训练基地、全国举重高水平后备人才基地，是我国蝉联奥运会举重冠军第一人占旭刚的家乡。至今，全县共有63人次获全国少年举重比赛前六名，有222人在全省青少年举重比赛中获得单项第一名，有40人128人次在省级比赛中打破各年龄段纪录，有7人成为国家运动健将、22人达到国家一级运动员标准。

（6）一园筑就梦想。2013年，开化紧紧抓住国家、省级主体功能区建设机遇，提出打造国家公园，以经济生态化、生态经济化为导向，全域景区化、景区公园化为主线，打造文化旅游融合先行区、绿色产业发展先行区、生态文明建设先行区，以公园的理念规划建设管理统筹城乡，努力建成自然开化、休闲开化、人文开化、美丽开化。国家公园建设是"中国梦"和"绿水青山就是金山银山"理念在开化的生动实践，被列入全国第四个国家公园、国家重点生态功能区，2016年6月钱江源国家公园体制试点方案顺利通过国家发改委验收，2017年钱江源国家公园管委会、生态资源保护中心挂牌成立。[①]

（二）丽水市的山区县

丽水市地处浙江省西南部，古名处州。市域面积1.73万平方公里，是全省陆域面积最大的地级市（占全省的1/6）。丽水是"浙江绿谷"，是华东地区重要生态屏障，有着无与伦比的生态优势，素有"中国生态第一市"的美誉。山是江浙之巅，水是六江

---

① 开化概况［OL］.开化县人民政府网，2021-10-18.

之源。瓯江、钱塘江、闽江、飞云江、灵江和福安江的源头都在丽水。全市森林覆盖率高达81.7%。水和空气质量常年居全省前列。丽水的生态环境状况指数连续17年全省第一，是首批国家生态文明先行示范区、国家森林城市、中国气候养生之乡、中国天然氧吧城市。丽水辖9个县（市、区），总人口270万人。丽水市所有县（市、区）均属于山区县。

1. 莲都区

莲都区始建于隋开皇九年（公元589年），时称括苍县，属处州府治，唐大历十四年（公元779年）改为丽水县，1986年撤县设立县级丽水市，2000年7月撤市设立莲都区。莲都区地处浙西南腹地、瓯江中游，是丽水市唯一的市辖区。全区总面积1502平方公里，辖5个乡、4个镇、6个街道（其中南明山街道委托市开发区管理），少数民族人口绝对数居全省第二位、全市第一位。莲都区的主要特点可概括为"一址、一堰、四乡"。

（1）一址，即一批革命旧址。莲都人民具有光荣的革命传统，周恩来、粟裕、刘英、陈嘉庚等曾在此留下足迹，至今仍保留着"红军洞"、新四军驻丽办事处、中共浙江省委旧址等一大批革命旧址。1949年5月10日，丽水（莲都）解放。1988年5月，浙江省人民政府批准丽水（莲都）为革命老根据地县。

（2）一堰，即千年通济堰。国家级文物保护单位通济堰，位于碧湖镇堰头村，建于南朝萧梁天监年间（502—519），迄今已有1500余年历史，是与都江堰、它山堰、郑国渠、灵渠齐名的中国古代五大水利工程之一、浙江省最古老的水利建筑，囊括了世界最早的拱形大坝、世界最早的石函立交桥、世界最早的堰规石碑"三个世界之最"。源远流长、博大精深的"千年古堰"，孕育了"千年古樟群、千年古村落、千年庙会、千年古窑址、千年古碑林"等古老而悠久的处州民俗文化和农耕文化。

（3）四乡，即休闲之乡、摄影之乡、油画之乡、水果之乡。

——休闲之乡。莲都山水隽秀、风光旖旎，八百里瓯江最瑰丽河段穿流其间，为国家级生态示范区、省级生态区。境内耕地17万亩，林地180万亩，水域7万亩，森林覆盖率80%，生物资源1000多种，有大小景点232处，市区拥有"一湖（南明湖）、三山（白云山、万象山、南明山）、三岛（古城岛、中岸岛、琵琶岛）、十景（古堰画乡、九龙湿地、石牛温泉、四都健身、一吻千年、浪漫白岩、名人南明、白云森林、处州府城、括苍水城）"。2010年9月，全市首个省级旅游度假区——丽水瓯江风情旅游度假区获省政府批准。

——摄影之乡。1999年，莲都被中国摄影家协会授予全国第一个"中国摄影之乡"。中国摄影博物馆坐落于莲都。目前，市区有国家级摄影家50名、省级摄影家150多名、基层摄影组织20多个，在全国绝无仅有。瓯江帆影、渔舟唱晚、畲家风情等知名摄影点为中外摄影家所钟情。莲都已成功举办了10多次国际、国内摄影展。

——油画之乡。莲都是丽水巴比松油画发祥地，国内知名油画创作、生产和销售基地。由通济堰、瓯江风光、巴比松油画等元素整合而成的"古堰画乡"景区，已成为国内知名的美术写生基地、创作基地、行画生产基地，被评为丽水十大名片之一，荣获"浙江省文化产业建设示范点"称号，已有160多家院校在此建立了写生基地，有44家油画企业进驻景区。

——水果之乡。莲都水果具有较高的营养价值，瓯柑、白枇杷、早中熟桃、葡萄等优质水果在省内外有较大的影响力。全区有水果面积20多万亩，占全市近1/3。全区年均水果产量16多万吨，占全市近1/2。先后荣获"中国水果百强县""中国椪柑之乡""浙江省九坑桃之乡""全国第二批无公害农产品（水果）生产示范基地县""浙江省蔬菜、水果、食用菌产业强县"[①]。

---

① 莲都概览[OL]. 莲都区人民政府网，2021-12-18.

2. 龙泉市

龙泉于唐乾元二年（公元759年）置县，1990年12月撤县设市，县域面积3059平方公里，辖7乡8镇4街道，人口29万人。[①] 龙泉位于浙江省西南部的浙闽赣边境，是浙江省入江西、福建的主要通道，素有"瓯婺八闽通衢""驿马要道，商旅咽喉"之称，历来为浙、闽、赣毗邻地区商贸重镇。龙泉市的区域特色可以概括为以下几个方面。

(1) 龙泉是一座有高度的城市，绿色是最动人的色彩。龙泉拥有顶级的生态，是国家公园理念萌发地、国家级生态示范区、国家重点生态功能区、国家森林城市、国家园林城市。这里，山为长三角之巅，境内凤阳山国家级自然保护区主峰黄茅尖海拔1929米，是长三角第一高峰。这里，水为三江之源，瓯江、闽江、钱塘江源出于此奔流向海，出境水常年保持一类水质。这里，空气为全国最优，森林覆盖率高达84.4%，空气质量优良率保持99.5%以上，$PM_{2.5}$年均值仅20微克/立方米左右，负氧离子浓度高达12万个/立方厘米，被誉为"中国天然氧吧"和"全国百佳深呼吸小城"。这里，人们健康高寿，人均寿命高出全国平均水平近4岁，多项指标高出"世界长寿之乡"国际标准。

(2) 龙泉是一座有厚度的城市，文化是最靓丽的名片。龙泉拥有世界级的青瓷宝剑文化，是中国青瓷之都、宝剑之邦和国家历史文化名城、国家文化先进市。龙泉宝剑被称为"天下第一剑"，龙泉宝剑传统锻制技艺是首批"国家非遗"。龙泉青瓷被誉为"瓷海明珠"，曾以主角身份参与开拓"海上丝绸之路"，龙泉青瓷传统烧制技艺入选"人类非物质文化遗产代表作名录"，是全球陶瓷类迄今为止唯一的"人类非遗"。龙泉人文昌盛，仅两宋一朝就出进士260位。

[①] 龙泉概况[OL].龙泉市人民政府网，2022-03-21.

（3）龙泉是一座有温度的城市，匠心是最鲜明的特质。龙泉聚焦的"重要窗口"，聚力龙泉复兴，奋力打造一座独具匠心的文化名城，致力让城市发展更有温度、人民生活更有质感。龙泉以匠心成就经济发展高质量，连续6年列入全省26县发展实绩考核第一档次，系全省唯一；低收入农户增收工作连续两年获省政府督查激励通报表扬，系全省唯一；农村人居环境整治、财政绩效管理两项工作获国务院办公厅督查激励通报表彰，系全省唯一。龙泉以匠心成就服务质效高水平，"最多跑一次"改革领跑丽水，"小山城、大科技"龙泉模式基本形成，全国中小企业公共服务示范平台和全省首批产业创新服务综合体建成投用。龙泉以匠心成就人民生活高品质，创成国家卫生城市和省教育基本现代化县市，勇夺全省首批"星级平安金鼎"，医联体建设走在丽水前列。

3. 青田县

青田地处浙江东南部，位于温州的西部、丽水的东南部，东接永嘉、瓯海，南濒瑞安、文成，西连景宁、丽水，北靠缙云县。全县总面积2493平方公里。2020年年底，全县户籍人口总户数20.36万户，户籍总人口57.23万人。[①]

政府所在地鹤城街道距浙南中心城市温州仅约50公里，离浙中南新兴城市丽水70公里，到杭州350公里，是温州的后花园，也是丽水对外开放的窗口。330国道、金温铁路、金温高速和在建瓯江航道贯穿全境，到温州机场仅需1小时，交通便利，有海陆空立体优势。境内括苍、洞宫、雁荡等山峦起伏，"华东漓江"之称的瓯江流淌全境，可谓群山倚天，湍流踞险，山水相映，风光锦绣。境域林木茂密，空气清新，水质优良，生态环境优越，属国家级生态示范区丽水市的一部分。

[①] 青田概况［OL］.青田县人民政府网，2021-11-08.

4. 云和县

云和县始建于明景泰三年（公元1452年），地处浙西南，居瓯江上游，是丽水市地理中心，自古被喻为"洞宫福地"。县域总面积989.6平方公里，辖4街道3镇3乡、71个行政村、15个社区，户籍人口11.38万人、常住人口12.92万人。云和县的区域特色可以概括为以下几个方面。

（1）云和是"山水之城"。"九山半水半分田"的地形赋予云和集"山水林田湖"于一体的独特资源，境内有海拔千米以上山峰184座、水域38.7平方公里，森林覆盖率达81.5%，云和梯田被誉为"中国最美梯田"，并在2020年顺利通过国家5A级旅游景区景观质量评审，正式列入国家5A级旅游景区创建名单；仙宫湖是浙江省第三大人工湖，仙宫景区是国家4A级景区。云和综合环境质量位居全国前列，空气质量优良率达到100%，全域断面水质常年保持在国家二类标准以上，是丽水市第一个国家级生态县、第一个省"无违建县"，入选全国重点生态功能区和生态文明建设试点。"好山、好水、好空气"也孕育了高品质的有机农产品，云和雪梨获得"国家地理标志农产品"认证，有500多年的种植历史，被誉为"中华名果"。"云和雪梨酒"曾获1915年巴拿马万国博览会铜质奖章；云和黑木耳是国家地理标志产品；云和湖有机鱼是浙江省第二大有机鱼品牌。

（2）云和是"小县大城"。2001年以来，云和针对山多地少、村多人少、县小而城区发展空间相对较大的实际，提出并一以贯之实施"小县大城"发展战略，把县城作为县域增长极来培育和发展，加快推进新型城市化进程，促进全域统筹、城乡一体。目前，全县58%的农民下山转移、70%的农村劳动力向第二、第三产业转移，78%的人口集中在县城居住、93.4%的学生集中在县城就读、96%的企业集中在县城发展，城镇化率达到72%。云和县先后获评国家卫生县城、全国文明县城、全国平安县、国家级生态示范区等荣誉，并荣获全国脱贫攻坚组织创新奖和全国脱贫攻坚先进集体。"小县大城"发展战略也被广为关注，获得"2012中国十大社会管理创新奖"。

（3）云和是"木玩名城"。木制玩具是云和的传统产业、优势产业和支柱产业，历经四十多年发展，从无到有、从小到大，云和已成为国内规模最大、品种最多的木制玩具创制、出口基地，先后被命名为"中国木制玩具之乡"和"中国木制玩具城"。目前，全县共有木制玩具生产企业1000多家，成功注册"云和木玩"和"云和教玩"两个集体商标，拥有中国驰名商标3个、浙江名牌产品3个。木制玩具产品达十大类、上千个系列、数万个品种，产品畅销世界76个国家和地区，产量占全国的56%、世界的40%，出口份额占国内同类产品的65%。[1]

5. 庆元县

庆元县位于浙江省西南部，东、南、西三面与福建省寿宁、政和、松溪3县交界，北与浙江省龙泉市、景宁畲族自治县接壤。南北长49公里，东西宽671公里，总面积1898平方公里。县政府驻地松源街道，距丽水市210公里，距杭州市532公里。

庆元地形属浙西南中山区，有溪谷、盆地、丘陵、低山、中山等多种地貌，地势由东北向西南倾斜。东、北部为洞宫山脉所踞，多崇山峻岭、深谷陡坡，海拔1500米以上山峰有23座，主峰百山祖海拔1856.7米，为浙江省第二高峰；西南部和中部是仙霞岭——枫岭余脉，地势较东、北部平缓，谷地较宽，山间盆（谷）地相对高度海拔330~600米，新窑村海拔240米，是全县最低点。

全县辖濛洲、松源、屏都3个街道，竹口、荷地、黄田、左溪、贤良、百山祖6个镇，安南、隆宫、五大堡、岭头、淤上、

---

[1] 云和概览［OL］．云和县人民政府网，2021-09-24．

张村、江根、官塘、龙溪、举水10个乡，共19个乡级政区；辖9个社区居民委员会、192个村民委员会；724个自然村。2020年年底，全县户籍人口20.29万人。①

6. 缙云县

缙云县位于浙江省南部腹地、丽水地区东北部。地处武夷山—戴云山隆起地带和寿昌—丽水—景宁断裂带的中断。地貌类型分中心、低山、丘陵、谷地四类，其中低山、丘陵约占总面积的80%。地势自东向西倾斜。由于地势起伏升降大，气温差异明显，具有"一山四季，山前分明山后不同天"的垂直立体气候特征。

缙云县东临仙居县，东南靠永嘉县，南连青田县，西接丽水市，西北界武义县，东北依磐安县，北与永康市毗邻。东西宽54.6公里，南北长59.9公里，县界全长304.4公里。总面积1503.52平方公里。县人民政府驻地五云镇，北距杭州175公里。

全县设7个建制镇、8个乡，3个街道办事处。具体是：壶镇镇、新建镇、舒洪镇、大洋镇、东方镇、东渡镇、大源镇、七里乡、前路乡、三溪乡、双溪口乡、溶江乡、胡源乡、方溪乡、石笕乡、五云街道办事处、新碧街道办事处、仙都街道办事处。2020年年底全县户籍总人口46.96万人，其中，男性人口24.15万人，女性人口22.81万人，分别占总人口的51.4%和48.6%。②

7. 遂昌县

遂昌县位于浙江省西南部，东靠武义县、松阳县，南接龙泉市，西邻江山市和福建省浦城县，北毗衢州衢江区、龙游县和金华婺城区，县域总面积2539平方公里。县政府驻地妙高街道，位于县境东部，海拔200米。县城距杭州296公里，距丽水96公

---

① 庆元概况 [OL]. 庆元县人民政府网，2021-11-04
② 走进缙云 [OL]. 缙云县人民政府网，2021-11-18.

里。龙丽高速公路和50省道、51省道穿境而过。

境内山地面积22.56万公顷，占88.83%，耕地面积1.03万公顷，占4.06%，水域面积1.8万公顷，占7.11%，素有"九山半水半分田"之称。地势西南高东北低，由龙泉和福建浦城入境的仙霞岭山脉横贯南北，展布全县。境内海拔千米以上山峰703座，其中1500米以上山峰39座。九龙山主峰海拔1724米，为浙江省第四高峰。

遂昌建县时地域广阔，约含今遂昌县域和龙泉市、庆元县大部，以及金华市（原汤溪县）部分地域。史上县境迭有调整。1982年，遂昌、松阳两县分治后，始成今日之县域。目前，全县辖2街道7镇11乡203行政村8城市社区。第七次全国人口普查全县常住人口为194385人。①

8. 松阳县

松阳县隶属于浙江省丽水市，位于浙江省西南部。东连丽水市莲都区，南接龙泉市、云和县，西北靠遂昌县，东北与金华市武义县接壤。最东至裕溪乡新渡，最西至枫坪乡龙虎坳，东西最宽径距53.7公里；最北至赤寿乡大川，最南至大东坝镇大湾，南北最长径距40.2公里。总面积1406平方公里。松阳县地处浙南山地，全境以中、低山丘陵地带为主，四面环山，中部盆地以其开阔平坦称"松古平原"，又称"松古盆地"。地势西北高，东南低。总面积中，山地占76%，耕地占8%，水域及其他占16%，谓"八山一水一分田"。截至2020年年底，全县户籍人口24.03万人，其中，男性12.39万人、女性11.64万人，分别占总人口的51.6%和48.4%。②

松阳是留存完整的"古典中国"县域样板，中国国家地理把

---

① 遂昌概览 [OL]. 遂昌县人民政府网，2021-12-08.
② 松阳县情介绍 [OL]. 松阳县人民政府网，2021-10-18.

松阳誉为"最后的江南秘境"。

9. 景宁县

景宁设县于明景泰三年（1452年），后几经撤并，于1984年6月经国务院批准建立畲族自治县，现为全国唯一的畲族自治县和华东地区唯一的民族自治县。县域面积1950平方公里，辖2个街道4个镇15个乡，全县户籍人口为169502人，其中城镇人口35992人，在总人口中，少数民族人口20219人，畲族18570人；常住人口111011人。景宁县的区域特色可以概括为以下几个方面。

（1）景宁是别具风情的中国畲乡。据史料记载，畲民迁入景宁已有1250年历史。虽历经迁徙艰辛，但畲族歌舞、服饰、语言、习俗、医药等传统文化传承和发展良好，畲族民歌、畲族三月三、畲族婚俗被列入国家非遗，"中国畲乡三月三"被评为"最具特色民族节庆"。

（2）景宁是生态一流的诗画畲乡。"两山夹一水、众壑闹飞流"的地形地貌特征十分明显，境内海拔千米以上山峰779座，全县有林地242万亩，森林覆盖率81.1%，高山峡谷、高山湿地、地质遗址鬼斧神工，原始林木奇峻秀丽，动植物资源十分丰富，非常适合休闲、养生、隐居和探险。2002年11月，习近平同志深入景宁调研期间指示"生态的优势不能丢"。20年来，景宁坚持统筹山水林田湖草系统治理，深入开展治水拆违和小城镇环境综合整治，实行最严格的生态环境保护制度，生态环境质量多年保持全国全省前列，成功创建国家级生态县，2017年荣膺"大禹鼎"和美丽浙江建设工作优秀县。目前，Ⅰ、Ⅱ类地表水占比100%，空气质量优良率99.3%。

（3）景宁是忠勇担当的红色畲乡。忠勇精神是畲族的宝贵财富，"忠勇王"的故事激励着一代又一代的畲家儿女，曾志等老同志对畲族群众的革命贡献给予高度评价。革命战争年代，粟裕、刘英、叶飞等老一辈无产阶级革命家曾率领红军挺进师辗转景宁梅岐、毛垟、家地等地开展革命活动，红色基因已经融入畲乡干部群众血液代代相传，1987年省政府授予景宁"革命老根据地县"称号。

景宁是倍受关爱的幸福畲乡。习近平总书记和省委省政府特别关心关爱景宁发展。习近平总书记在浙江工作期间分别于2002年、2005年两次深入景宁调研指导，并于2006年、2009年、2014年对景宁做出"紧跟时代步伐""走在全国民族自治县前列""志不求易、事不避难"等重要指示。浙江省委省政府于2008年、2012年出台两轮政策扶持景宁发展。丽水市委市政府于2009年在市区划出4平方公里的土地设立丽景民族工业园，作为景宁发展生态工业的"飞地"。

景宁是奋发进取的活力畲乡。立足生态资源优势，积极探索生态产品价值实现机制。生态农业量质并举，"景宁600"品牌逐步打响，惠明茶、食用菌、高山蔬菜、蜂蜜等绿色农产品越来越受消费者青睐。生态工业提质增效，民族工艺品、竹木制品纷纷走出国门，走向世界。生态服务业欣欣向荣，全域旅游加速发展，总部经济形成规模。积极推动开放发展，全县近1/3人口（6.8万人）外出创业，创办以"小超市""小水电""小宾馆"为主的经济实体7500多家，年营业额400多亿元。[1]

（三）温州市的山区县

温州市位于浙江省东南部，东濒东海，南毗福建，西及西北部与丽水市相连，北和东北部与台州市接壤。全市陆域面积12110平方公里，海域面积8649平方公里。境内地势，从西南向东北呈现梯形倾斜。绵亘有洞宫、括苍、雁荡诸山脉，泰顺的白云尖，海拔1611.3米，为全市最高峰。东部平原地区河道纵横交

---

[1] 景宁畲族自治县概况［OL］.景宁县人民政府网，2021-03-24.

错。主要水系有瓯江、飞云江、鳌江，境内大小河流150余条。温州陆地海岸线长502公里，有岛屿714.5个（横仔屿为温州市与台州市共有）。第七次全国人口普查结果显示，全市常住人口为9572903人。[①] 温州市现辖鹿城、龙湾、瓯海、洞头4区，瑞安、乐清、龙港三市（县级）和永嘉、平阳、苍南、文成、泰顺5县。其中，永嘉、平阳、苍南、文成、泰顺5县为山区县。

1. 永嘉县

永嘉县，系浙江省温州市下辖县，位于浙江省东南部，瓯江下游北岸，东邻乐清市，南与温州市区隔江相望，西接青田县、缙云县，北连仙居县、黄岩区。永嘉"八山一水一分田"，县域面积2677.64平方公里，占温州全市的1/4，是浙江第四大县、温州第一大县，也是全国首批沿海对外开放县、中国文化旅游大县、中国千年古县、浙江老革命根据地县。素有"中国长寿之乡""中国泵阀之乡""中国纽扣之都""中国拉链之乡""中国教玩具之都""中国山水诗摇篮"等美称。

永嘉历史悠久，建县已有1800多年，历史上先有永嘉郡，后有温州府，是温州的历史之根、文化之源。汉顺帝永和三年（138）始建永宁县，隋开皇九年（589）改称永嘉县。1949年5月永嘉全境解放，置双溪县，9月双溪县复称永嘉县。

永嘉县下辖11个镇、7个街道、4个乡、454个行政村、87个城市社区。"十三五"时期，永嘉GDP前四年年均增速8.75%，2019年提前实现GDP、人均GDP和城乡居民收入"四翻番"目标，跻身全国经济投资潜力、"两山"发展、旅游竞争力和创新"四个百强县"。

2. 平阳县

平阳县陆域面积1051平方公里，海域面积1300平方公里，

[①] 温州概览［OL］. 温州市人民政府网，2021-12-11.

户籍总人口88.30万人。平阳是个千年古县。设县于西晋太康四年（公元283年），已有1700多年历史，五代十国时期（公元914年）定县名为平阳至今。

平阳县境，北属飞云江水系，主要有平瑞塘河；西南均属鳌江水系。鳌江由西向东横贯全境，注入东海。全县拥有河道总长550公里，水域面积1866平方公里。鳌江在平阳流域面积为343平方公里，干流长度28.4公里，流域平均宽度12公里，距河口27公里。集水面积地区为浙江丘陵山区，周围分水岭的高度约海拔330米左右，山溪均系卵石河床，而且沿江有宽阔的卵石滩地。

平阳气候温暖，物产丰富。中华人民共和国成立以前，平阳粮食产量在温州各县之冠，有"平阳百万仓"之誉，矾山有"世界矾都"之称，食盐则置南监场专门管理，海产资源也十分丰富。1981年分县后，明矾、食盐及部分亚热带植物归属苍南县，水产主要在南麂渔场，但因滥捕及海水污染，部分水产品已岌岌可危，有些濒临灭绝。[①]

平阳是个文化名县。历来文风昌盛，文化名人辈出，有"富春山居图"作者黄公望、南宋爱国诗人林景熙、清朝思想家宋恕、当代数学泰斗苏步青、百岁棋王谢侠逊等。平阳是南戏的重要发祥地和传承地，是"全国武术之乡""中国象棋之乡"和"浙江省传统戏剧之乡"。

平阳是个旅游大县。旅游资源面积占全县总面积的3/4，有"贝藻王国"和"碧海仙山"美誉的世界生物圈保护区、中国十大最美海岛之一的南麂列岛；有以"儒、释、道"三教荟萃而闻名的国家风景名胜区南雁荡山等。

平阳是个红色高地。被誉为"浙江的延安"，曾是早期中国工农红军挺进师、中共闽浙边临时省委与浙江省委的活动中心，

---

① 平阳概况[OL]. 平阳县人民政府网，2021-12-18.

中共浙江省"一大"在平阳召开。

平阳是个经济强县。近年来发展态势迅猛，先后荣获了全国科学发展百强县、全国中小城市最具投资潜力百强县、全国县域经济十大互联网+实践县等称号。

3. 苍南县

苍南县位于浙江省的沿海最南端、濒临东海，与宝岛台湾遥遥相望。历史上一直属平阳县辖域，于1981年独立设县。因地处玉苍山之南，取县名为苍南。苍南县素有浙江"南大门"之称，东与东南濒临东海，西南毗连福建省福鼎市，西邻泰顺县，北与平阳、文成两县接壤。2020年苍南县辖区总面积1079.34平方公里，其中：陆地总面积1068.71平方公里、岛屿面积10.63平方公里。海岸线长204.76公里、海域面积约2740平方公里。[①]

苍南属亚热带海洋性季风气候，冬暖夏凉，资源丰富，特产富饶，并以水产、矿产、旅游三大资源和四季柚、甜橙、茶叶三大名特优产品最具开发前景，尤其是长1800米的渔寮大沙滩为我国沿海大陆聚沙滩所罕见。苍南城区距温州市区81公里，距离省会杭州432公里，104国道自北而南穿越城区。地理位置和交通条件十分优越。苍南县辖17镇、2个民族乡。

4. 文成县

文成县位于浙江省南部山区，温州市西南部，飞云江中上游。文成东邻瑞安市，南界平阳县、苍南县，西倚泰顺、景宁县，北接青田县，总面积1292.16平方公里。2020年年底户籍总人口40.95万人。

文成县辖12个镇（其中1个民族镇）、5个乡（其中1个民族乡），分别为：大峃镇、珊溪镇、玉壶镇、南田镇、黄坦镇、巨

---

① 县域概况［OL］.苍南县人民政府网，2021-09-14.

屿镇、百丈漈镇、峃口镇、西坑畲族镇、周壤镇、二源镇、铜铃山镇；周山畲族乡、平和乡、双桂乡、公阳乡、桂山乡。

文成属浙南山地，境内山峦起伏，连绵不绝，山地面积占全县总面积的82.5%，俗称"八山一水一分田"。地势自西北向东南倾斜。山脉分属两支，江北属南田山脉，为洞宫山脉分支。江南为南雁荡山脉分支，从平阳县进入文成县。河流绝大部分属飞云江水系，主要河流是飞云江（中上游），横贯县境南部，流程43.5公里。①

文成是一个具有独特人文魅力的县。文成，以本地历史名人明朝开国元勋刘基的谥号为名。深厚的文化底蕴孕育了明朝开国元勋刘基、当代新闻泰斗赵超构、叶式太极创始人叶大密等众多历史文化名人。近年来，该县以推进省级"文化强县"建设为统揽，全面实施"文化提升三年行动计划"，走出了一条以刘伯温文化为龙头，畲族文化、侨乡文化、红色文化、孝文化等多元发展的地域文化品牌。全县现有国家级非物质文化遗产2项、省遗3项、市遗67项、县遗152项。

5. 泰顺县

泰顺县位于浙江南部，与福建交界，明景泰三年（1452）置县，取"国泰民安，人心效顺"之意。县域总面积1768平方公里，现辖12镇7乡289个行政村（社区、居委会），截至2020年12月31日，总人口37.19万人。2020年地区生产总值121.99亿元，同比增长4.73%。

泰顺县地处洞宫山脉东南翼，属低中山区高丘山地地貌，境内峰峦叠嶂，山脉逶迤，有"浙南屋脊"之称。有海拔千米以上高峰179座，其中白云尖海拔1611.3米，为温州市最高峰。大小溪流百余条，纵横密布，呈多干树枝状，分属飞云江、交溪、沙埕港、鳌江四大水系，主要溪流有里光溪、洪口溪、仕阳溪、寿

---

① 地区概况 [OL]. 文成县人民政府网，2021-09-23.

泰溪、彭溪、会甲溪等，年平均水资源总量28.2亿立方米，2012年，水资源量为35.97亿立方米。泰顺是浙南重要的生态屏障和水源保护地，其中温州的"大水缸"——珊溪水库有2/3水域面积在泰顺县境内。泰顺县的区域特色可以概括为以下几个方面。

(1) 泰顺是"生态之县"。泰顺是国家生态县、国家生态文明建设示范县、国家主体功能区建设试点示范县、国家级生态保护与建设示范区、全国首批碳汇城市，获评"中国天然氧吧"。县域森林覆盖率达76.88%，空气质量优良率、生态环境状况指数排名居全省前列，主要河道出水水质、出界水质均达到Ⅱ类以上标准。境内自然资源丰富，旅游资源单体总数295个、聚合区10个，拥有国家4A级旅游景区3个、3A级旅游景区4个。泰顺入选"中国生态旅游目的地城市""中国最美乡愁旅游目的地""浙江十大养生福地""浙江省十大欢乐健康旅游城市"。

(2) 泰顺是"廊桥之乡"。现存各类桥梁970多座，古廊桥33座，其中15座古廊桥和"仕水碇步"被列为国家级文保单位；木拱桥传统营造技艺被联合国教科文组织列入"人类急需保护的非物质文化遗产"名录，闽浙木拱廊桥入选中国"世遗"预备名单。泰顺乡土民俗文化底蕴深厚，被列入国家和省市非遗名录123项。泰顺入选"中国民间文化艺术之乡""浙江省第一批传统戏剧之乡""第二批浙江省传统节日保护基地"。

(3) 泰顺是"养生之地"。拥有省级自然保护区、省级风景名胜区"承天氡泉"，被称为"神水宝地""天下第一氡"，为全省两个4A级温泉之一。氡泉为国内罕见的高热含氡矿泉，表露水温54℃~62℃，含氡量21.4埃曼，具有40多种人体必需的微量元素，具有极为显著的医疗、美肤和养生功效。泰顺入选"中国生态养生旅游目的地""浙江省十大养生福地"。

(4) 泰顺是"印石之都"。泰顺矿产资源丰富，尤以泰顺石最为著名。泰顺石储量丰富，理论储量1亿吨以上，极具文化艺术创造价值和收藏价值,是与寿山石、昌化石、青田石、巴林石"四大名石"同等优秀的工艺石。泰顺龟湖被誉为"世界蜡都"。

(5)泰顺是"珍禽之家"。乌岩岭国家级自然保护区原生态系统完整,动植物种类占全省一半以上,被誉为"天然生物基因库"和"绿色生态博物馆",是世界唯一的黄腹角雉保种基地和科研基地。黄腹角雉是国家一级保护动物,乌岩岭现存种群数量500多只,是目前已知的野生黄腹角雉最高种群密度区。泰顺被命名为"中国黄腹角雉之乡"。

(6)泰顺是"红色之区"。1935年4月,刘英、粟裕率领的红军挺进师进入泰顺,在泰顺九峰白柯湾成立了中共闽浙边临时省委;1936年3月,在泰顺峰文小南山成立了中共浙南特委。目前境内保存着中共浙南特委成立旧址等20多处革命胜迹。1988年泰顺被命名为"革命老根据地县"[①]。

(四)台州市的山区县

台州地处浙江中部沿海,东濒东海,北靠绍兴市、宁波市,南邻温州市,西与金华市和丽水市毗邻,依山面海,地势由西向东倾斜,西北山脉连绵。根据第七次人口普查数据,截至2020年11月1日零时,台州市常住人口为6622888人。全市辖3个区、3个县、代管3个县级市。其中,天台县、仙居县和三门县为浙江的山区县。

1. 天台县

天台,立县1800多年,素以"山水神秀、佛宗道源"闻名天下,县域面积1432平方公里,八山半水分半田,总人口60余万人,下辖7镇5乡3街道。天台的地貌以低山、丘陵为主。低山和丘陵占全县总面积的81%,河谷盆地平原和台地占19%。整个地势东北、西北、西南三面高,向东和东南倾斜,四面高山环绕,中

① 区域概况[OL].泰顺县人民政府网,2021-10-23.

间是河谷平原。天台县的区域特色可以概括为以下几个方面。

（1）天台是历史悠久、人文荟萃的浙东名邑。有"十地"之称，即佛教天台宗发源地、道教南宗创立地、五百罗汉应化地、济公活佛出生地、刘阮桃源遇仙地、唐诗之路目的地、羲之书法悟道地、霞客游记开篇地、诗人寒山隐居地、和合文化发祥地。

（2）天台是山水神秀、生态宜人的江南福地。拥有华顶国家森林公园、始丰溪国家湿地公园，中华第一高瀑天台山大瀑布、千年古刹国清寺等名胜众多，是国家5A级风景名胜区、国家级生态旅游示范区、中国氧吧城市。

（3）天台是产业鲜明、充满活力的发展高地。机电、汽车用品、产业用布、生物医药、食品、橡塑等六大产业集群发展，逐步形成了"大健康、大车配、大旅游+优特新"产业体系，上市企业9家、居全省26县第一，绿色发展指数全省第二。

2020年，全县地区生产总值301.7亿元，在全省县（市、区）中居第66位。2018—2020年连续3个年度荣获台州市经济社会发展目标责任制考核优秀，2020年荣获26县考核优秀、台州第一。[①]

2. 仙居县

仙居地处浙江东南，全县面积约2000平方公里，下辖17个乡镇、3个街道，311个行政村、21个社区，总人口51万人。仙居地处浙江东南、台州西部，东连临海、黄岩，南接永嘉，西邻缙云，北与磐安、天台分界。县域面积2000平方公里，其中丘陵山地（1612平方公里）占全县80.6%，有"八山一水一分田"之说。仙居地形属浙南山区一部。仙霞岭延伸至缙云分叉，绵亘本县南北边境，成钳形对峙。南为括苍山，主峰米筛浪，海拔1382.4米。北为大雷山，主峰青梅尖，海拔1314米。全县海拔

---

① 天台概况［OL］．天台县人民政府网，2021-08-17．

1000米以上的山峰有109座。永安溪自西向东穿流而过，境内全长116公里。全县地形从外向内倾斜，略向东倾，其间有大小不等、错落相间的谷地和盆地，其中下各、城关、田市、横溪等4个河谷平原面积较大。仙居县的区域特色可以概括为以下几个方面。

（1）仙居是历史文化悠久、人杰地灵的千年古城。仙居历代人才辈出，是晚唐著名诗人项斯、宋代世界上第一部食用菌专著《菌谱》作者陈仁玉、元代诗书画三绝的大书画家柯九思、明代勇斗严嵩的左都御史吴时来等人的故乡。仙居文化积淀深厚，境内有距今1万多年的下汤文化遗址、国内八大奇文之一——蝌蚪文、中国历史文化名镇、华东第一龙型古街——皤滩古镇、宋大理学家朱熹曾送子求学的桐江书院、春秋古越文字等，文物古迹不胜枚举。仙居还是"一人得道、鸡犬升天""沧海桑田""逢人说项"等成语典故的发生地。仙居民间文化艺术独树一帜、熠熠生辉，国家级非物质文化遗产针刺无骨花灯、九狮图、彩石镶嵌享誉海内外。

（2）仙居是旅游资源丰富、景色秀丽的人间仙境。全县森林覆盖率达79.6%，有国家级风景名胜区和国家5A级旅游区158平方公里，遍布奇峰异石，流湍飞瀑，是高自然度、原生态的风景名胜区。目前逐渐形成了以中国最美绿道——仙居绿道为纽带，串联起以游山为主要特征、被称为"浙江一绝"的大神仙居景区和响石山景区，以玩水为主要特征的永安溪漂流景点，以探林为主要特征的淡竹原始森林景区，以访古为主要特征的皤滩古镇、高迁古民居、桐江书院景点和以赏月为主要特征的景星岩景区等特色景区框架。

（3）仙居是产业特色鲜明、潜力巨大的创业热土。近年来，仙居狠抓产业转型升级，使经济社会保持了较快发展。工业方面，形成了医药化工、工艺美术、橡塑、机械等四大支柱行业，仙居是甾体药物国家火炬计划特色产业基地，是全国重要的医药中间体产品出口基地县，主导产品激素类药物出口居全国第一；仙居工艺美术行业名扬海内外，是全国最大的木制工艺品基地县，荣获"中国工艺礼品之都"和"中国工艺礼品城"的称号。农业方面，仙居经农业部、国台办批准设立了浙江省首批台湾农民创业园，是财政部、农业部基层农技改革建设试点县，是全国休闲农业与乡村旅游示范县，是浙江省"三位一体"农业公共服务体系建设试点县，已形成杨梅、三黄鸡、绿色蔬菜、绿色稻米等主导产业，荣获"中国杨梅之乡""中国有机茶之乡"的称号。服务业方面，在旅游休闲产业蓬勃发展的同时，仙居的景观房产、商贸流通、现代物流、总部经济、金融服务、文化创意、养老服务等新兴服务业正在加快发展。①

3. 三门县

三门县位于中国"黄金海岸线"中段的三门湾畔，是台州市最北边的一个县，西枕天台山、北接宁波、南邻台州市区。三门湾口有三山矗立，形成三道航门，故名三门湾，三门县因此而得名。县域面积1510平方公里，其中海域面积近500平方公里，下辖6镇1乡3街道，总人口44万人。地形为低山丘陵，地势西北高、东南低，由西北向东南倾斜，湫水山在中部蟠结耸峙；海岸线曲折，岛屿众多，港湾深嵌内陆。中、西部为低山丘陵地区，东部为滨海平原，河道纵横，土地肥沃。沿海滩涂和内陆水域发展海水、淡水养殖潜力大，低山丘陵区，地势低缓，盛产亚热带水果——柑橘、梨等。三门县的区域特色可以概括为以下几个方面。

（1）三门是一座港湾之城。早在1916年，孙中山先生视察三门湾时，将之称为"实业之要港"写入《建国方略》，开启了三

---

① 仙居概况［OL］. 仙居县人民政府网，2021-10-21.

门开发开放湾区的百年梦想。近年来，三门县坚持"风从海上来，发展向东看"，先后纳入省内一体化合作先行区、中国（浙江）自由贸易实验区联动创新区，加快打造万亩千亿级湾区大平台，不断提升平台能级，全省创新进步指数排名跃升到第14位，健跳港国家一类开放口岸正式获批国务院，百年梦想正在照进现实。

（2）三门是一座鲜甜之城。素有"三门湾、金银滩"之美誉，拥有海水养殖面积20万亩，因为三门湾海水盐度适中，微生物富集度位居全国海域前列，所以盛产鱼、虾、贝、藻、蟹等5大类200多种小海鲜，味道也非常鲜甜可口，特别是三门青蟹、跳跳鱼、望潮等都是国家地理标志证明商标，都曾亮相《舌尖上的中国》。近年来，三门县充分发挥小海鲜的鲜甜优势，打造了"鲜甜三门"区域公共品牌，被评为中国小海鲜之乡。

（3）三门是一座康养之城。生态优美，水质优良率和空气优良率均在95%以上，是全省全域旅游示范县。由陆望海，166个珍珠般的小岛星罗棋布，木勺沙滩、蛇蟠的千洞石窟，都能让人有舒适的滨海体验；由海向陆，红色亭旁、畲风海润、古色横渡、橘香花桥、湫水氧吧，也是处处如诗如画。

（4）三门是一座红色之城。1928年5月26日爆发的三门亭旁起义，打响了浙江武装反抗国民党反动派的第一枪，建立了全省第一个苏维埃政权，为浙江解放第一县，在这片红色的土地上，"赤胆忠诚、一心为民"的革命精神已经深深融入三门这座城市的基因里。[①]

（五）其他山区县

除了上述县以外，浙江山区26县还包括杭州市淳安县、金华市武义县及磐安县。

---

① 三门概况［OL］. 三门县人民政府网，2021-06-21.

1. 杭州市淳安县

淳安县位于浙江省西部,东邻桐庐、建德,南连衢江区、常山,西南与开化接壤,西与安徽休宁、歙县为邻,北与临安毗连。全境东西长 96.80 公里,南北宽 94.40 公里,面积 4427 平方公里,占全省总面积 4.35%,是浙江省地域面积最大的县。属杭州市,距杭州市区 151 公里。是著名国家 5A 级风景区千岛湖所在地,又是浙江省政府批准的革命老根据地县。2020 年年底,全县总户数 146913 户,户籍人口 456160 人。淳安县的区域特色可以概括为以下几个方面。

(1) 欠发达的富裕县。"欠发达"是指为建设新安江水电站,原淳安、遂安两座县城和 30 万亩良田淹没水底,255 家企业外迁,基础设施基本损失殆尽,淳安由建库前的甲等富裕县变成建库后的贫困县,经济发展由此经历了"十年倒退、十年徘徊、十年恢复"的曲折历程,直到 1977 年才勉强恢复到 1958 年水平,目前仍是浙江省 26 个山区县之一,也是杭州市唯一一个经济欠发达县。"富裕"是指淳安拥有一流的生态环境资源和旅游资源,千岛湖有岛屿 1078 个,湖岸线 2500 公里,湖区面积 573 平方公里,是国务院首批国家级风景名胜区、全国最大的森林公园,千岛湖被誉为"天下第一秀水",水质在全国 61 个重点监测的湖泊(水库)中名列前茅。淳安自然资源丰富,千岛湖有淡水鱼 91 种,是全国四大淡水鱼基地之一;178 亿立方米的一级水体,是绝佳的水饮料产业发展基地;山林面积 537 万亩,林木蓄积量全省第一;独特的湖区小气候孕育了蚕桑、茶叶、干水果等众多优质农产品,被评为全省农业综合强县。政治资源丰富,由于淳安人民为建设新安江水电站做出了巨大牺牲,为保护千岛湖又在继续做着奉献,中央和省市领导对淳安有着特殊关爱,先后亲临淳安检查指导工作,并有六任省委书记先后都把淳安作为基层工作联系点。

（2）最大的小县。"大"是指淳安是浙江省地域面积最大的县，县域总面积4427平方公里，超过整个嘉兴地区；是浙江省最大的移民县，为建设新安江水电站，先后有29万居民外迁，8万人就地后靠安置；是全省最大的库区县，库区人口达12.64万人。"小"是指经济总量小，2020年全县实现生产总值（GDP）240.62亿元。全县按户籍人口计算的人均GDP达到52604元。三次产业结构比为16.0∶25.9∶58.1。

（3）古老的新县。"古老"是指淳安历史悠久，文化底蕴深厚。淳安建制始于东汉建安十三年，距今已有1800多年的历史，是徽派文化和江南文化的融合地，宋代理学家朱熹在淳安讲学时留下了"问渠哪得清如许，为有源头活水来"的名句，明代著名清官海瑞曾在淳安任四年知县。淳安有光荣的革命传统，1935年方志敏率领的中国工农红军北上抗日先遣队"二进二出"淳遂两县，1988年淳安被浙江省人民政府批准为革命老根据地县，是杭州市唯一的革命老区。"新"是指现在的淳安县是仅有54年历史的年轻县，1959年为建设我国第一座自行设计、自制设备、自行施工的大型水电站——新安江水电站，由原淳安、遂安两县合并而成。[1]

2. 金华市武义县

武义地处浙江中部，东邻永康、缙云，西接遂昌、松阳，北靠义乌、金东、婺城，南界丽水莲都，是革命老根据地县、少数民族聚居地区，县域总面积1577平方公里，呈"八山半水分半田"地理格局，2020年年底总人口48万人，其中户籍人口34.5万人，辖8个建制镇、7个乡、3个街道。

武义县始建于三国吴赤乌八年（公元245年），距今已有1770多年的历史。武义，是一座温泉名城。是自然资源部命名的

---

[1] 淳安简介[OL]. 淳安县人民政府网，2021-07-03.

浙江省首个、迄今唯一的"中国温泉之城",温泉以量大、质优、温度适宜著称,"浙江第一、华东一流"。武义,是一座生态之城。是全球绿色城市、国家生态文明建设示范县、全国生态养生产业示范县。①

3. 金华市磐安县

磐安地处浙江中部,是年轻的山区县。1939 年设县,1958 年并入东阳,1983 年恢复县建制,县名出自《荀子·富国》中"国安于盘石"之说,意为"安如磐石"。县域总面积 1196 平方公里,人口 21.31 万人。下辖 7 镇 5 乡 2 街道、216 个行政村、20 个社区。磐安县的区域特色可以概括为以下几个方面。

(1) 区位独特,活力无限。磐安有"浙江之心"之称,是杭州、宁波、温州、金义四大都市区辐射圈结合部,到四大都市区都在 2 个小时之内。诸永高速、杭绍台高速、金台铁路已经开通,杭温高铁正在加快建设。进入"高铁时代"后,40 分钟即可到达杭州,不用 2 小时即可抵达上海。区位条件不断改善,为磐安加快发展、后发崛起注入了强劲动力,现代农业、生态工业、休闲旅游、建筑业、电子商务、清洁能源等产业蓬勃发展,县域经济实力不断增强。2020 年,地区生产总值增长 3.4%;实现财政总收入 18.28 亿元,增长 2.45%,其中一般公共预算收入 11.07 亿元,增长 4.03%;城乡常住居民人均可支配收入达到 43589 元和 20950 元,分别增长 4.4%、7.7%。

(2) 生态大县,天然氧吧。磐安素有"群山之祖、诸水之源"之称,是钱塘江、瓯江、曹娥江、灵江等四大水系的共同发源地,是天台山、括苍山、仙霞岭、四明山等山脉的发脉处,是全国首批国家级生态示范区、国家生态县和国家重点生态功能区、国家生态文明建设示范县。全县森林覆盖率达 83.68%,林

---

① 武义概况 [OL]. 武义县人民政府网,2021-10-03.

木蓄积量562.6万立方米,森林年生态价值达74.8亿元。出境水质全部达到功能区要求,空气质量优良率99%以上,PM$_{2.5}$常年平均25微克/立方米以下,县域负氧离子平均值3567个/立方厘米,被誉为"浙中水塔、天然氧吧"。

(3) 旅游胜地,养生福地。旅游资源丰富,集原真山水、地质奇观、文化古村和奇特民俗为一身,有灵江源森林公园、百杖潭、十八涡、舞龙峡等国家4A级、3A级旅游景区13处,以及25个古朴优美的古村落,大盘山风景名胜区为国家级风景名胜区,是全国森林旅游示范县、省级全域旅游示范县、省级旅游发展十佳县。有"玉山古茶场""孔氏家庙"2个全国重点文物保护单位,有赶茶场、炼火等非物质文化遗产项目138项,其中国家级、省级非物质文化遗产12项,是非遗大县、中国民间艺术之乡。近年来,依托良好的自然生态环境,打造了"樱花谷、杜鹃谷、玫瑰谷"等"五大花谷"和"养生药乡线""浪漫花乡线""休闲茶乡线"三条美丽乡村风景线,推出了"共享农屋·磐安山居"等项目,"乡村慢生活+中医药健康养生"的主体业态加快形成,"身心两安、自在磐安"的品牌不断打响。

(4) 千年药乡,特产之乡。磐安是"中国药材之乡",大盘山自然保护区则是全国唯一以中药材种质资源为主要保护对象的国家级自然保护区,全县有家种和野生中草药1219种,种植面积8万余亩,"浙八味"中白术、元胡、玄参、贝母、白芍主产磐安,俗称"磐五味"。"江南药镇"被命名为省级特色小镇,"浙八味"特产市场是目前华东地区规模最大、设施最先进的中药材交易市场,是第二批省现代服务业集聚示范区。磐安是"中国香菇之乡",年鲜菇出口量占全国50%以上。磐安是"中国生态龙井茶之乡""中国名茶之乡",列入龙井茶原产地保护,共有茶园面积8.7万亩。磐安还是"中国香榧之乡""中国高山茭白之乡"。

此外，板栗、猕猴桃、山茶油、土鸡、高山蔬菜等绿色农产品品质优良。①

二、山区县对浙江省发展的意义

山区26县面积约占浙江全省总面积的44.5%；根据第七次人口普查数据，2020年年底人口总数为1016.9万人，约占全省总人口的15.8%。从空间分布上看，主要集中在浙西南地区，属于地广人少地区。山区县发展对浙江高质量发展建设共同富裕示范区的意义有以下几个方面。

（一）山区资源丰富，是浙江重要的生态屏障

浙江是个多山的省份，全省陆域面积中，山地占74.63%，水面占5.05%，平坦地占20.32%，故有"七山一水两分田"之说。浙江森林面积有9088.65万亩，其中省级以上生态公益林面积4535.68万亩，森林覆盖率达61%，活立木总蓄积量3.14亿立方米，居全国前列。②众所周知森林是陆地生态系统的主体，对改善生态状况、优化人居环境，保护人类生存和发展起着不可替代的作用。根据《浙江省生态功能区划暂行规程》和生态环境特点，浙江省可划分为6个生态区、15个生态亚区。其中的浙西南山地生态区是我省山地面积最大、海拔最高的一个山区，为瓯江、飞云江、鳌江等水系的发源地，也是钱塘江支流乌溪江、江山港、武义江的发源地。该区是浙江省的主要林业基地，也是我国最大的食用菌生产基地，并拥有为数众多的名贵动植物资源。另一个重要的生态区则是浙西北山地丘陵生态区，区内中山环绕，山高坡陡，河谷深切，天目山脉和千里岗山脉展布全区。天目山国家级自然保护区已被纳入联合国"人与生物圈"计划。主

---

① 磐安概况 [OL]. 磐安县人民政府网，2021-03-09.
② 浙江省人民政府. 印象浙江：自然地理 [OL]. 浙江省人民政府网，2021-03-10.

要水系有钱塘江水系的富春江、新安江、分水江和太湖水系的东、西苕溪。该区是杭嘉湖地区水源供给地和浙北地区重要的生态屏障，担负着保障全省生产、生活饮用水源安全的重任，也是浙江省生态环境较好的地区和"黄金旅游"之地。山区26县的生态环境突出，其中，有11个县属于国家重点生态功能区，占山区26县比例的42%；省级生态经济地区8个，占到全省省级生态经济地区的53.3%。

（二）山区县经济发展潜力巨大，是浙江经济的新增长点

改革开放以来，伴随着农村工业化进程，县域经济已成为推动浙江国民经济持续、快速增长的重要支柱。浙江省山区县域经济蕴藏着巨大的潜力，山区经济发展的比较优势和潜在优势还未被充分挖掘出来。例如，全省山区既具有丰富的人文、生态旅游资源，又处于繁荣富庶的长三角地区，发展山区休闲旅游业条件优越、前景美好。山区优越的生态资源，尚未开发利用的山地、草场、水域，以及山区丰富而独特的种质资源，展示了山区发展"绿色产业"、特色产业的广阔前景；山区林业的生态功能将越来越体现出其潜在的价值。山区现有的农林产业提升潜力也较大、前景看好，生物质能源、非木材林业资源利用等新兴产业的发展潜力也不容小觑。

另外，过去山区之所以长期落后，其根本原因是交通滞后，在体制改革和经济发展上往往慢了一拍，工业和投资乏力，没有融入主流经济圈和参与长江三角洲产业分工体系中来。根据浙江省交通发展战略，未来浙江省山区将以高速公路、内河航道建设为重点，形成以公路交通为主骨架，民航、铁路和水路为依托的四通八达的现代立体交通网络。随着这些工程的建成，浙江山区与长三角、沿海地区，以及江苏、江西等省区的联系更加方便，这有利于山区招商引资，推进工业结构高度化和发展第三产业。2020年，26县第一产业增加值达到427亿元，增速稳定在2.5%

以上；高新技术产业增加值超过520亿元，占规上工业增加值的比重超过40%；第三产业比重逐步扩大，旅游业增加值达到570亿元。① 显示山区县具有较大的发展潜力。

（三）山区跨越式高质量发展，有利于统筹区域协调发展

区域差异对地区经济、社会发展的影响是多方面的、严重的，且不断扩大的区域差异，不仅不利于资源合理配置和国民经济持续、快速、健康地发展，而且会影响社会的安定。

2021年5月20日，中共中央和国务院发布《关于支持浙江高质量发展建设共同富裕示范区的意见》。2021年6月11日，中共浙江省委十四届九次会议通过《浙江高质量发展建设共同富裕示范区实施方案（2021—2025年)》。着力加快缩小地区发展差距，是浙江省共同富裕示范区建设的重点之一。习近平同志在浙江工作时多次强调，要把先富带后富作为全省经济发展的大战略，不断促进区域经济协调发展。例如，在2005年11月6日举行的中共浙江省委十一届九次会议上，习近平指出："加快发达地区发展是支持区域协调发展的重要基础，促进欠发达地区跨越式发展是实现区域协调发展的重要环节，两者是互相促进的。"② 区域协调发展是浙江推动共同富裕的独特优势，也是巨大潜力所在。相对于沿海发达地区而言，浙江省内陆山区的发展，由于经济基础、地理环境和政策等因素的影响，发展差距很大。总体来看，浙江山区县域经济发展相对滞后。26个山区县的经济综合实力均处于浙江省县域经济的最后等级，经济发展基础薄弱，人均产出水平较低。这种县域经济发展不平衡的状况，拉大了地区差别，影响了浙江省经济的总体布局，不利于社会和谐。

从统筹区域经济发展的角度来看，浙江高质量发展建设共同

---

① 浙江加快推进26县跨越式高质量发展[OL]．浙江大小事儿，2021-10-09．
② 习近平．干在实处　走在前列——推进浙江新发展的思考与实践[M]．北京：中共中央党校出版社，2006：202．

富裕示范区，重点和难点都在山区，山区的经济社会发展速度和水平，关系到全省发展的大局，可以说，没有山区县的现代化，就没有全省的率先现代化。唯有加快山区经济发展的步伐，努力实现跨越式高质量发展，才能实现全省的全面、协调、可持续发展。因此，在新的形势下，探讨如何促进山区跨越式发展，已成为当前浙江高质量发展建设共同富裕示范区所面临的一个具有现实性和紧迫性的重大问题。

综上所述，全面研究山区县域经济状况，分析其发展滞后的原因，明确区域优劣势所在，扬长避短，制定正确而又有针对性的发展战略，对山区跨越式高质量发展，实现区域的统筹协调发展，实现共同富裕，有着重要的理论与现实意义。

第三章　扶持欠发达地区发展的政策演进

欠发达地区是一个相对概念。相对来讲，衢州、丽水是浙江的欠发达地区。"十一五"以来，浙江省26个欠发达县中有14个县经济发展速度超过全省平均水平。2015年，全省26个欠发达县（市、区）全部实现"摘帽"。不再考核GDP总量，转而着力考核生态保护、居民增收等。欠发达地区赶超式发展的背后，浙江省委、省政府连续多年的政策扶持起到了很大作用。

一、从统筹区域协调发展的战略高度重视欠发达地区发展

进入新世纪以来，浙江省委、省政府从科学发展与统筹区域协调发展的战略高度，始终重视欠发达地区发展。2003年1月，省十届人大一次会议的《政府工作报告》，首次提出把欠发达地区作为新的经济增长点来加以培育。2001年8月、2005年12月和2011年3月，浙江省委、省政府先后出台了三个《关于推进欠发达地区加快发展的若干意见》（浙委〔2011〕17号、浙委〔2005〕22号和浙委〔2011〕29号）。这三个文件虽然名称相同，但是根据发展阶段与社会经济形势的变化，其政策支持力度与侧重点均是与时俱进，顺应了浙江省区域协调发展、科学发展的要求。

在《浙江省国民经济和社会发展第十一个五年规划纲要》（简称纲要）明确提出："加大对欠发达地区的扶持力度。以缩小

与发达地区居民公共服务差距为目标,加大公共财政对欠发达地区的倾斜力度。强化对农村困难家庭子女的教育扶持和对农村劳动力的技能培训,支持欠发达地区培养和引进人才。加强对欠发达地区医疗卫生服务事业的扶持,提高社会保障和救助水平。加大对革命老区、少数民族地区、边远海岛和贫困山区的扶贫开发力度,做好结对帮扶工作。继续推进百亿帮扶致富工程和欠发达乡镇奔小康工程,健全社会力量对欠发达地区的帮扶机制。"同时为了形成山海协作新格局,《纲要》提出:"完善政府推动、市场运作、企业主体、社会参与的机制,深入实施'山海协作工程',逐步形成欠发达地区与发达地区优势互补、互惠互利、共同发展的区域合作新格局。鼓励欠发达地区承接产业转移,开展来料加工,建立出口货源基地;进一步拓宽山海协作领域,联合开发生态农业和旅游业,联合进行技术攻关、科技成果转化、劳务合作和人才开发。在欠发达地区培育一批龙头骨干企业、优势产业和特色产业基地,建设一批科技、教育、文化、卫生等社会发展项目。"[①]

二、适时出台扶持政策 推进欠发达地区加快发展

2003年3月,浙江省出台了《关于实施"欠发达乡镇奔小康工程"的通知》(浙委办〔2003〕14号),将原"百乡扶贫攻坚计划"的乡镇和2001年农民人均纯收入低于全国平均水平的乡镇列入欠发达乡镇,实施"欠发达乡镇奔小康工程"。为了推进沿海发达地区与欠发达地区协调发展,浙江省出台了《关于全面实施山海协作工程的若干意见》(浙政办发〔2003〕54号)。为了加强对少数民族欠发达地区的重点扶持工作,在2001年、2005年出

---

① 吕祖善.关于浙江省国民经济和社会发展第十一个五年规划纲要的报告[OL].浙江省人民政府网,2006-06-28.

台两轮扶持政策的基础上,省委、省政府于2008年专门单独为全省唯一的民族自治县出台了《关于扶持景宁畲族自治县加快发展的若干意见》(浙委〔2008〕53号)助力其科学发展,这在全国各省(市、区)中也是一个创新。2010年省委、省政府出台了《关于加快推进重点欠发达县群众增收致富奔小康的若干意见》,决定省财政连续3年、每年筹资16.8亿元,支持泰顺县、文成县、开化县、松阳县、庆元县、景宁县、磐安县、衢江区、常山县、龙泉市、遂昌县、云和县等12个重点欠发达县,农民加快增收致富奔小康。此外,自2005年起,浙江省委常委会每年听取欠发达地区的工作汇报,研究解决欠发达地区发展中的重大问题。每位省委常委、副省长确定联系一个欠发达县(市、区),定期到联系点调查,帮助解决联系点人民关切的现实问题和困难。

为贯彻《中共浙江省委浙江省人民政府关于推进淳安等26县加快发展的若干意见》(浙委发〔2015〕8号)精神,2015年12月,浙江省人民政府办公厅发布《关于进一步深化山海协作工程的实施意见》(简称《意见》)。该《意见》要求,认真贯彻省委十三届八次全会和全省推进淳安等26县加快发展工作会议精神,以"八八战略"为总纲,以建设"两富""两美"现代化浙江为动力,践行"绿水青山就是金山银山"发展理念,不断增强26县特色产业竞争力、小县大城集聚力、创业创新驱动力、生态环境支撑力、公共服务保障力,进一步拓宽山海协作内涵、完善山海协作平台、深化山海协作机制,增强26县生态经济"造血"功能和自我发展能力,促进全省区域协调发展,努力推动26县与经济强县同步实现全面小康。具体任务包括:①加强国家战略实施领域的合作;②突出七大产业的合作;③拓展农业和农民增收的合作;④推动特色小镇建设的合作;⑤开展产业承接平台建设的合作;⑥探索资源要素开发利用的合作;⑦深化民生和社会事业的合作等。

三、建立健全"三位一体"大扶贫格局

改革开放后,浙江在鼓励一部分人先富裕起来的同时,始终把脱贫致富奔小康作为重要引领,把消灭贫困、统筹城乡作为工作的重中之重,农村居民快速增收。1978年,浙江有贫困人口1200万人,贫困发生率比全国高5.4个百分点。1998年,一举摘掉了8个县的"贫困帽",成为全国第一个消除贫困县的省份;2002年,在全国率先消除贫困乡镇。2012年,确立省级扶贫标准为4600元,比国家标准2300元高出一倍。

浙江省委、省政府一贯以来对扶贫开发工作高度重视,特别是十八大、十九大以来,更是坚定不移地贯彻落实习近平总书记提出的"秉持浙江精神,干在实处、走在前列、勇立潮头"要求和中央扶贫开发战略,坚持把扶贫开发融入工业化、信息化、城镇化、农业现代化进程,坚持欠发达地区加快发展与低收入农户加快增收并重,建立健全专项扶贫、行业扶贫、社会扶贫相结合的"三位一体"大扶贫格局,全力巩固拓展脱贫攻坚成果同乡村振兴有效衔接,全力打造农业农村现代化先行省,走出了一条让浙江农民快速脱贫致富奔小康、富有浙江特色的扶贫开发道路。

(一)授人以渔,提升动能,拓展有劳动能力低收入农户增收渠道

(1)打造梯度就业链。将低收入农户素质技能培训纳入千万农民素质提升工程,实行低收入农户劳动预备制培训、岗前培训、订单培训和岗位技能提升培训等免费政策,推进培育体系从普通务工型向劳动技能型转变,促进低收入农户就业逐步由低端产业链向中低端提升。"十三五"时期,共培训低收入农户31.3万人次,基本实现有劳动能力低收入农户家庭至少1人稳定就业,工资性收入占比提升至40%以上。

(2) 拓展扶贫产业链。把扶贫产业纳入现代乡村产业体系一并规划，加大对重点帮扶村产业培育力度，加快扶贫载体从农村公益岗位、来料加工等向农家乐、农村电商、乡愁产业等新产业、新业态拓展。每年落实省级以上财政产业扶贫资金10亿元以上，落实小额信贷1亿元以上。"十三五"时期，共安排产业项目6.7万个，发放扶贫小额信贷9.9亿元。

(3) 提升平台服务链。把对低收入农户带动作用作为乡村产业平台建设的重要指标，推动平台布局向重点帮扶村、加快发展县倾斜，一村一品、一村一业格局加速形成。借助网上农博、直播带货等渠道，免费搭建立体式、多维度、面向低收入农户的扶贫产品宣传、展示、交易平台。

(4) 完善共享利益链。探索建立财政项目开发资金和社会帮扶资金"折股量化"注入乡村经济合作社等企业，在保障稳定收益的同时，助力低收入农户和重点帮扶村增收。安排4.5亿元资金开展扶贫综合项目试点，探索建立"资金+项目+低收入农户"利益联结机制，引导共建农业产业化联合体。

(二) 政策兜底，重点帮扶，全面实现迭代升级

(1) 加快"三保障"提标。加大对低收入农户教育帮困力度，完善15年教育费用奖补或减免政策。建立政策性医疗保险为主、商业性医疗保险为补充的保障体系，全面推进医疗补充政策性保险，住院报销比例提高到75%，所有定点医疗机构均已开展县域医疗救助"一站式"结算，实现困难群众就医结算一次不用跑。完善低收入农户农房保险，实行农村困难群众危房改造即时救助制度，2020年，省级危房治理补助标准提升至1.5万元/人。完成农村饮用水达标提标384万人。

(2) 加快基本公共服务城乡同标。率先实行县域城乡最低生活保障同标，全省各地低保标准月平均已达800元以上。高质量

推进农村地区 20 分钟医疗卫生服务圈、20 分钟交通可乘圈、30 分钟文化服务圈建设。进一步规范扶贫异地搬迁工作，深入实施小县大城、内聚外迁战略，"十三五"时期，完成扶贫异地搬迁 13 万人。出台《浙江省人民政府关于规范异地搬迁工作的通知》《浙江省扶贫异地搬迁项目管理办法》，做好搬迁后半篇文章，通过保障平等享受迁入地公共服务和创新管理方式等政策，切实保护搬迁农户权益。

（3）加快基础设施城乡互联。优先推进重点帮扶村基础设施建设，实现重点帮扶村客车"村村通"、客运班车运营全覆盖，电网升级改造全覆盖，农村文化礼堂覆盖率 80% 以上。

（4）促进重点帮扶村全面振兴。全力实施消除集体经济薄弱村三年行动计划和"千企结千村、消灭薄弱村"专项行动，建立消除薄弱村县级财政兜底保障制度。创新村级集体经济治理机制，推广村庄经营、飞地抱团、强村公司等做法，大力发展新型农村集体经济，截至 2020 年年底，全省所有行政村年收入达到 10 万元以上且经营性收入达到 5 万元以上，农村集体经济总收入 562.9 亿元，村均 241.6 万元。[①]

四、创新合作交流机制 促进欠发达地区加快发展

浙江省积极创新以人才、项目和产业为主要内容的合作交流机制，促进欠发达地区加快发展。

（一）实施山海协作工程，推进欠发达地区承接产业转移

2003 年 8 月，浙江省出台了《关于全面实施山海协作工程的若干意见》（浙政办发〔2003〕54 号），明确沿海发达地市等西部欠发达地区的 65 个县（市、区）结成对口协作关系。坚持政府推

[①] 戴联英，吴联峰. 决战决胜脱贫攻坚 共同富裕再立新功——中国共产党成立 100 周年浙江经济社会发展系列报告[OL]. 浙江省统计局网，2021-06-16 09.

动与市场运作相结合，推进发达地区与欠发达地区开展多领域、多层次合作。2009年5月，又出台《关于实施新一轮山海协作工程的若干意见》（浙政办发〔2009〕63号），深入推进发达地区与欠发达地区开展特色优势产业、新农村建设、人力资源培训就业、社会事业等领域合作，有效提升欠发达地区产业发展水平，促进低收入群众增收，把欠发达地区培育成为浙江新的经济增长点。据统计，2010年，全省共实施特色优势产业合作项目866个，到位资金299.86亿元，其中，新签项目到位资金159亿元，同比增长28.6%；实施山海协作新农村建设和社会事业项目373个，到位资金5046.8万元；组织培训劳务41468人次，转移劳务就业35780人次。①

（二）创新人才交流合作机制，促进欠发达地区人才资源开发

中共浙江省委组织部完善制定干部考核办法，鼓励省级机关的年轻干部到欠发达地区任职锻炼，引导干部在欠发达地区的经济社会建设中建功立业。浙江省还经常性地组织在浙的两院院士、省特级专家等专业技术人员深入欠发达地区，有针对性地开展专家咨询、专题报告会、交流座谈会和现场指导。省外国专家局每年邀请一批国外专家到欠发达地区，有针对性地举办论坛讲座，现场向当地群众传授新知识、新技能，帮助欠发达地区掌握国际产业发展动态，及时调整产业发展结构。省卫生厅实施"浙江省乡村卫技人员素质提升工程"和"万名医师支援农村卫生工程"，有计划地组织一批医术精湛的业务骨干到欠发达地区服务，鼓励欠发达地区卫技人员到发达地区对口部门进修学习。省教育厅实施城镇教师支援农村教育计划和农村中小学教师素质提升工

---

① 浙江省人民政府经济合作交流办公室区域发展处．"造血"强本"输血"增力［OL］．浙江省合作交流网，2011-03-17.

程。组织开展"百人千场"名师送教下乡活动，每年选派 100 名中小学骨干教师到欠发达地区支教一年，组织省特级教师讲师团到欠发达地区上示范课、开讲座、听课评课、辅导答疑。省科技厅于 2003 年建立了科技特派员制度，实行"科技特派员+企业+农户""科技特派员+示范基地+农户"等运行模式，带动欠发达地区农民参与，培育地方特色产业。

在浙江省委、省政府的持续支持下，欠发达地区经济社会发展势头良好，但是由于欠发达地区所处区位与地形等条件的限制，尽管生态资源优势较为明显，但经济社会发展依然落后于沿海发达地区。欠发达山区进一步发展面临着工业化与生态保护的矛盾、城镇化和人口分散分布的矛盾、产业转型升级与技术落后的矛盾、发展环境需求与体制机制不完善的矛盾等诸多制约因素。针对这些问题，需要创新扶持的政策机制，着力推进"山上浙江"建设。

第四章　新时期山区县跨越式高质量发展思路

2021年8月中共浙江省委、浙江省政府正式印发了《浙江省山区26县跨越式高质量发展实施方案（2021—2025年）》，统筹资源加大"输血"力度，推动26县加快形成自我"造血"机制，提升内生发展动力，努力把推进26县跨越式高质量发展打造成为建设共同富裕示范区的标志性工程。根据这一方案，以及省政府各部门的相关政策，新时期山区县跨越式高质量发展的思路更加清晰。

一、明确思路与目标

（一）指导思想

以习近平新时代中国特色社会主义思想为指导，全面贯彻党的十九大和十九届二中、三中、四中、五中全会精神，以及习近平总书记关于区域协调发展的系列重要讲话精神，坚持"生态优先、内生发展，深化改革、开放发展，山海协同、借力发展，创新驱动、转型发展，共同富裕、共享发展"的原则，围绕实施做大产业扩大税源行动和提升居民收入富民行动，更加注重拓宽"两山"转化通道，更加注重融入新发展格局，更加注重系统性增强内生动力，更加注重强化数字变革引领，通过分类施策、精准发力，加快推动山区26县实现跨越式高质量发展，同步推动山区人民走向共同富裕。

（二）发展目标

到 2025 年，山区 26 县生态环境质量持续优化，全面提升生态系统碳汇能力；山区 26 县经济发展水平明显提升，人均 GDP 超过全省平均的 70%，达到全国平均水平，年均增速达 6.8%；一般公共预算收入年均增速超过 8.5%，人均一般公共预算年均增速超过 8%；群众生活水平明显提升，常住人口城镇化率总体达到 65%；城镇、农村居民人均可支配收入超过全省平均的 83% 和 85%，年均增速分别达到 7%、7.3%；旅游总产出、游客总人次年均分别增长 5% 以上，旅游业增加值年均增长 9% 以上；基本公共服务水平明显提升，教育现代化指数县县超 70，每千人口拥有执业（助理）医师数接近全省平均水平，基本实现乡镇三级公路全覆盖。

（三）分类推进实施

综合考虑资源禀赋、产业基础、生态功能等因素，对纳入国家重点生态功能区的 11 个县和其他 15 个县，分为跨越发展类和生态发展类，分类明确目标导向。其中：跨越发展类包括永嘉县、平阳县、苍南县、武义县、柯城区、衢江区、龙游县、江山市、三门县、天台县、仙居县、莲都区、青田县、缙云县、松阳县等 15 个县（市、区）；生态发展类包括淳安县、文成县、泰顺县、磐安县、常山县、开化县、龙泉市、庆元县、遂昌县、云和县、景宁畲族自治县等 11 个县（市）

（四）"一县一策"精准支持

针对每个县的发展基础、特色优势和主导产业，"一县一策"为 26 县量身定制精准支持政策，以县域为主体加快编制五年行动计划，开辟 26 县发展新格局。

按照围绕重点、突出特色和可复制推广的要求，第一批选取淳安、泰顺、磐安、龙游、景宁等五县，研究编制了"一县一策"发展举措，并于 2021 年 5 月 22 日印发实施。包括：《关于支持淳安县跨越式高质量发展的若干举措——加快推进生态保护前提下的点状开发利用》《关于支持泰顺县跨越式高质量发展的若干举措——加快推进生态旅游全域美丽》《关于支持磐安县跨越式高质量发展的若干举措——加快特色产业发展》《关于支持龙游县跨越式高质量发展的若干举措——加快生态工业发展》《关于支持景宁畲族自治县跨越式高质量发展的若干举措——加快民族地区融合发展》。其他县的"一县一策"也在积极制定中。

对山区 26 县而言，精准的政策支持将成为当地高质量发展的重要推动力。例如，淳安是特别生态功能区，因此针对当地的"一县一策"，以"加快推进生态保护前提下的点状开发利用"为主题，突出生态环境保护。为此，淳安印发《关于做好〈支持淳安县跨越式高质量发展的若干举措〉推进落实工作的通知》，将政策细化分解形成 32 项具体举措，实行清单式管理。

二、实施增强发展动力的两大行动

实施做大产业扩大税源行动和提升居民收入富民行动"两大行动"，坚持把做强特色产业作为 26 县跨越式高质量发展的重中之重，提升自我造血功能，促进富民增收。

（一）做大产业 扩大税源行动

1. 推动山区生态产业高质量发展

改造升级山区传统制造业。围绕做强"一县一业"，重点支持淳安水饮料、永嘉泵阀、武义五金制品、龙游特种纸、江山木艺、天台汽车零部件、仙居医药、龙泉汽车空调、云和文体用品、缙云机械装备、遂昌金属制品、松阳不锈钢管等打造百亿级特色优势产业。加快推进传统制造业数字化、智能化、绿色化改造，一体打造"名品+名企+名产业+名产地"，形成一批时尚产业、支柱产业。积极构建大中小企业融通发展培育体系，加快推进山区企业走"专精特新"发展之路。积极发挥产业创新服务综合体作用，加快推进特色优势产业创新发展。加快先进制造业和现代服务业的深度融合发展，激活传统制造业产业发展新动能。到2025年，新培育工业上市企业20家以上、省级隐形冠军企业10家以上。

挖掘提升历史经典产业。结合山区26县历史文化挖掘和历史经典类特色小镇建设，大幅提升历史经典产业品牌价值、经济价值、文化价值。支持龙泉青瓷宝剑、龙游宣纸、磐安五味、松阳香茶、景宁惠明茶、开化根雕、青田石雕、遂昌黑陶、江山西砚等历史经典产业的精工化制作、品牌化宣介、数字化营销，通过平台和项目双推进、科技和人才双突破、市场和品牌双拓展，推动有条件的历史经典产业规模化发展。促进历史经典产业与文化、旅游、艺术等全方位深度融合，加大保护传承创新力度，加强现代产业工匠队伍培养，打造一批历史文化标志产品。

培育壮大山区新兴产业。依托现有基础，发挥领军企业示范带动作用，支持山区发展高端装备、电子信息、生物医药、医疗器械、新能源、新材料、功能食品、节能环保、运动休闲等新兴产业，培育一批高质量高新技术企业。支持企业加大科技投入，实施一批关键核心技术攻关项目，为新兴产业健康发展提供有力支撑。支持衢州、丽水实施数字经济五年倍增计划，提升数字经济核心制造业发展水平，打造"四省边际数字经济发展高地"。支持丽水、衢州培育百亿级健康产业集群，推动山区26县发展养生养老产业、医疗康养产业和银发经济。

优化布局绿色能源产业。优化调整抽水蓄能电站规划布局，优先支持山区26县打造华东抽水蓄能基地，加快推进缙云、衢江、泰顺等抽水蓄能电站建设，谋划建设景宁、江山、青田、云和、松阳等抽水蓄能电站项目。优先在山区26县开展低碳、（近）零碳试点建设。合理发展农（渔）光互补、林光互补重点项目，对地方超出可再生资源电力生产或消纳激励目标的部分可给予能耗总量考核抵扣。安全高效发展核电，重点推进三澳核电一期及三门核电二、三期建设。支持山区农村水电站生态化改造项目，推进山区生态水电示范区建设，转型发展绿色小水电。

2. 提高山区产业平台能级

提质升级山区工业平台。推动衢州、丽水打造"千亿级规模、百亿级税收"高能级战略平台，支持丽水市申报国家高新技术产业开发区。依托山区26县开发区（园区）整合提升的空间范围，择优布局区位条件较好、周边配套齐全、发展空间充足、城镇功能完善、生态承载能力强的区块，建设不小于3平方公里的特色生态产业平台。支持华友锂电材料国际产业合作园、中德智造·曼斯特小镇、仙居医械小镇等特色工业平台建设，做优一批特色小微企业园。加强科研成果转化对接，发挥国家自创区、杭州城西等科创走廊、高新区等高能级创新平台对山区26县产业平台辐射带动作用。到2025年，山区26县开发区（园区）实现规模以上工业总产值3000亿元，亩均税收超过20万元。

打造义甬舟大通道及西延战略支点平台载体。推动海港、陆港、空港、信息港联动发展，支持山区26县向海借势共建新发展格局重要节点。积极参与"一带一路"建设，为山区特色产品走向国际市场开辟新窗口。深化衢州市、丽水市与宁波舟山港的协作联动，高水平布局建设一批陆港，开通海铁联运专列，提高通关效率，降低山区交通物流综合成本。依托衢州港、丽水青田港，健全沿海港口内河体系，打通山区物流出海口。加强山区与杭州、宁波、温州空港联动，建设航空物流多式联运基地。发挥义乌国际陆港开放港口功能，促进温州、台州、衢州、丽水与义乌国际陆港的公铁联动，支持山区优质农林产品和工业制造品通过义乌进入欧洲市场。支持衢州市、丽水市建设保税物流中心（B型），共享浙江自贸试验区政策红利。

打造华侨浙商要素回归平台。发挥丽水、温州华侨资源优势，推进浙江（青田）华侨经济文化合作试验区、中国（温州）华商华侨综合发展先行区建设，重点推进华侨进口商品城、华商华侨进口商品"世界超市"、世界华商回归创业园区、华侨农产品采购中心、华商华侨特色小镇等项目建设。办好华侨进口商品博览会。支持华侨企业总部回归，发展国际营销型、品牌代理型、投资型华侨总部经济，孵化建立欧洲国际产业合作园、欧洲中小企业浙江产业园，健全华侨回乡投资兴业安居服务体系。

打造浙闽赣皖省际交流合作平台。创新四省边际区域协作体制机制，协同推进四省九方经济区高质量发展。积极争取国家层面支持，打造浙皖闽赣国家生态旅游协作区，重点建设衢黄南饶"联盟花园"，推动建设杭黄世界级自然生态和文化旅游廊道。加快浙赣边际合作（衢饶）示范区建设，推动产业链协同联动发展。支持丽水打造成为浙南闽北赣东地区"双循环"重要节点，支持谋划推进浙南闽东合作发展区建设。

（二）实施提高居民收入富民行动

1. 提升生态农业富民

（1）特色发展山区生态农业。稳定山区稻米等粮食种植规模和产量，加大山区粮食功能区和高标准农田建设支持力度。培育壮大"菌、茶、果、蔬、药、畜牧、油茶、笋竹和渔业"等特色产业，支持丽水、衢州打造中国产茶、产菌强市，磐安、淳安、松阳、仙居等地创建国家级中药材示范基地。科学发展生态畜牧业，通过种养有机结合和品牌建设，打造具有山区特色的生态循环农业产业集群。发挥龙头企业引领带动作用，突出地理区位和小气候特色，重点发展名贵花卉、经济作物种植，做大做优香氛、中药等产业，拉长产业链条，提高经济效益。组织实施山区26县绿色技术研发应用专项，加强涉农关键技术攻关，提升产业核心竞争力。鼓励农业院校及科研机构在山区建立种质资源库、种苗培育实验室。支持丽水打造华东地区生物多样性基因库，谋划建设国家"种源硅谷"。到2025年，山区26县农业标准化生产率达到65%以上。

（2）支持山区精品农业园区建设。按照数字化、专业化、规范化、景区化的要求，整合提升现代农业园区、农业科技园区，农业特色强镇、特色农产品优势区等各类园区。支持山区因地制宜推广稻耳轮作、稻鱼共生、粮药轮种、水旱轮种等特色生产模式，提升园区亩均效益。支持山区因地制宜建设一批农业大数据中心、智慧农业示范基地，创建"国家数字化赋能农村一、二、三产业融合示范园"。到2025年，建设1500家特色农产品种植基地、海拔600米以上绿色有机农林产品基地200万亩，实现省级农村一、二、三产融合示范园全覆盖。

（3）完善山区农产品经营体系。促进山区农产品经营主体合作联合，引导农业企业、农民合作社、家庭农场、种养大户联合抱团发展，发展壮大特色产业农合联，组建农业产业化联合体，实现山区26县省级农业产业化联合体全覆盖。加快建设县域综合型农产品加工物流园区、骨干市场和冷链物流设施，健全升级山区农产品销售网络。加快推广应用数字农合联，推进生产、供销、信用"三位一体"服务数字化，打造品牌引领、产品高质的产销一体化服务体系。提升"丽水山耕""三衢味"等区域公共品牌影响力，每个山区县擦亮1~2个特色农产品金招牌。到2025年，建成家庭农场3000家、综合型农产品加工物流园区30个，实现农业总产值500亿元以上。

（4）大力发展山区林下经济。强化良种选育、技术指导和品牌建设，重点在山区26县实施林下野生药用动植物资源保护与开发利用工程。建设一批综合性种质资源圃和林下道地中药材种植基地。加强林下集成栽培、病虫防治、精深加工、储藏保鲜、装备应用等先进实用技术的研究和推广，实行林下经济产业科技人员结对帮扶机制。科学利用林地资源促进木本粮油和林下经济高质量发展，重点在山区26县启动实施"千村万元"林下经济增收帮扶工程，省级林业专项资金加大对林下经济的支持力度，发展林下规模经营10万亩。

2. 强化生态旅游富民

（1）做强山区特色旅游产业。聚焦乡村旅游、生态旅游、康养旅游、研学旅游、工业旅游、古村落旅游等新业态，将18个山海协作文化和旅游产业园与诗路文化带建设有机结合，串珠成链，高水平建设开化、文成、柯城、天台、龙泉、缙云、仙居等省文化和旅游产业融合试验区。建设一批森林康养、气候康养基地，探索将符合条件的康养机构纳入医保定点。做好历史文化村落、有条件"空心村"等资源科学开发文章，大力发展民宿、农家乐、休闲乡村和农家乐集聚村，探索乡村文化专业化运营，带动山区群众增收致富。加快推进文旅项目建设，累计完成文旅投资4000亿元以上，单体投资超10亿元项目达100个以上。

（2）打响山区全域旅游品牌。鼓励工商资本深度参与山区旅游开发，培育10家左右千万级核心大景区、3家左右世界级旅游景区与度假区，重点打造永嘉江南宋村、丽水古堰画乡、衢州有礼诗画风光带、缙云人间仙都等20张文旅"金名片"。支持永嘉楠溪江、武义牛头山、仙居神仙居、衢州南孔古城、丽水古堰画乡、云和梯田、泰顺廊桥-氡泉等创建国家5A级旅游景区或国家级旅游度假区，支持松阳打造国家传统村落公园，支持淳安千岛湖、文成刘伯温故里等推进未来景区改革试点，支持景宁、开化等县创建5A级景区城。深化"百千万"工程，启动打造"景区村2.0版"，提升景区城、景区镇建设水平。到2025年，山区26

县实现国家全域旅游示范区覆盖率超过30%，5A级旅游景区、国家级旅游度假区覆盖率超过50%；省级全域旅游示范县（市、区）、4A级旅游景区全覆盖。

（3）持续提升山区旅游品质。在山区率先启动实施旅游业"微改造、精提升"行动计划，促进山区旅游品质提升。持续推进"诗画浙江·百县千碗"工程，打造提升开化齐溪、松阳老街、景宁英川等一批美食小镇，每年开展50场美食活动。依托18个山海协作生态旅游文化产业园，推出诗路怀古等一批山海协作最美生态旅游线路。支持举办景宁畲乡"三月三"、云和梯田开犁节、缙云烧饼文化节等文化旅游节庆活动。打造"浙宿好礼"和旅游演艺精品，构建完善山区26县"一站式、智能化、个性化"智慧旅游服务系统。

（4）深度挖掘革命老区红色旅游资源。聚力推进浙西南革命精神，弘扬引领平台建设，推动遂昌王村口、龙泉住龙、松阳安民—枫坪、庆元斋郎等开展各类示范创建工作，形成一批具有影响力的红色旅游景区。将山区26县红色旅游景点纳入"浙里红"线路。创新引入情景化展现方式，开发体验式红色旅游产品，推进红色旅游与生态游憩、古村落体验、民族风情等融合发展。统筹推进"浙西南革命精神"干部教育基地、党史学习教育基地、红色研学实践教育基地、爱国主义教育基地等建设。以红色景区通景公路、红色村镇通村公路建设为重点，提升红色村镇配套设施与公共服务。加快培育松阴溪（含莲都古堰）、钱江源等省大花园耀眼明珠，打造集红色文化体验廊道、绿色发展展示廊道、生态游憩廊道、水上交通廊道等"多廊合一"的红绿融合发展带。

3. 支持山区就业创业

（1）拓宽就业创业渠道。充分发挥特色生态产业平台、山海协作产业园、特色小镇、小微企业园等平台作用，吸纳山区群众就近就业。推进大学生创业园、返乡创业基地等创业孵化基地建设，促进创业带动就业。深入实施千万农民素质提升工程，加大山区实用型专业技能人才培养，重点打造一批面向山区26县的旅游人才和产业技术人才培训基地。加强与发达地区的人力资源合作，针对山区富余劳动力搭建就业服务平台，实现人岗精准匹配。多措并举帮扶山区就业困难人员多渠道灵活就业，升级发展来料加工，适时调整公益性岗位规模和安置对象范围，确保零就业家庭动态清零。

（2）加大对山区消费帮扶力度。大力发展订单农业，引导龙头企业、农批市场、电商企业、大型超市等采取"农户（基地）+合作社+企业+市场"模式，在山区26县建立生产、加工、物流基地。推广"共享稻田""共享湖泊"等发展模式，创新运用众包、众筹、共享等新经济理念，建立山区生态产品收益共享机制。支持经济强县为山区26县打造一批消费帮扶综合体和特色街区，拓宽山区农产品销售渠道。实施"新云采消费助农计划"，按需求订单制定供给规模，打通山区26县特产直供、当季新鲜食物等高品质农产品进城渠道。支持山区26县构建以直播带货、网上农博会、浙里汇等新零售为主，线上线下联动的新型农产品网络营销体系。积极引导各级工会组织赴山区26县开展职工疗休养活动。

三、完善基础设施　优化公共服务

（一）完善基础设施

构建山区外捷内畅交通网。加快打通山区26县对外通道和内部区域交通网，推动构建"铁公水空"一体化交通体系，基本建成省域、市域、城区3个"1小时交通圈"，为山区新型城镇化打好坚实基础。适当提高山区铁路等级，构建内通外联的山区铁路

第一篇 总 论
第四章 新时期山区县跨越式高质量发展思路

网络,加快推进杭温、杭绍台、衢丽、金甬等项目建设,推动甬台温福、杭临绩、杭丽、温武吉等项目前期研究,谋划推进衢黄、金南、丽云等项目。高水平打造高速公路网,加快推进龙丽温景文段、杭金衢拓宽金华至衢州段等建设,开工建设甬台温扩容、杭淳开、义龙(庆)等项目,谋划推进甬金衢上、青文、乐清至青田、合温等项目。推进市域公路网和"四好农村路"建设,重点推进普通国省道待贯通路段建设和低等级路提升,推动有条件建制村通双车道公路。高水平打造内河航运网,推进龙游、衢江、腊口、温溪等港区、作业区和衢江、兰江、瓯江等内河航道建设,推进钱塘江中上游千吨级智慧航道项目,提高海河直达运输能力和效率。推进丽水机场建设和衢州机场迁建项目,谋划布局一批通用机场,支持有条件的核心景区、"康养600"小镇建设若干直升机起降点,形成空中交通网络。

健全山区安全美丽水利设施网。加快推进开化、莲湖等一批大中型水库建设,持续实施湖南镇、成屏二级等既有水库提升改造和病险水库除险加固,全面推进小型水库系统治理,促进山区水库增能保安。加快推进钱塘江、瓯江等干支流堤防提标加固和城市防洪达标建设,实施海塘安澜千亿工程和平原高速水路工程,推进小流域山洪灾害防治,提高山区防洪减灾能力。加快推进丽水市滩坑引水、龙泉市竹垟水库扩容引水、缙云县潜明水库引水等一批引调水工程建设,谋划推进浙西南五大水库连通工程,提高山区水资源配置能力,打造华东水资源重要战略储备地和优质水源涵养地。全域推进幸福河湖建设,实施"百江千河万溪"水美工程,开展水土流失综合治理、水生态保护与修复、主要江河滨水绿道建设,推进水美乡镇建设,探索河湖库疏浚砂石资源保护与利用。开展山塘综合整治,建设美丽山塘。加快推进灌区现代化改造,保障粮食安全。

（二）提升城镇能级

（1）推进中心城市赋能扩容升级。优化山区城市空间布局，支持衢州四省边际中心城市建设，加快丽水"跨山统筹"试验区建设，稳妥推进行政区划调整，有序推进两市建设百万级人口城市。推动市区传统工业园区向城市综合功能区转型，推进衢州"大三城""小三城"建设，谋划推进丽水瓯江新城建设。加快打造衢丽花园城市群，共建诗画浙江大花园最美核心区。积极推动衢州、丽水融杭联甬接沪，共享发展红利。

（2）提升县城综合能级。深入实施山区"小县大城、产城融合、组团发展"战略，有序推进县域经济向城市经济转型，支持综合实力强、发展潜力大的县（市）高标准建设中等规模的现代城市。实施城市有机更新行动，提升县城城市基础设施建设与管理运营水平，系统推进城镇老旧小区改造，特色化建设26个具有山区风情的宜居宜业宜游县城。推动农业转移人口市民化，加强农业转移人口技能和文化培训，提高农业转移人口素质和融入城镇能力，加快县城人口集聚。支持泰顺建设国家人口集聚与农民增收致富改革试点和松阳建设跨越式高质量发展综合改革试点。

（3）深化美丽城镇建设。深入实施山区26县"百镇样板、千镇美丽"工程，推进设施、服务、产业、品质、治理等五大提升行动，建设新时代"五美"城镇，力争到2025年，建设100个美丽城镇省级样板。发挥山区26县的副中心型和特色型城镇辐射带动效应，推动美丽城镇组团式、集群化发展，构建舒适便捷、全域覆盖、层级叠加的镇村生活圈体系，加快把美丽城镇建成提供多层级、强辐射的区域公共服务中心。统筹推进中心镇发展、小城市培育试点建设，打造一批人文气息浓厚、产业特色鲜明、生态环境优美、文化与旅游深度融合的"千年古城"。

（4）深化山区城乡融合发展。因地制宜推广"大搬快聚富民安居"工程，有序推进撤乡并镇、撤村并居，有序稳妥推动县域行政区划调整和管理模式优化，支持山区走出以县城为中心，以中心镇为节点，以中心村为补充的具有山区特色的新型城镇化之路。全面推动"两进两回"，有序促进城乡科技、人才、资本等双向高效流动，实施新乡贤助力产业兴旺、文化建设、乡村治理、生态宜居、公益慈善等行动，激发乡村活力。持续推进城乡一体化和农村规模化供水，加强农村供水工程及水源工程建设，实现农村自来水普及率达到99%以上，巩固提升山区农村供水安全保障水平。到2025年，新时代美丽乡村建成率、保留村村庄规划编制率均实现100%。

（三）强化数字改革赋能

全面贯彻落实全省数字化改革工作部署，推动山区26县抢抓全省数字化改革机遇，加快构建"1+5+2"工作体系，撬动跨越式高质量发展。加快打通山区26县各类政务信息数据资源，推进山区县重要应用系统和数据综合集成，打造一体化、智能化公共数据平台。梳理一批山区特色的核心业务，谋划一批以党政机关整体智治为中枢，数字政府、数字经济、数字社会、数字法治有机联结山区特色应用场景。支持衢州在谋划跨部门多业务协同应用场景中对体制机制进行创新性突破；推动衢州残疾人服务数字化应用等典型案例在全省推广；支持丽水在生态产品价值实现机制试点基础上，探索建立基于GEP的"核算—转化—考核"综合数字化应用机制；支持丽水"花园云"建设，通过深度融合信息化、新型工业化、城镇化、农业现代化建设进程，不断提升丽水绿色生产力。推动山区26县率先开展人口集聚趋势数字化分析和要素优化配置数字化分析，为山区26县跨越式高质量发展提供科学决策支撑。

（四）优化公共服务

（1）构建符合山区需求的教育体系。加大教育帮扶协作力度，完善"千校（园）结对"帮扶关系，每个帮扶县安排的结对学校不少于20所，结成教育共同体。每年至少安排20名优秀教师按1∶3比例与山区学校的教师建立师徒结对关系。全省范围内遴选130名优秀教师，分批组建26个"希望之光"教育专家团，每个专家团"组团式"帮扶1个山区县，帮扶期限2年。加大银龄讲学计划实施力度，招募退休的优秀教师到山区县任教。加强中职教育资源统筹力度，支持衢州开展职业教育"五统筹"改革省级试点，提升丽水职业技术学院等高职院校和技师学院办学水平，构建山区现代职业技能人才培养体系。支持丽水学院、衢州学院等院校加快建设特色鲜明的高水平应用型大学。积极引导高校、科研机构到山区26县设立研究院或共建现代产业学院。到2025年，全国义务教育优质均衡县达到35%。在"互联网+义务教育"城乡结对帮扶工作基础上，全面推进城乡教育共同体建设，2025年，乡村和镇区公办义务教育学校实现教共体全覆盖，其中融合型、共建型模式的教共体占比不低于80%。

（2）优化符合山区特点的医疗卫生服务体系。加强县乡村三级医疗卫生机构基础设施和信息化建设。分层、分类推进优质医疗资源精准下沉，推动全省综合实力较强的省市级三甲医院至少负责1个山区26县下沉工作，实现山区26县结对全覆盖。深化县域医共体建设，推进乡村一体化管理，构建优质高效的整合型医疗卫生服务体系。推进县级疾控机构标准化建设，提升公共卫生防控救治能力。加强县域胸痛、卒中、创伤中心建设，提高医疗应急处置能力；加快县级龙头学科、重点专科建设，提升专科医疗服务水平；推进县域影像、检验、心电等共享中心建设，强化医疗服务创新支撑。到2025年，山区26县县域医疗卫生服务体系全面优化，服务效能全面增强，基层就诊率达到65%以上，县域就诊率达到90%以上。

（3）完善适应山区特点的社会保障体系。提高社保基金保障能力,引导扩大山区各类群体参保覆盖面。统筹山区社会救助制度建设,深入实施低收入农户医疗补充性政策保险,完善低收入农户子女接受教育费用奖补或减免等政策。落实好农村困难家庭危房改造即时救助制度,做到动态清零。分层、分类实施社会救助,不断完善以基本生活救助为主体、专项救助为支撑、急难救助为辅助、慈善救助为补充的分层、分类梯度救助制度体系。加强对农村留守儿童、妇女、老年人、残疾人等关爱服务,推进乡村无障碍环境建设。到 2025 年,山区 26 县低收入农户人均可支配收入年均增幅 10% 以上,养老、医疗保险实现全覆盖。

四、加强陆海统筹 升级山海协作

强化陆海统筹、山海互济,推动山海协作结对双方聚焦平台共建、产业共兴、项目共引,实现山海资源要素精准对接、合作共赢。每年滚动推进山海协作产业项目 300 个、完成投资 400 亿元以上。[①]

聚焦平台共建。加快在大湾区新区、省级高能级战略平台等产业平台,为山区 26 县布局以先进制造业为主的"产业飞地",每个"产业飞地"原则上不少于 1 平方公里。支持衢州市、丽水市和山区 26 县到沿海经济发达市县布局建设"科创飞地",强化新技术、新产品研发、项目孵化、人才引进等功能。进一步规范山海协作"消薄飞地"建设,健全运营管理、收益分配机制,提升经济效益。到 2025 年,实现"产业飞地"全覆盖;建成 10 个以上达到省级科技企业孵化器(众创空间)认定标准的"科创飞地",平均项目产业化率达到 30% 以上;规范建设 30 个"消薄飞地",带动 2500 个村增收致富。

[①] 孟刚.同步推动山区人民迈向共同富裕——《浙江省山区 26 县跨越式高质量发展实施方案(2021—2025 年)》解读[J].今日浙江,2021(16):6-7.

聚焦产业共兴。积极推动山海协作结对市县开展产需对接、产用结合和产业链上下游整合，引导技术、资本、市场等与26县生态资源有机结合，共同培育发展高端装备、电子信息、生物医药、医疗器械、新材料等新兴产业。

聚焦项目共引。以山海协作"产业飞地"、特色生态产业平台、开放平台共建为依托，推动结对双方建立一体化招商协同机制，帮助26县引进一批创新能力强、发展后劲足、带动效应显著的优质项目，提升区域产业竞争力。

2021年浙江省政府办公厅印发《关于进一步支持山海协作"飞地"高质量建设与发展的实施意见》（浙政办〔2021〕5号），积极推进6个省级新区和15个能级较高的开发区（园区）平台为山区26县拟定29个"产业飞地"空间规划选址方案，承接山区26县不小于1平方公里的"产业飞地"，为山区26县拓展产业发展空间。截至2021年年底，已推动25个"产业飞地"签订了共建协议，成功引进产业项目20个。2021年，全省推进山海协作产业项目369个、完成投资460亿元。[1]

---

[1] 地区处.坚持"输血"与"造血"并重，"一县一策"推动山区26县跨越式发展［OL］.浙江发改，2022-02-19.

第二篇 比 较 篇

第五章 法国山区开发的经验

法国也曾是一个地区经济发展很不平衡的国家,尤其是山区发展较为缓慢。为解决地区发展的差距问题,法国制定和推行了一整套适合于不同历史时期的国土整治和区域经济发展政策。取得了很好的成效,值得我们研究和借鉴。

一、法国山区的基本状况

法国山区主要包括南北阿尔卑斯山、比利牛斯山、汝拉山和罗日山等,总面积1000多万顷,占国土面积的1/5。山区人口为全国人口数的约14%。法国大部分山区是农业发展比较落后、生活条件比较贫困的地区。根据1985年《山区法》,全法划入山区的范围包括6130个市镇(表5-1)。

表5-1 法国山区市镇类型

市镇规模(人)	市镇数量(个)
居民少于200	2519
居民200~500	1795
居民500~1000	925
居民1000~3000	649

续表

市镇规模（人）	市镇数量（个）
居民 3000～10000	201
居民多于 10000	43
合　计	6132

资料来源：刘欣. 山区发展：法国策略对北京的启示［J］. 北京规划建设，2007（4）：107-110.

法国的山区不仅存在地形与气候方面的特殊困难，也存在着贫困、工业危机等普遍问题。因此山区与非山区之间同样存在一定的差距，而由于不同地域的产业发展程度不同，山区内部发展也呈不均衡状态。

通过近 40 年的努力，法国山区发展取得了较好的成果。逐渐形成了不同特色的法国六大山区发展模式：冬季旅游为主的阿尔卑斯山区；夏季旅游和自然保护为主的比利牛斯山区；以畜牧业为主的中央高原区；以综合发展为主的孚日山区；以农产品加工为主的汝拉山区；以本地居民迁出为主的科西嘉岛。其中阿尔卑斯山区已成为法国、欧洲的旅游胜地，居民收入是全法国最高的区域之一。可以说，山区发展对加快落后地区发展，缩小全国的地区经济发展差距，甚至促进整个国民经济发展都起到了积极作用。

二、法国山区开发的主要措施

自 1961 年起，法国政府在国土整治过程中，根据山区的不同特点，制订了不同的整治方案，在保护山区自然资源的同时，大力发展旅游业和其他产业，繁荣山区经济。1973 年开始实行"山区特别补贴制度"；1976 年开始执行"山区农村手工业发展计划"；1983 年政府又通过法令，提出了保护和开发山区的四条方针：因地制宜，发展适合本地区特点的经济活动，尤其是扶持山区工业和手工业的发展；大力发展旅游业，有效保护资源；重点改善人烟稀少、偏僻山区的交通和通信基础设施；发展服务业，改善山区生活条件等。法国山区开发的主要措施有以下几个方面。

（一）设立国家山区开发、整治和保护委员会

法国国家山区开发、整治和保护委员会（简称山委会）是根据1985年1月9日颁布的《山区法》于当年成立的。总共有58名委员会成员，分别由各山区的社会经济组织和协会选举产生。他们当中有国会议员、政府机关和各地山委会的代表。委员会主任由政府总理兼任。

山委会负责起草指导山区开发的法案，并向国家计划委员会提出有关的建议。山委会有权决定并解释《山区法》对山区开发、整治、保护有力的措施，以及方案和目标，促进各山区之间的共同协调工作。山委会可对部际农村开发整治基金会和协助山区自身开发委员会所提出的优先补助条件提出异议。国家每年对山区制订的投资计划均要报给山委会。

法国山委会于1990年1月25日在领土整治部长的主持下，召开了第二次全体会议。包括农林部长在内的7名部长出席了会议，法国总理罗卡尔对山委会成立5年来贯彻执行的山区开发政策做了总结性的发言，强调振兴山区的工作重点是提高为山区服务的质量，加强村镇间的合作和开展多种经营。会议总结了自1985年《山区法》颁布以来，政府对山区发展实行的优先政策主要有如下三个方面：一是每年向各不发达的省份额外提供2亿法郎的资金；二是每年向山区农业生产者提供12亿法郎的生产补助（约9万家农业经营单位受益）；三是国家每年增加其他扶持山区农业的措施，拨出2.5亿法郎作为山区青年安置费用，7500万法郎作为农业现代技术开发资金，3000万法郎作为增添农业机械设备的补助和其他方面的贷款。

（二）开拓交通网络，增加山区贷款

虽然法国的公路交通运输十分发达，公路网遍及全国，但通往和穿过山区的公路因造价高、耗资大，公路条件和设施都比较差。法国于1986年制订了国家公路开发方案，并于1989年加以修改。

为加速山区的发展，更好地沟通山区与外界的联系，山委会提出建议，由政府对此方案和实施情况进行审查，以完善山区的交通运输状况。这对于山区的发展建设具有重要意义。主要的方案有：一是修建和开辟通过山区的高速公路新干线；二是将位于阿尔卑斯山和比利牛斯山的国际高速公路连接起来；三是改善国家公路网。法国下决心支持山区开发，将穿过中央高原的9号和20号国家公路路面改造成具有高速公路的特性。

1. 政府在贷款方面支持山区开发

政府在贷款方面有力地支持了山区开发，一是部际乡村开发整治基金会每年贷款约3亿法郎用于山区经济开发，其数额占全部贷款的70％。二是促进山区自身开发。基金会根据《山区法》的规定，每年向山区贷款3500万法郎。三是每年修建1000公里的林区公路。

2. 明确工作重点

法国国家山委会确定的四个方面的工作重点：一是发展山区农业和加强生态环境保护；二是提高山区居民生活和经济活动服务的质量；三是开展乡村间的合作；四是开发旅游事业（特别是冬季旅游）。

（三）发展山区农业，提高农产品质量

在法国大部分山区地带，农业既不发达，也非过于落后。为发展山区农业，采取巩固山区农业经济的措施，各级政府拿出具体的行之有效的办法是十分重要的。法国采取的可行的办法有：

一是向山区提供一定的资金,以弥补不利于山区农业发展的自然条件所造成的某些损失;二是协助挖掘山区农业生产的潜力,特别注重于提高农产品的质量。

1. 山区农业特殊补助政策

由于山区经济发展形势良好,山区人口已相对地增多。这就有可能依靠山区有限的人口,实行山区整治和生态环境保护的长远政策,大力开展各种经济活动,弥补山区自然条件的不足,巩固山区农业。从1975年开始,为改善山区生产生活条件,法国政府进一步加大对山区的补贴,以缩小山区与平原地区农业发展的差距,保证共同农业政策目标的实现。法国山区农业政策的基本出发点是:根据山区的特点,在市场经济中加强政府的宏观调控作用,促进山区农业多种经营和专业化的发展,促进山区经济、社会和环境的可持续发展。山区农业政策的主要核心内容为补贴政策。补贴政策分为两个部分,即补偿支付及其他补贴。

补偿支付是为稳定山区人口而制定的政策。山区居住人口除享受法国政府的育儿、教育等福利补贴外,还可享受从事农业工作的专项补贴。在山区从事葡萄种植的农民,可以一次性获得15万法郎的补贴。其他补贴的内容较多,大致有以下几种:

(1) 青年务农者立业补贴(DJA),目的在于鼓励有能力进行农场经营的青年人从事农业生产,稳定山区人口,促进农业现代化的发展。

(2) 农场主购买设备补贴,补贴内容根据不同的需求,由不同的基金组织予以保障。

(3) 山区畜厩舍建筑补贴,凡需建设畜厩舍的家庭养殖场,都得到50%(法国政府补贴25%,欧盟补贴25%)的畜厩舍建筑补贴。

(4) 山区农业机械补贴,目的是为提高农业机械化程度,以提高农业生产率。补贴的资金,50%来自欧共体和法国政府,

50%来自贷款。[1]

2. 提高农产品质量

近年来,法国山区养猪业得到了技术上的突破,改良了品种,提高了猪肉质量。这就可以考虑实行由生产者参加某些商品质量检验的新制度。这主要是防止水货进入当地市场,逐步建立以质论价的猪肉市场。质量第一的方针对于发展山区生产至关重要。

法国的农业和食品业在经营饮食的质量传统上享有盛名。鉴定和保护质量政策应符合欧洲共同体规定的要求。山区农产品无论在质量上,还是在风味和成色上均给人留下深刻的印象。质量政策会更有利地促进山区产品的开发和山区的自身发展。

3. 注重农业科技的研究和普及

首先,农业科研和推广方面,法国农业科技研究工作由农业部与科技部组织实施。农业部和相关部委有多家科研机构,其中,国家农业研究院,法国农业机械、乡村土建、水利及林业中心,食品卫生安全署和海洋开发研究中心是法国农业科学领域的主体。关于农业技术推广,一是遍布法国各地的农业学校形成一个传播网络;二是法国有比较健全的农业推广组织,中央一级设有"全国农业发展协会",省一级设有"技术推广委员会",县区一级有农场主自愿组成的农业推广组织。其次,农业教育方面,重视农业教育,不断提高劳动者素质。法国农业教育分为中等农业教育、高等农业教育、农民在职培训等三大部分,均密切联系农业生产。从业人员必须得到相应农业教育证书,才能从业,否则不给予政策优惠。

4. 健全农业合作组织

法国农业经过长期的发展,形成了不同地理环境、气候条件

---

[1] 韦松龙. 法国及欧盟山区农业发展战略 [J]. 广西农业科学, 2000 (6): 325-327.

的各具特色的农业产业。目前，法国农业产业化、专业化程度较高，但政府仍然积极健全农业合作组织，鼓励山区经济多元化发展，形成山区经济的多样性，以扩大就业机会，增加经济收入，促进山区社会、经济、环境的协调发展。

（1）农业行会。农业行会是1924年成立的，属于公共事业机构，是农业专业组织（如农民协会）的一个类型。它代表政府部门对农业人员的利益起顾问作用。法国在四个层次设立农业行会，国家设立农业行会常务委员会，地区、省、乡相应设立农业行会。农业行会的成员由各相关行业的人员组成，他们在农业中有着切身利益。农业行会的职责是发展农业，与其他组织一道参与农业推广，为农业服务。法国农业行会年总预算为30亿法郎，整个系统有工作人员3.5万人，经费由国家提供。农业行会提供的服务，一部分是无偿的；一部分是由农民有偿支付。省农业行会的工作主要是向农民提供4个方面的服务：技术指导和法律咨询服务、培训、发展项目（包括旅游）及环境保护。[1]

（2）农业合作组织体系。农业合作组织成为法国山区农业经济发展的有效组织载体。法国通过多级农业合作组织载体，架起了一座连接小型农场主和国内及国外大市场的桥梁，进而实现了农工贸一体化的经营。法国农业合作组织分为农业互助组织、农业合作社和农业互助信贷组织。农业互助组织是为了抵御农业生产、农村生活中的风险而存在的，为农民提供社会保障，改善农村生活水平。农业合作社是法国农业发展的主要推动组织，它在保留私有制和独立经营权的前提下，形成合作社和家庭农场既独立又合作的经营结构，解决了单个农场无法获得足够的市场信息、销售渠道、生产资料及农业生产所需服务等问题。法国的农业信贷体系分为三个层次：最上层是国家农业信贷银行；中间层

---

[1] 韦松龙. 法国及欧盟山区农业发展战略 [J]. 广西农业科学, 2000 (6): 325-327.

次是 94 个区域性农业互助信贷银行；最基层的是 3000 多个地方农业互助信贷银行，对个体农民、农业合作社等提供贷款。[1]

三、法国山区开发的几点启示

分析法国山区开发的经验，得到如下启示。

（一）加大政府支持力度，弥补山区劣势

在山区发展过程中，政府应充分发挥其积极引导和支持作用。为山区农业发展创造良好的政策法制环境。一是要加大对山区交通、水利、电网、通信和信息等基础设施建设的投入力度，改善人居环境；二是形成适应和促进山区尤其是农业发展的财政税收政策，减轻山区财税负担；三是加强山区农村金融和保险服务，解决山区"三农"融资及风险保障难题；四是制定山区土地使用优惠政策，加快土地流转，提高土地的利用效率等。

（二）加强山区基础设施建设，为实现山区农业现代化奠定基础

自 20 世纪 80 年代以来，为了摆脱贫困，我国政府加快了对山区基础设施的建设，拨给扶贫资金，采取以工代赈等办法，发动群众投工投劳，兴修乡村公路，架设输电线路，创办学校和乡、村卫生院等，逐步解决山区群众行路难、饮水难和用电难，以及上学难、看病难等问题，加快了山区群众脱贫致富的步伐。但与法国山区农村相比，山区尤其是农村基础设施仍然比较落后，交通仍然不便，信息还很闭塞，山区资源开发还困难重重。要改变这些状况，就必须进一步加大对山区投入，加强山区基础设施建设，以促进山区可持续、健康发展。

---

[1] 邵红岭，崔海霞，卢秀茹，等. 国外山区农业发展对河北省太行山区农业发展的启示 [J]. 农村经济与科技，2015（2）：109-111.

（三）强化科技支撑，搭建山区致富平台

以科技为支撑，依靠科技创新，实现山区农业由量的扩张向质的提高转变。一是构建山区农业科技创新平台，引入和研发山区农业发展的实用技术；二是加强山区农业技术推广体系建设，加速农业科技成果转化；三是建立农业教育培训体系，提高山区干部群众的科技文化素质；四是加强山区科技配套服务体系建设，确保科技效益落到实处。

（四）提高农民组织化程度，增强山区农业竞争力

占山区农业生产主导地位的仍是分散经营的农户，单个农户在农产品销售和生产资料供应交易中处于不利地位。在政府的引导、支持和监督下，农民通过组建、发展多种类型的农业合作组织，为农民开展信息、购销、信贷和技术服务，使农民有组织地进入市场，增强农民的谈判意识和谈判力量，提高农民组织化程度，是山区农业走向专业化、规模化、现代化的前提，是增强山区农业竞争力的一种有效形式。

第六章　日本北海道开发的经验

北海道位于日本的东北部，面积8.35万平方公里，占日本国土面积的22%。北海道多火山、高山、海岸平原。其海岸平原土地肥沃，适合农业开发。此外，北海道气候四季分明，面积广阔，天然资源丰富。由于地理位置和气候寒冷等原因，在大规模开发之前是日本比较落后，甚至是一个蒙昧的地区。经过明治维新时期的第一次开发和第二次世界大战后的大规模开发。如今北海道人口从5万人增加到568万人，GDP占全国的4%，居民收入接近全国平均水平。北海道已经成为经济发展、自然环境优美的日本北方粮食生产基地和旅游胜地。

一、日本北海道开发的主要特点

北海道开发以政府投入为驱动力，以综合计划作为手段，在政府一元化的组织领导下，经济社会生活取得了突破性发展。其开发特点主要有以下几个方面。

（一）建立健全的综合开发法规体系

1950年4月，日本政府制定了北海道开发的基本法——《北海道开发法》，规定了北海道综合开发的基本事项，明确北海道综合开发的目的是努力解决国民经济复兴及人口问题，同时稳定居民的生活和提高居民的文化水平。为此日本政府把北海道开发作为基本国策，在统一组织的体制下进行开发。根据《北海道开发法》，自1951年以来共编制7次"北海道综合开发规划"，由内阁表决批准。此外，日本政府还明确规定其他一些全国范围的区域开发法规也适用于北海道，以加大开发力度。

（二）完善的开发运作体制

根据《北海道开发法》，日本中央成立了"北海道开发审议会"，由国会议员、知事、议长、学者、专家等组成，对有关北海道开发的重要事项，接受开发厅长官的咨询或自动调查建议。其下设有五个小组委员会，分别对开发计划、农林水产、产业开发、基础设施开发及苫小牧东部开发等从事调查审议。北海道开发的运作体制，是由北海道开发厅、北海道开发局、北海道东北开发公库所组成。北海道厅及122个市町村则从事辅助性工程及地区开发活动。

北海道开发厅是首相府的直属机构，设在东京，北海道开发厅长官是国务大臣。北海道开发厅的主要职能是：①推动开发项目的调查、计划的立案、与其他省厅的整合；②北海道预算的编制；③对北海道东北开发公库的监督指导；④与北方领土相邻地区的振兴；⑤进行多元分散型建设而开发核心地区。

设在札幌的北海道开发局是北海道开发的地方分支机构，主要职责是对开发计划进行必要的调查。该局还在农林水产省、建设省、运输省等的监督指导下，实施管辖范围内的公共事业项目。在体制分工上，开发厅负责计划的策划与调整，开发局负责计划的实施。

此外，北海道东北开发公库作为北海道开发厅的政策执行机构，负责为振兴符合政策的地区开发工程进行投资与贷款。公库本来的目的是为了振兴利用天然资源的当地产业，但是近年来开始把重点放在利用新技术的产业，以及能促进北海道与东北地区进一步开发的战略性产业上，如土地建设、电力、信息、通信及各项交通建设等。同时，对有助于北海道产业技术提高的特定产业、设施，给予低息贷款，利率在2%～5%之间。公库的资金来自政府的拨款、借款及北海道东北开发债券、保留资金等。[①]

（三）建立特殊的财政管理体制和扶持政策

日本实行分税制的财政管理体制。国税是国家的主要财政收入，主要有所得税、法人税、消费税、印花税、财产继承税等。地方财力主要有居民税、法人营业税、固定资产税、不动产税、车辆税、地方消费税等。国家财政集中了全国 60%～70% 的财力。其中的 20%～30% 的财力，通过转移支付方式，对都、道、府、县和市、町、村进行补助。日本财政对北海道开发，设立了特殊的财政管理体制和扶持政策。

1. 特殊的预算管理体制

（1）预算编制和实施。根据《北海道开发法》和北海道综合开发规划，国家预算中单独设立北海道开发事业费预算，国立交通省北海道局按照北海道综合开发计划实施内容。编制和制定北海道开发事业费年度预算。国家直辖的国道、河川、港湾、机场、农田整治、渔港等公共事业项目，由北海道开发局负责实施；农业、林业、水产项目，由农林水产省和北海道开发局共同实施；环境保护、社会保障项目，通过转移支付由道、市、町、村政府实施。

（2）预算执行和项目管理。根据日本大藏省（2001年改为财务省）核定的北海道年度开发事业费预算，北海道开发局负责国家直辖的道路、河流、农业基础建设、港湾、渔港、机场等公共事业项目的预算执行和项目管理；北海道地方政府负责农林水产省和北海道开发局补助的道直辖道路、河川、水坝、渔港、机场、住宅、农业、森林保护等地方公共事业项目预算执行和项目管理；市、町、村政府负责国家通过转移支付补助的市、町、村道路、港湾、机场、住宅、下水道、自来水、废弃物处理、公园

[①] 王立军. 日本对不发达地区的开发及其启示 [J]. 现代日本经济，1998 (5)：41-44.

等公共事业和环境保护、社会保障项目预算执行和项目管理。

2. 优惠的财政补助标准

日本财政对北海道开发局直辖的国道、河川、渔港、土地整治、港口、机场等公共事业开发项目，制定了高于其他地区同类项目的补助标准。如北海道开发局直辖的港湾项目，中央财政补助率高达85%，其他地区同类项目得到中央财政的补助率只有55%；北海道开发局直辖的机场项目补助率达85%，其他地区同类项目得到中央财政的补助率不超过2/3；北海道开发局直辖的河川治理、国道项目，中央财政补助率达到80%，其他地区同类项目得到中央财政的补助率不超过2/3；北海道开发局直辖的渔港项目，中央财政补助率达80%，其他地区同类项目得到中央财政的补助率不超过1/2。另外，由于日本地方政府除了承担地方政府事权范围内的事务以外，还包括承担了部分中央政府职责范围内的经费和责任，因此，对北海道地方政府和市、町、村政府来说，农田改良、水产、森林、环境保护等关系国计民生的基础设施项目，不仅能够得到北海道开发局提供的补助，还能够得到中央财政转移支付的国库支出金补助。

3. 特殊的财政扶持政策

日本的财政管理体制是在合理划分各级政府职责和事权的基础上，按照"能力法"确定各级政府的税收收入，按照"因素法"确定各级政府的财政支出范围。因此，地方政府除了承担事权范围内的事物外，还包括承担中央政府通过转移支付给地方承担的道路建设、城市规划、土地改良等与国计民生相关的经费和责任。为了促进北海道地方经济与全国经济均衡发展，日本财政通过提高国库支出金标准、灵活运用地方交付税和地方债等措施，对北海道地方政府实行了特殊的财政扶持政策，促进北海道地方经济的发展。

在北海道，道税是主要财源，国库支出金、地方交付税和道债是依存财源。长期以来，北海道主要由中央财政通过国库支出金和地方交付税等财政转移支付方式进行财力补助，而且补助比例达到70%，高于日本其他地区平均50%~65%的比例和冲绳等欠发达地区68%的比例。经过中央财政持续60多年的支持，北海道经济发展很快，自有财力比例逐渐上升，对中央财政的依存度正在逐渐下降。[1]

（四）建立区综合振兴机构

北海道还设立了地区综合振兴机构——"海滨蔷薇财团"及其他支援性团体，对民间企业和地方公共团体进行适当的援助，促使其参加地区开发工程建设。"海滨蔷薇财团"创立于1988年7月，主要目的在于通过对地方自治体和民间团体拟定的地区开发工程进行援助，以促进北海道产业经济发展。该财团的主要任务是促进产、官、学各界合作，通过提供信息、资金及专门调查等，在推动这些工程中发挥重要的作用。

（五）基础先行，重视科技教育

（1）高度重视基础设施建设。北海道从开发之初就高度重视道路、港口、河川等基础设施建设，开展了大规模的基础设施建设，并产生了良好的效益。目前北海道已建成规格较高的高速公路及国道6757公里，铁路通车里程达2548公里，民用机场12个，其中国内航空路线所需的机场6个（日本共26个），为确保地方性航空运输所需的机场6个（日本共57个）。[2]

（2）科技教育优先。开发之初就开办农校，培养人才。尽管北海道只有500多万人，却拥有50多所大学。为提高落后地区的科教水平，在每个地区分别设立国有的工业开发实验所和农业实

---

[1] 任英. 日本开发北海道的做法及启示 [J]. 预算管理与会计，2005（7）：25-27.
[2] 黄其刚. 北海道开发对我国区域协调发展的启示 [J]. 重庆经济，2009（4）：24-26.

验场，进行基础性的共同研究，对基层的科研活动给予指导。地方政府在本地区也设有公立科研机构，进行试验研究，为中小企业设立开放的实验室。

二、新世纪日本北海道开发的方向和新目标

随着人们对地球环境认知的不断提高，环境保护本身正在成为开发的主要目的。必须把环境放在重要的位置上，即重视环境保护的可持续开发成为开发的主流。在国内外激变的环境中，充分发挥和利用北海道自身的优势，在自立与自律精神的引导下，促进北海道开发由政府主导向民间主导转换，实现北海道经济自立发展是面向21世纪北海道开发的重要方向，也是北海道进一步发展的必由之路。①

（一）培育新兴产业，构建全球化的食品和粮食基地

建立自立开放的北海道的基础是进一步提高社会资本整备水平，强化经济发展的基础，其核心是建立具有国际竞争力的新兴产业，以新兴产业引领北海道经济发展方向。同时，在比较优势明显的食品、粮食等领域，继续在资本、人力资源和研究开发上进行重点投资和建设，在继续承担国内食品和粮食稳定、高效和高质量供给基础上，还要适应国际化发展需要，站在全球化角度，力争把北海道构建成世界性的食品和粮食基地。

（二）承续北海道优美环境，构建持久的优美自然景观

富饶的自然资源平和优美的环境是北海道的宝贵资产，必须把它承传给后代。为了保持自然界和人类的紧密联系，使人们的交往、生活与自然界保持和谐，实现与自然共生，北海道的开发必须实现开发与环境保护相融合，支持促进河流两边森林地带的

---

① 庞德良. 战后日本北海道开发及其新方向 [J]. 现代日本经济 2002 (6)：15-19.

开发，建立绿地和水源之间的网络系统，以便在城市内外形成持久的自然景观，以保持北海道特有的壮丽开阔的景色。

（三）创造可以使人们享受各种不同生活方式和文化的北海道

重点在于促进城市间，以及独具特色的农场、林场和渔场间的交流活动，保护和发展特色文化，为市民提供休闲时间和活动空间，满足自我实现的要求，使安全、舒适的生活环境更为具体化。例如，2020年7月12日，日本首个以原住民阿伊努人为主题的国立文化设施——"民族共生象征空间"北海道白老町开业，旨在传承阿伊努族文化，发展当地旅游，振兴地区经济。①该文化设施由博物馆、国立民族共生公园、慰灵设施等组成。其中，博物馆收藏近万件民族服装、工艺品等，展出约700件；博物馆2楼展示区由阿伊努人参与布局和解说，介绍阿伊努语和仪式上使用的器具等。公园里有表演传统舞蹈和演奏口琴的体验交流大厅，以及排列着传统房屋的村落。

三、日本北海道开发的几点启示

分析日本北海道开发的经验，得到如下启示。

（一）倾斜支持与地方自立相结合是区域开发的关键因素

北海道开发取得成效的原因是雄厚的财力保障，与日本实行的高度集权财政体制，中央财政集中了70%的财力对地方进行财力调整分不开。但是对北海道地方财政来说，2003年自主财源占全部财源的比重只有35.4%，对中央财政的依存财源达63.8%左

---

① 江治，姜俏梅.日本首个以阿伊努人为主题的国立文化设施在北海道开业[OL].国际在线，2020-07-12.

右，形成对中央财政依存度过大的问题。① 在欠发达地区开发过程中，应当注意避免地方对中央政府和财政支持的过度依赖性，要把增强地方自主性、调动主观能动性和增强造血能力作为转移支付力度的引导重点。

（二）政府引导与市场配置资源相结合是区域开发的动力

北海道开发成功的关键之一，是日本政府正确处理了政府与市场的关系，注重从政府引导和市场配置相结合、技术开发和人才培养相结合、条件建设与智力投资相结合等方面。既对北海道"输血"，促进当前经济社会发展，又增强自身"造血"功能，为经济社会长远发展奠定坚实的基础。山区开发是一项系统工程，需要发挥政府、市场、企业、社会多个积极因素的作用，关键是立足政府引导，充分发挥市场在资源配置中的基础作用，优先发展教育，提高农民技能，加大经济结构调整力度，着重发展特色产业，促进山区的资源优势转化为经济优势，促进山区的潜在优势转化为现实优势，增强自我积累发展的能力。

（三）采取由点到线再到面的开发战略

从开发策略看，北海道综合开发采取由"点"（即工业农业基地和新产业城市据点）、"线"（即交通网开发）到"面"（即重视居民社会生活）的开发。与全国性区域开发战略相协调，北海道开发一方面重视工业农业基地和新产业据点的开发；另一方面十分重视陆、海、空交通的开发。1963—1997年，北海道开发事业费中用于公路、铁路、港口和机场等交通开发的费用占总开发费的50%左右，比率排位居第一位。1977年制定的《第三次全国综合开发规划》标志着日本区域开发，从重视经济转向重视国民

---

① 任英.日本对不发达地区的开发及其启示［J］.中国农业综合开发，2004（9）：56-59.

社会生活，北海道开发也开始重视居民生活环境的开发。在北海道开发事业费投资比率中，1970年，对环卫、公园的投资比率为2%，住宅3%，森林保护2%；2000年，对环卫、公园的投资比率为9.3%，住宅4.3%，森林保护2.6%。[1] 在我国欠发达地区的开发中，也可以采取这种由点到线再到面的开发战略，实现有序开发。

（四）正确处理人与自然的关系，切实保护好生态环境

区域开发和发展的目的是满足人类提高生活质量的需要，而良好的生态环境是高质量生活的前提。落后地区往往是生态环境较为脆弱的地区，要认真吸取北海道等地区开发中的经验教训，在发展中切实保护好资源和生态环境，努力把发展的代价降低到最低限度。

---

[1] 王文英．日本北海道综合开发的历史进程和成功经验 [J]．苏州大学学报（哲学社会科学版），2006（5）：100-103.

第三篇 路 径 篇

第七章 产业转型与山区县发展

产业转型是山区县跨越式高质量发展的关键。在"一县一策"引导下,浙江省山区26县均已因地制宜地明确各县主导产业,2021年山区26县"一县一业"规上总产值接近1500亿元,同比增长19.8%。遂昌金属制品、天台汽车零部件、青田不锈钢、龙游特种纸、永嘉泵阀、淳安水饮料、缙云机械装备等7个"一县一业"产值超百亿;仙居医药、江山门业、松阳不锈钢等3个"一县一业"产值在70亿元以上,有望加快打造百亿元产业。2021年,山区26县数字经济核心产业制造业增加值增长21.7%,增速比全省高1.7个百分点。①

一、发展生态工业 促进山区县发展

山区具有生态优势,通过发展生态工业,既可以保护当地生态环境,实现绿色可持续发展,也可以实现高质量发展。

(一)区域生态工业系统的实现路径

区域工业生态系统包括企业、工业园区、区域和区际四重空

---

① 地区处.坚持"输血"与"造血"并重,"一县一策"推动山区26县跨越式发展[OL].浙江发改,2022-02-19.

间结构。相应的,其运行按照空间来划分,以区域为主线,分为区域循环和区际循环。企业、产业园区、区域内部的循环,都属于区域循环范畴。由企业层次的循环到产业园区的循环进而到区域循环,由区域循环到区际循环,循环空间由小到大,循环层次渐次提升。区域生态工业系统始于工业企业内部的清洁生产,逐步实现较高层次的生态工业园和区域工业生态网,进而建立起最高层次的区际工业生态网。[1]

1. 企业层面的清洁生产

区域工业生态系统的最基本的展开空间是工业企业,其实现路径是通过在企业内部推行清洁生产,以减少生产的物料和能源使用量,实现废弃物排放的最小化。企业推行清洁生产主要有以下几个途径:一是进行工业产品的生态设计;二是改进工艺,更新设备;三是改进运行操作管理;四是开展生产系统内部循环利用。[2]

2. 园区层面的生态工业园

区域工业生态系统的第二重展开空间是生态工业园区,其实现路径是改造现有工业园为生态工业园,或新建生态工业园。生态工业园是一个由制造企业和服务企业构成的企业社区,在该社区内,各成员单位通过共同管理环境事宜和经济事宜来获取更大的环境效益、经济效益和社会效益。整个企业社区将获得比单个企业通过个体行为的最优化所能获得的效益之和更大的效益。[3]为搭建绿色发展促进平台,不断提高绿色产业发展水平,根据《国家发展改革委办公厅关于组织开展绿色产业示范基地建设的通知》(发改办环资〔2020〕519号)要求,经省级发展改革委审

---

[1] 何东,邓玲.区域生态工业系统的理论架构及其实现路径 [J]. 社会科学研究,2007(3):58-61.

[2] 孙晓峰,张晨航.企业实施清洁生产的途径与建议 [J]. 中国环保产业,2007(12):25-26.

[3] 劳爱乐,耿勇.工业生态学和生态工业园 [M]. 北京:化学工业出版社,2003:28.

核推荐、专家评审、网上公示等程序，2020年12月，国家发改委确定了31家绿色产业示范基地，其中浙江省的遂昌工业园区是山区26县唯一入选的生态工业园。①

3. 区域生态工业网

区域工业生态系统的第三重展开空间是区域，其实现路径是构建区域内部的生态工业网。所谓区域生态工业网，是指某一区域范围内的企业模仿自然生态系统中的生产者、消费者和分解者，以资源（原材料、副产品、信息、资金、人才等）为纽带形成的具有产业衔接关系的企业联盟，实现资源在区域范围内的循环流动，它是由一条以上的工业生态链所组成的。② 生态工业园区从属于区域生态工业网。在现实中，也不可能通过建立大量的生态工业园，将所有实行或未实行清洁生产企业的剩余有用废弃物进行利用。即使是生态工业园区内，由于地域化规模经济、成本—收益、产业链接技术等问题，也不可能完全解决资源和能量的充分循环利用问题。因此，就必须通过在区域内建立工业废旧资源再生利用产业来消化这部分废物，并且建立废物无害化产业，安全处置那些在现有技术经济条件下无法利用的废物，链接所有企业，形成生态工业网。

那么如何构建区域生态工业网呢？首先，要进行区域生态工业网规划设计。其次，要进行区域生态工业网结构设计，其中主要内容有两部分：一是分析区域生态工业网的主要成员；二是要构建支持区域生态网的七大集成系统，即物质资源利用集成系统、水资源集成系统、能源供给集成系统、共享信息集成系统、配套设施集成系统（包括公共设施与基础设施）、技术开发集成系统和废弃物回收集成系统。最后，要制定区域政府的绿色采购

---

① 遂昌工业园区获评全国绿色产业示范基地［OL］.丽水在线，2020-12-23.
② 杨京平.生态工程学导论［M］.北京：化学工业出版社，2005：115.

制度、区域财政金融制度、区域环境责任制度、区域资源和环境的税收制度、区域优惠政策等。例如，温州市苍南县利用临海的优势，积极引进能源央企，集聚了中广核、华能、华润等一批重量级央企，构成了区域的绿色能源工业网。苍南县为此成立央地合作工作专班，加强央地互动，在项目审批、土地供应、资源匹配等方面提供服务。从签约到备案核准，华能苍南2号海上风电项目只用了5个多月。[①]

4. 区际生态工业网

区域工业生态系统的第四重展开空间是区际，其实现路径是在地理位置相近的两个或两个以上区域。所谓区际生态工业网，是指区域间交通便利、地理位置相近的两个或两个以上已具备相当的产业规模和企业数量的区域内的企业，在收益大于成本的前提条件下，模仿自然生态系统中的生产者、消费者和分解者，以资源为纽带形成的具有产业衔接关系的企业联盟，实现资源在这些区域范围内的循环流动。因为技术水平有限或存在规模不经济等原因，一个区域A的生态工业网最终还有一些废物无法处理，而这些废物能够作为与A区域相邻的另一个区域B的原料，且在技术或经济上是可行的。例如，丽水市缙云县的废钢产业与相邻的金华市永康市五金产业的互补，由此形成区际生态工业网。同时，水循环、大气循环等明显带有跨区域特征，具有区域外部性，对于它们的治理单靠某一区域是很难彻底完成的，这些都需要通过构建区际工业生态网来实现。

要想成功构建区际生态工业网，一是要建立区域协调机制；二是要确定环境和资源的产权制度；三是要建立统一的区域生态补偿机制；四是要进行区域整合；五是要建立跨区域的服务体

[①] 王世琪，胡静漪，拜喆喆. 探寻山区26县跨越式高质量发展路径：优质要素何以落地？[N]. 浙江日报，2022-02-25 (1).

系；六是要降低区际之间的空间成本。①

（二）支持山区县生态工业跨越发展试验区建设的政策机制

近年来，浙江省着力推进绿色低碳工业园区、绿色工厂创建，着力推进传统制造业绿色转型，着力推进绿色新兴产业发展，着力推进碳达峰和碳中和，加快产业结构低碳化、生产过程清洁化、资源能源利用高效化。为了加快山区县的发展，2021年浙江省开始进行山区县生态工业跨越发展试验区建设。支持试验区建设的具体政策如下。

1. 探索山区县发展规划引领机制

实施省级指导把关、结对县市区参与、山区26县主体的区域生态工业发展专项规划编制新机制，立足浙江省打造全球先进制造业基地总体目标、培育"415"② 先进制造业集群和"新星"产业集群发展，结合当地优势产业和发展实际，以及结对帮扶县市区产业转移、产业协作空间，编制和实施当地生态工业发展专项规划，严格执行"三线一单"，率先践行和实现"多规合一"，跨越传统工业化发展模式，跨越传统产业结构演进常规路径，跨步进入创新引领、绿色发展、高质量发展道路。

2. 探索全域产业梯度转移和项目招引机制

研究和探索全省发达县市区招商引资项目信息共享、梯度安排和异地承接机制，在遵循产业转移规律和企业投资意愿的

---

① 何东，邓玲. 区域生态工业系统的理论架构及其实现路径［J］. 社会科学研究，2007（3）：58-61.

② 2020年3月16日，在全省制造业高质量发展大会上，《浙江省培育先进制造业集群行动计划》正式发布。该计划提出，构建"415"先进制造业集群建设体系，即打造4个世界级先进制造业集群，加快培育15个优势制造业集群。

基础上，优先引导优势扩张型投资项目在省内实现梯度转移。鼓励山区26县在长三角等更大范围内建立区域统筹招商引资机制。

3. 完善改革区域资源要素配置机制

统筹全省、各设区市能耗增量指标、土地指标配置，给26县中有条件发展生态工业的山区县适当支持，优先支持符合条件的项目列入省重大产业项目，在按规定完成用地报批和供地后，由省对所在县给予一定比例的新增建设用地指标。支持加强对26县工业口干部派任、挂职，通过异地定向委培、建制化合作等方式为26县生态工业发展输送高素质技术工人。

4. 完善山海协作机制

以产业匹配度为核心导向，重构全省山海协作结对帮扶新格局，建立和完善动态调整机制，着力推进山海协作由输血为主向造血为主转变、由项目合作向系统集成转变、由产业转移向协同创新转变，打造山海推动协作升级版。按照政府做引导、市场为纽带、企业唱主角的园区建设发展理念，建立合作共建、项目共引、财税分成、双向考核机制，建设和提升一批山海协作产业园。以山海协作产业园为基础和载体，推进挂钩双方在产业转移、劳务合作、干部交流、人才培训、协同创新等多方面开展合作交流。

5. 完善省市县三级协同推进机制

统筹产业、科技、金融、财税、土地、能源、环保等政策，形成政策支持的合力，重点确保省级山区县生态工业跨越式发展试验县创建工作顺利推进。设区市要切实担负全面领导责任，集中要素资源支持有条件的山区县发展生态工业。各山区县需要负起主体责任，认真研究落实各项工作要求，重点推动县域生态工业跨越式发展的体制机制改革与创新，及时报告试验进展，深入总结各方面经验。[①]

(三) 产业链山海协作行动

为贯彻落实国家《关于促进制造业有序转移的指导意见》和《浙江高质量发展建设共同富裕示范区实施方案（2021—2025年）》，加快推进山区26县跨越式高质量发展，开展产业链山海协作，浙江省经济和信息化厅制定了《浙江省产业链山海协作行动计划》。[②] 通过该计划，预计到2025年，协助山区26县招引重点产业链项目200个以上，培育新上规企业2300家，实现规上工业增加值超100亿元的县达10个、超8亿元全覆盖；力争山区26县规上工业亩均税收，跨越发展类和生态发展类县分别达到25万元/亩和20万元/亩，全员劳动生产率达15万元/人。省内制造业布局进一步优化，产业链区域协同显著增强，内生造血能力明显提升。

1. 优化产业链布局

进一步确立无工不稳、无工不强、无工不活理念，秉持少而精、少而专方向，聚焦做大做强特色优势产业、培育发展战略新兴产业和融合提升历史经典产业，推动山区26县明确1~2个主导产业或支柱产业，开展"一县一业"培育。运用"产业链一链通"数字化应用绘制全景图、招商图。聚焦绿色生态产业链环节，推动山区26县与省际毗邻区联动开展生产力布局。

2. 联动开展主体培育

支持山区26县围绕主导产业，创新大企业、大集团培育模式，实施"山区26县龙头企业计划"，每条产业链培育1~2家龙

[①] 浙江省经信厅绿色制造与新能源产业处.构建工业绿色低碳循环发展新格局——推进制造业绿色低碳发展和山区县生态工业跨越发展试验区建设[J].经贸实践，2021(2)：24-25.

[②] 夏丹，杨群，梅玲玲，等.山海相"链"给山区县带来新机遇 浙江力推产业链山海协作[N].浙江日报，2022-03-15(3).

头骨干企业，开展"一业一企"培育。推进山区26县企业上规升级，开展企业"专精特新"培育。建立山区26县"放水养鱼"培育企业专题库，支持优质企业做强做优。到2025年省级"专精特新"中小企业达到500家。

3. 创新产业链对接模式

探索实施"一企一县"，切实发挥经信山区26县生态工业子资金作用，引导发达地区1~2家龙头企业与山区26县企业建立"1+N"产业链延链合作，实施一批产业链协同项目。每年全省组织项目合作、产需对接、产用结合活动50批次。切实发挥"设计+营销"赋能作用，提升26县特色产品附加值和市场竞争力。鼓励发达地区与山区县结对建设飞地小微企业园，发挥"产业飞地"和"科创飞地"双向合作作用，引导山区26县在发达地区建设一批科创和数字经济飞地，持续为山区26县输送人才、技术和项目；引导发达地区在山区26县建设产业飞地，集聚高端要素和人才，带动就业，促进可持续发展，累计建设各类飞地30个以上，实现省级小微企业园山区26县全覆盖。

4. 创新合作招引帮扶机制

深入实施制造业招大引强攻坚行动，树立全省"合作招商、信息共享"理念，加快推进数字化改革，联合省招商主管部门在全省项目招引信息统筹上探索突破，鼓励发达地区共享符合全省产业发展导向但本地暂不具备落地条件的有效投资信息，有序推荐给山区26县，对项目成功流转的首谈地，在年度考核中给予一定加分。拓展山海协作结对关系，建立经信局长结对清单，形成一对多、多对多的交流机制，帮助结对县招引一个项目。开展省级经济和信息化主管部门行业处室结对服务，每年帮助山区26县招引一个项目，对落地项目实施"一企一策"。

5. 深化要素配置改革

持续深化"亩均论英雄"改革，推动山区26县加快低效企业整治力度，腾出发展空间，促进资源要素优化配置。支持抽水蓄能、山地光伏等项目建设。探索山区26县内部协作发展机制，地域相邻、产业同质、互补较强的地区要打破行政藩篱，统筹布局产业平台和配套建设，推进资源要素优化配置。探索开展资源要素跨区域精准对接、置换机制，推动要素富裕企业与山区26县企业开展合作。

6. 创新利益分成机制

龙头企业落地山区26县的重大项目可纳入"重大事项直通车"予以专题协调支持。对切实提高发达地区产能省内梯度转移动力，对跨区域招商落地项目、合理迁移产业项目，探索建立项目（企业）白名单制度，在制造业高质量发展考核时，产业链协作项目的工业总产值、工业投资等纳入双地考核体系。探索全省龙头企业布局山区26县新设企业形成的产出增量实行跨区域分享，分享比例按确定期限根据因素变化进行调整。

7. 协同提升管理水平

推动发达地区龙头企业建立一批管理实训基地，向山区26县产业链上下游企业输出技术、标准、品牌、管理等，帮助企业提升管理绩效、提升全产业链水平。全面实施企业管理现代化对标提升行动，支持管理专业机构到山区26县开展管理咨询活动，实现规上制造业企业管理对标提升全覆盖，企业基础管理规范基本普及，培育认定一批管理标杆企业，到2025年，认定省级管理标杆企业8家。

8. 协同培育企业人才

协同人力社保、教育等相关部门，深入实施"新时代浙江工匠培育工程"和技工教育提质增量行动，着力开展大规模高质量职业技能培训。在山区26县构建"产教训"融合体系，建设技师学院，加强产业工人技术培训和再教育。引导企业积极创造本地就业机会，充分利用当地劳动力资源，加强在岗培训，提升人力资本，提高就业质量。探索实施山区26县重点企业到对口帮扶市、县企业学习、挂职，创新开展山区26县"浙商薪火""希望之光"综合素质能力提升行动，每年培训山区26县企业经营管理人才6000人以上。

（四）案例：缙云县生态工业高质量发展的探索

缙云县地处浙西南偏远山区，是"八山一水一分田"的山区县，工业起步于草根创业，质效水平同发达县市区间的差距较大，加快畅通"两山转换通道"，实现生态工业跨越式发展成为当前的主要任务。为此，缙云县积极探索山区县生态工业跨越式高质量发展新路径，形成系列成效与特色做法。

1. 持续精准服企，优化营商环境

缙云是工业强县，也是生态大县。缙云树立"工业是第一经济"理念，相继出台《关于稳企业加快推进制造业高质量绿色发展的若干意见》等政策，积极引导加快推进缙云健康医疗、智能家居、现代装备等特色产业发展，加快构建"3+X"生态工业体系支撑跨越式发展。连续开展"精准服务企业、振兴实体经济"专项行动，通过政策"加法"、降本"减法"、改革"乘法"、问题"除法"等举措，以及设立反向警示的蜗牛奖"，提升服务企业水平。2020年，全县组建50个专班实现212家规上企业全覆盖，累计收集问题127个，解决率达95.3%。打造最优营商"软环境"。出台新一轮扶工新政，落实省市县降本减负政策，创新"缙快退"退税机制，推进"清单导办、专人代办、提速快办"三办服务，打造"一站式"审批服务。2020年，全县实现工业投资27.59亿元，增长12.2%，并获评"2020年浙商最佳投资城市"[①]。

---

① 浙江省工业和信息化研究院.缙云县："四维发力"探索山区县生态工业高质量发展[R].2021-07-19.

2. 分行业推进数字化与智能化改造

面对数字化改革新浪潮，缙云分行业推进数字化与智能化改造，规上数字经济核心产业制造业增加值连续三年位居丽水第一。2021年缙云召开数字化改造提升推进会，引进战略合作机构，搭建交流合作平台，为企业量身定制改造方案；成立数字化改造推进专班，走访缙云规上工业企业，讲解各类激励政策，收集并解决企业开展数字化改造面临的种种问题。截至2021年年底，缙云已有120家规上工业企业签订了数字化改造项目协议，其中32家已完成改造。

为打造产业智造新高点，缙云以省级机床产业智能化技术改造试点建设为抓手，提速推广"机器换人"项目及工业机器人应用，提升产业链生产效率；统筹财政项目资金，对22家企业40余个项目予以补助590.2万元，助力企业推进产业智能化改造。着重推进企业技术提升工作，积极引导企业申报各类项目试点，进一步提升企业整体竞争力。

2021年，缙云新增推广工业机器人67台，实施"机器换人"项目86个，新增省级工业产品新项目27个，认定浙江省首台（套）3项，国家首台（套）产品1项目。目前，规上企业的数字化覆盖率已超过50%，数字经济正开启山城经济发展新模式。[1]

3. 内外发力，促进绿色发展品牌升级

缙云坚持把创新引领作为绿色发展的核心关键，开发"缙情创"应用，引进清华长三院等10家大院名所设立技术转化中心；高新技术企业等创新主体同比增长77%；坚持把"双招双引"作为战略性先导工程，精准招商，推动产业延展。面向浙江、上海及南方、北方等4大招商片区，在全国设立15个招商分局，打造

---

[1] 张李杨、汪峰立.丽水缙云推动工业经济高质量跨越式绿色发展［N］.丽水日报，2022-01-13（2）.

县派、自派、社会三支招商队伍，聘请108名招商顾问。同时，编制现代装备、健康医疗等产业招引地图，开展定向招商、以企引企，破解"无人招商、招什么"难题。2021年引进亿元以上项目数量居丽水各县（市、区）首位。[①] 增强绿色供给。联动推进治气、治水、治土、治废生态环境提标、"低散乱"企业整治等行动，高标准护好绿水青山，推动无可比拟的生态吸引力转变为区域影响力和竞争力。世界五百强肖特集团落户缙云，本地优质生态环境成为其前沿优势。

工业是实体经济的脊梁。对山区县来说，工业发展阶段不可逾越，但发展台阶可以跨越。通过缙云的发展经验，可以发现，坚持以"两山"理论为指导，聚焦自身优势，挖掘生态工业潜能，抓创新、促转型、强实体、优环境，才能书写"山区小城"既能搞"工业"，也可以引进"顶尖企业"的"精彩篇章"。

二、发展历史经典产业 促进山区县发展

根据2022年2月浙江省经济和信息化厅《关于印发支持山区26县生态工业高质量发展若干举措的通知》（浙经信产业〔2022〕26号），浙江省将积极促进山区26县历史经典产业与文化、旅游、艺术等全方位深度融合，重点支持磐安五味、龙游宣纸、江山西砚、开化根雕、龙泉青瓷宝剑、青田石雕、遂昌黑陶等历史经典产业，加大保护传承和创新力度，强化品牌提升和产业规模化发展，打造一批具有历史文化标志的产品和特色小镇。

（一）历史经典产业发展路径

1. 守住产业文化内涵，重塑产业格局

无论是丝绸还是青瓷，不管是黄酒还是茶叶，抑或是石雕、

[①] 王正飞. 推动生态颜值向经济价值跨越 [N]. 浙江日报，2022-01-06（6）.

根雕，在千百年的产业演进中被不断添附文化的内涵，至于湖笔等文房产品更不用说了，本身就是用于文化传承的。即便是中药，也都有着深厚的文化底蕴。在古代，仙草、仙药在文人墨客笔下染尽奇幻色彩，无论是药铺学徒许仙、抑或是闯天庭盗取仙草的白娘子，至今仍被流连在西湖的游客所津津乐道。

那些老行当、老把式、老工艺，是传统产业中的核心竞争力，但在机器面前、在智能制造面前，还有多少竞争力？在浙江省提出发展历史经典产业之后，不少地方开始尝试用新的业态来重塑产业格局。有的尝试产业与旅游相结合，绍兴黄酒小镇筹划与旅游结合，用千年黄酒的文化魅力吸引游客，传播黄酒文化。与之相类似的还有龙泉的青瓷、龙游的红木、青田的石雕等，也走出了一条与旅游结合的发展之路。有的开始谋求全产业链的联动，从种养蚕桑到生产加工再到品牌锻造，湖州部分企业正在打通产业链条，尝试全产业链发展。有的注重营销模式的创新，结合业已形成的商品集聚优势，杭州、新昌、松阳等地的茶叶就是借助茶叶市场和销售网络，通过消费端倒逼供给端提升水平。[1]

2. 强化科技创新支撑，提升综合实力

创新不足、人才不济是历史经典产业发展的短板。补上短板，就要加大高新技术和先进适用技术的推广应用，打造传统工艺升级版，切实降低生产成本。鼓励相关企业积极与包装设计公司、高等院校、科研院所等单位合作，加强对经典产业产品进行研发，改进其设计、形象包装等，并申请产品专利，提高核心竞争力。对传统产业师徒制的培养方式进行改善，引进更多相关人才进入经典产业。产业发展也要秉持健康时尚理念，拓展市场空间，让传统更经典、让现代更时尚。

---

[1] 袁华明. 从传统到经典：探问浙江历史经典产业供给侧改革[N]. 浙江日报 2016-03-23（3）.

3. 加强行业规范整顿，维护经营秩序

历史经典产业大多有地域性，因此，当地应加大宣传力度，合力打响区域品牌。地方也可以统一制定经典产业地方标准，规范生产工艺、技术指标和产品标识等内容，符合标准的企业才能申请使用地理标志证明商标。市场监管、质监、环保等部门加大联合执法，坚持"破立结合"，重点扶持一批龙头企业，淘汰整合一批生产经营差、污染重的"低小散"企业，打击查处一批"三无"小作坊。同时，重点开展对各种傍名牌、侵犯知识产权和不正当竞争等行为整治，进一步规范市场生产经营秩序，加快推进历史经典产业转型升级。

4. 加大政策扶持力度，提振发展信心

把振兴历史经典产业纳入当地产业发展体系，制定相关产业振兴纲要或规划，整合龙头企业培育和国家非物质文化遗产保护等政策，对传统历史经典特色小镇、优势骨干企业等在税收减免、财政扶持及综合政策方面给予适当倾斜。加大对历史传统产业金融支持力度，解决企业融资难题，重点扶持培育一批品质好、有潜力的规上企业，发挥龙头引领作用。发挥行业协会作用，加强行业规范管理，牵头做好商标申请、标准制定、品牌宣传等工作，促进产业健康发展。[①]

（二）案例：龙泉市发展剑瓷产业助力跨越式发展

宝剑和青瓷是龙泉的传统经典产业。龙泉市依托特色剑瓷文化，围绕产业培育与文化弘扬相互促进目标，做大做精做强剑瓷文化创意产业，打造龙泉经济发展的新引擎。青瓷宝剑已经成为代表龙泉形象的两张"金名片"，"青瓷宝剑天下龙泉"品牌逐渐打响。2020年，全市剑瓷行业市场主体5699家；产业增加值

---

① 朱越岭.浙江历史经典产业发展的新动能与路径探索——以"金华黄酒"为例[J].产业与科技论坛，2016（14）：28-29.

7.47亿元，占GDP比重5.1%，剑瓷行业共有从业人员2万余人，税费收入合计2807.39万元，剑瓷电商销售额16.9亿元，剑瓷出口额3196万元。全市剑瓷产业的规模化、集约化、科技化普遍提高，影响力、竞争力、带动力逐年提升，产业支柱作用正逐步显现。[①]

1. 规划先行，鼓励剑瓷产业全方位发展

编制《龙泉市青瓷宝剑历史经典产业发展规划》，围绕文化弘扬与产业培育互促共进的目标和两个"四中心一基地"的定位，对剑瓷产业发展提出明确的发展路径和目标。编制《龙泉市剑瓷产业人才五年培养计划》《中国青瓷小镇保护发展规划》《大窑龙泉窑保护规划》等系列子项目详规，扎实推进剑瓷项目建设。2019年龙泉市出台《关于推进剑瓷产业发展的若干意见（试行）》（龙瓷剑发〔2019〕12号）和《关于剑瓷历史经典产业振兴三年行动计划（2019—2021年）》。这些政策从鼓励企业做大做强、提升驱动发展能力、强化市场开拓推广等三个方面，着力助推剑瓷产业全方位发展。设立剑瓷产业发展专项资金，每年安排1500万元在空间拓展、主体培育、科技支撑、人才培养、平台服务等方面给予剑瓷产业发展更大的政策倾斜。

2. 品牌建设，打造一批剑瓷示范基地

积极推进城市品牌、产业品牌、企业品牌建设，打响"青瓷宝剑天下龙泉"品牌，打造一批剑瓷景区和示范基地，壮大一批企业品牌和老字号。"中国陶瓷文化历史名城"称号、青瓷宝剑苑国家3A级景区、金宏瓷业等品牌逐渐深入人心。

3. 平台建设，促进产业集聚发展

一是狠抓产业平台建设。文化园、产业园、双创园梯队层级

[①] 本案例参考浙江清华长三角研究院新经济发展研究中心. 龙泉市：立足特色增强造血剑瓷产业 助力龙泉跨越式发展 [R]. 2021-07-19.

培育成功转型升级,荣获"中国青瓷公园""省重点文化产业园区""文化创意街区"等称号,集群抱团发展取得显著成效。二是有序推进"两小镇"建设。成立指挥部,抽调人员,集中攻坚。出台《青瓷小镇核心区建设推进工作实施方案》及政策处理、企业收储、项目建设、核心区供地等任务清单,调整完善宝剑小镇总体规划,实行表格化管理、清单化推进。其中宝剑大师园已出台入园政策,确定入园名单。三是按照"城乡同步、协同推进"的思路,稳步推进产业集群发展。将散落的文化遗址、产业园区、特色景区串点成线、串珠成链,聚力打造城市文化客厅、大窑龙泉窑国家考古遗址公园、青瓷文化创意园、青瓷小镇、宝剑小镇、西街历史文化街区、省级青瓷文化旅游度假区"一厅两园两镇两区"剑瓷文化旗帜性项目。

4. 人才培育,增强产业发展活力

一是加强教育基地建设。丽水学院和龙泉市政府在龙泉中职校举行中国青瓷学院挂牌。二是培育名家大师。设立"龙泉青瓷宝剑终身艺术成就奖",给予11个青瓷宝剑艺人政府特殊津贴、终身医疗保障。三是培养优秀企业家。建立"个转企""小升中""规下转规上"等培养机制,助推实业企业经营户发展。四是培养后备人才。通过举办青瓷双年展、原创设计大赛等活动,与德化、景德镇等陶瓷学院开展培训合作,培育专业人才。

山区经济发展的重点是增强自身的造血能力,龙泉立足自身剑瓷特色,以规划为指引,注重文化的传承保护、工艺的传承和创新,通过树立品牌、搭建平台、培养人才、保障扶持,擦亮剑瓷产业"金名片",拓宽剑瓷产业发展路径,推动区域经济跨越式发展。山区县历史经典产业较丰富,学习借鉴龙泉经验,实现高质量发展。

三、发展数字经济 促进山区县发展

互联网属于普惠技术，就数字经济发展而言，山区县同样存在机遇。新产业成为山区县跨越式高质量发展的"敲门砖"。2021年，浙江省山区26县数字经济核心产业制造业增加值比上年增长21.7%，增速比全省高1.7个百分点。[1]

（一）山区县发展数字经济的路径

发展数字经济促进山区县发展可以从以下路径考虑。

1. 加快数字新基建建设

数字新基建是发展数字经济的基础。浙江省将加快建设全面覆盖山区26县乡镇以上地区和有条件行政村的"双千兆"网络基础设施，有序推进行政村以上地区5G网络布局建设，实现5G基站乡镇以上地区全覆盖，5G网络重点行政村全覆盖。加快推进低功耗广域网在山区26县农村地区的部署和覆盖，支持重点农业企业综合利用5G、4G窄带物联网和光纤等技术，打造适合农业物联网发展的良好生态体系。[2]

2. 启动和发展数据产业

对于山区县来说，实现当地政府、企业及其他经济组织连接的实时在线和产生可共享的数据平台的搭建，是数字经济发展的前提。在全面开放应用场景的条件下，数据平台和数据类型的结构与山区县的产业和结构相关。尤其是对于产业数据而言，占优的数据平台和数据类型对数据开发者具有更强的吸引力。作为相对欠发达的山区，可以选择具有相对优势的数据平台和数据类型

---

[1] 金梁，丁倩. 共富路上，山区26县加速跑 [N]. 浙江日报，2022-02-10（1）.
[2] 浙江省经济和信息化厅. 关于印发支持山区26县生态工业高质量发展若干举措的通知（浙经信产业〔2022〕26号）[Z]. 2022-02-14.

率先发展，加快启动和发展当地数据产业。①

3. 推进产业数字化

产业数字化是山区数字经济发展的主战场。山区产业数字化应抓好以下几个方面。

（1）重点抓好龙头企业数字化转型，引导山区县的行业标杆企业，加速完善"智能工厂""数字化车间"等数字化改造，鼓励建设行业数字化转型服务平台、行业大脑，带动下游中小企业协同数字化转型，培育打造行业虚拟产业园。

（2）把推进中小企业数字化转型摆在突出位置，建设发展本地化、全域性普惠型工业互联网，加大在研发设计、生产加工、经营管理、物流售后等环节的数字化转型服务供给，带动中小企业"上云—用数—赋智"，切实解决中小企业"不会转""不能转""不敢转"等问题。

（3）加快推进农业数字化转型节奏，运用数字化手段提升农业生产、经营、销售、服务等环节，诸如环境监控、生产过程检测、产品质量安全追溯、直播带货等生产经营全流程信息化水平，加快数字化与农业的融合发展。②浙江省要支持山区26县以工业领域为突破口、以产业大脑为支撑、以数据供应链为纽带，推动产业链、创新链、供应链融合应用，建成一批数字经济应用场景，实现资源要素高效配置和经济社会高效协同。同时，支持山区26县开展数字经济特色应用试点建设，打造数字化改革最佳实践。③

---

① 刘刚，张昕蔚. 欠发达地区数字经济发展的动力和机制研究［J］. 经济纵横，2019（6）：88-100.
② 王晓明. 大力发展数字经济 构建内蒙古经济高质量发展新动能［J］. 北方经济，2021（9）：53-56.
③ 浙江省经济和信息化厅. 关于印发支持山区26县生态工业高质量发展若干举措的通知（浙经信产业〔2022〕26号）［Z］. 2022-02-14.

4. 发展数字贸易，活跃数字消费市场

持续活跃数字消费市场，能够有效带动数字贸易快速发展，对拉动山区经济具有重要意义。全面激发数字消费从供给和需求"两端发力"。①从供给端发力，线上供给服务应广泛，深入生产、物流、零售、娱乐等领域，推动生产消费从"单一链条"向"多元链条"拓展、从低附加值环节向高附加值环节延伸，进一步深化"零接触"经济。例如快递行业，可以从简单的仓储、收件、送件向无人仓储、无人收件、智能配送拓展。②从需求端发力，引导研究本地化消费的互联网开发企业，把大数据与人工智能进一步充分结合，开发更多数字化、智慧化消费应用，赋予智能终端更加具备精准的服务能力，引导人们在数字空间进行消费、娱乐和社交，同时推动消费数字化转型从吃、穿、用等实物消费领域加快向医疗、教育、文娱等更多服务领域扩张渗透。

（二）案例1：江山市积极探索电商转型发展新路径

近年来，江山市充分发挥经济新常态下电子商务创新驱动新引擎作用，改变策略，深耕直播，创新模式，走出了山区县电子商务转型发展新路子。继2018—2019年先后被评为省电子商务创新发展试点县、国家电子商务进农村综合示范县后，2020年又成功入选全省5个物流示范县（市、区）综合改革创新试点县之一。2021年3月，江山市出台《关于促进电子商务产业高质量发展的若干政策意见》，进一步扶持电子商务产业发展。江山市积极探索电商转型发展的做法有以下几个方面。

（1）"电商+店商"融合发力。培育本土连锁村（社）便民店——浙江驰骋控股集团，依托覆盖浙闽赣三省3600多家的"左邻右舍"线下"店商"门店，以及拥有44.6万名会员的"萝卜白菜"线上"电商"门店，开辟出线上、线下相融合的全新社区B2C购物新模式，打通物资配送的最后一米，有效保障群众生活需求。在 2020 年年初疫情期间，消费者利用"萝卜白菜"平台订购油米肉蔬等物品，企业通过消费者就近的"左邻右舍"门店配送，实现"网订店取""零接触"服务，日最高配送达 2 万多份，帮助 150 户农户销售滞销蔬菜 34.2 万余斤。2020 年，"萝卜白菜"平台实现营业额 4857.9 万元，同比增长 38%。

（2）"总部+基地"项目赋力。成功引进上海迈微、北京长远飞鹰、浙江契禾、深圳赢家时尚等 8 个亿元级优质电商总部项目，带动国内外优秀电商团队、高端电子商务人才到江山创业发展，不断完善电商产业生态链。在农村新建 2.6 万平方米的数字经济产业园基地，建设 50 多个直播间，培训电商直播 2300 人次，开展"群雁村播" 385 场，销售农特产品 1.08 亿元。2020 年全市实现网络零售额 155.7 亿元，同比增长 63.4%，增速位居衢州第一、全省第二，高出全省 49.1 个百分点。

（3）"十县+百亿"激发动力。2018 年率先启动"十县百亿"电商精准助农工程，先后与 8 个省、自治区的 20 个县（其中 9 个为贫困县）建立战略合作关系，帮助广西、四川、新疆等地销售沃柑、脆红李、纸皮核桃等特色农产品，累计实现网络零售额 187.3 亿元。连续 3 年举办"十县百亿"电商精准助农资源对接会暨江山直播经济产业发展峰会，共同探索"农产品上行"，构建农产品产销对接平台的先进经验，不断丰富"互联网+特色农业+精准扶贫"的江山实践样本。

（三）案例 2：山海协作数智援建应用平台

杭州市利用其数字经济发展的优势，帮助衢州市建立山海协作数智援建应用平台，实现了山海协作的数字化应用，为山区数字经济发展开辟了新路径。

2021 年 12 月 25 日，在杭州——衢州山海协作视频联席会议上，山海协作数智援建应用平台正式上线。该平台以山海协作助力城乡共富为着力点，从山海协作数字驾驶舱、援建资金监管平台、助产助销协作商城三个方面的综合应用场景，系统推动改进协作方式，展示协作成果。

山海协作数字驾驶舱为每个山海协作乡村振兴示范点建设赋码，给村画像，把示范点所在地的环境、人文、村情村貌数字化；示范点（村）项目按照逐级审核的模式对申报的示范点（村）项目进行管理，实现乡村业态"一屏掌控"。

援建资金监管平台运用区块链技术对山海协作援建资金项目评审、拨付、监督、绩效评估等实施全过程闭环管理，建立项目任务的进度跟踪及定期通报制度，推进山海协作援建项目建设进度和绩效发挥，实现项目资金"一键直达"。

助产助销协作商城，通过线上营销带动"线上+线下"联动，做宽拉长"特色+产品+农业"主线脉络，筛选培育打造对村集体和农民增收有较强带动作用的优质农产品品牌。拓宽做大消费帮扶村集体、农户的渠道和规模，加强结对双方供需精准对接，持续提升各山海协作乡村振兴示范点的村集体经营性收入和农民收入，实现营销帮扶"一码互联"。

目前，山海协作数智援建应用平台试运行已取得初步成效。初步完成余杭区、临平区、衢州柯城区的互通互联，通过数字化平台，打通临平+余杭"智慧后勤"平台用户体系，对接64家食堂，1.6万平台用户可通过餐卡在"助产助销协作商城"选购协作地区农特产品。[1]

下一步，平台将围绕"1+5+2"数字化工作体系，在余杭区、临平区、柯城区率先开展实质运行，并分步分批向结对地区应用推广，以数字化改革牵引杭州市山海协作体制机制、方式流程、手段工具系统重塑，推动城乡区域协调发展，力争实现"一地创新，全省共享"。

---

[1] 赵波，祝芷媛. 正式上线！山海协作数智援建应用平台来啦［N］. 每日商报，2021-12-27（2）.

第八章 全域旅游与山区县发展

浙江省山区 26 县优质旅游资源十分丰富，拥有 5A 级旅游景区 6 个，世界遗产 8 处，国家级风景名胜区 8 处。发展全域旅游是实现山区发展的有效路径。

一、全域旅游重塑山区品质

20 世纪 80 年代出现小旅游概念，90 年代提出中旅游概念。最近几年出现全域旅游概念，有的地方叫作全景域旅游，有的地方叫作全景区旅游，并在各地区的旅游规划中有所体现。2016 年，全国旅游工作会议提出，中国的旅游发展要从"景点旅游"转变到"全域旅游"[1]。观点提出后各地分别在"全域旅游"理念指导下打破景区景点的限制，做出具体的旅游规划。2016 年 2 月 5 日，国家旅游局又公布首批 262 家"国家全域旅游示范区"创建名单，从而在全社会掀起全域旅游的热潮。

（一）旅游业的发展本身就是打造地方品质的过程

作为个人消费服务业和不可贸易部门，旅游业的发展本身就是打造地方品质的过程。在收入水平提高、闲暇约束释放、交通高速发展和信息技术快速迭代的大众旅游时代，中央政府引导、地方政府推动、市场主体落实的全域旅游发展理念正是对无处不

---

[1] 于洁，胡静，朱磊，等. 国内全域旅游研究进展与展望[J]. 旅游研究，2016(6)：86-91.

在的旅游需求的响应，也极大地推动了旅游业高质量发展。全域旅游具有全域共享共建、全域配置资源、全域开展"旅游+"、全域统筹规划、全域协调管理等五个基本理念。[①] 在全域旅游理念指导下的发展思路、游览空间、产业业态都发生了积极的变化，推动着面向本地居民和外来游客消费服务的种类、规模和质量的提升，重塑特色化、消费导向的地方品质。例如，在全域旅游中典型旅游景区联动型，该类型的"全域旅游"模式主要是以特色旅游景区为依托，将多个旅游景点有机结合起来，形成良性互动；同时附加更多的人文情境体验和娱乐休闲方式，最终形成立体多元的"全域旅游"模式。代表性的山区全域旅游案例有：瑞士阿尔卑斯山旅游区，该地区将旅游活动延展到每个小镇和村落，通过旅游巴士等交通工具将它们连接起来，实现高效的联动，使每一个地方都成为旅游的服务单元。

（二）全域旅游促进山区环境的提升

全域旅游还会促进包括公共服务、地域景观环境、软硬基础设施等在内的其他不可贸易品的发展。例如，对于公共服务而言，全域旅游最显著的作用莫过于对地方文化资源的挖掘与利用。文化是旅游的灵魂，旅游是文化的载体，文旅融合是全域旅游的题中之意。鲜明、独特、时尚、创新的文化氛围是吸引人才的重要因素，对于不再简单满足于娱乐需求、积极追求消费意义的年轻人才而言更是如此。再如，全域旅游"无处不风景"的发展理念对乡村风貌、道路景观等有着天然的要求，全域旅游的推进将促进地域景观环境的优化和美化，进而成为地方品质重塑过程中不可或缺的一部分。例如，全域旅游中的休闲生活体验型。该类型的"全域旅游"模式以"休闲生活"为主线，将生活与享

[①] 唐贤伦，陈品玉，殷红梅，等．我国供给侧结构性改革背景下的全域旅游发展理论体系研究［J］．改革与战略，2017（9）：67-70.

受完美结合。在法国，这种"全域旅游"突出体现在都市旅游、乡村旅游的一体化发展上，通过完善乡村的基础设施，将地方农产品特色与旅游业高度结合，促进餐饮、康疗娱乐一体化，实现产业叠加的增值效应和旅游体验的全程。[1] 此外，"非景区旅游"的趋势更是要求旅游目的地进一步完善交通基础设施建设，智慧旅游对区域信息基础设施发展也功不可没。

全域旅游新理念推动了区域消费服务、公共服务、景观环境、基础设施等不可贸易品的发展，塑造着具有竞争力的、多维度的地方品质，进而将在一定程度上吸引人才集聚、实现创新发展，从而形成"全域旅游理念—旅游业全面发展—地方品质提升—高素质人才集聚—区域创新发展"这一目的地发展逻辑。[2]

二、一县一策：支持泰顺县加快推进全域旅游

泰顺县位于浙南边陲，境内群山延绵，奇峰耸峙，溪涧纵横，生物多样性保持良好，是空气、水、土壤三净之地，境内的"泉桥山水石"（即氡温泉、廊桥、乌岩岭、飞云湖、泰顺石）等旅游资源具有明显的"人无我有，人有我优"的稀缺性和独特性。

近年来，泰顺县大力推进"旅游主业化"，全力打造华东康养文旅首选目的地，制定落实泰顺县全域旅游总体规划、乌飞板块旅游规划，实施旅游主业化扶持办法，设立旅游发展专项资金，加快构建全域旅游发展格局。编制实施《泰顺县旅游业"十四五"规划》《泰顺县旅游主业化三年行动计划》《泰顺县旅游业"微改造、精提升"五年行动计划》，成功列入全省旅游业"微改造、精提升"行动综合改革试点县。累计创成4A级旅游景区3家、3A级6家，泗溪、竹里、东溪创成省级旅游风情小镇，累计

---

[1] 赵黎光，刘明菊."全域旅游"发展回顾与展望——理论与实践的双重视角[J]. 商业经济研究，2018（10）183-185.

[2] 厉新建，宋昌耀，陆文励. 全域旅游重塑地方品质[J]. 旅游学刊，2020（2）：5-6.

创成 A 级景区镇 16 个、A 级景区村庄 170 家。2020 年获评"省文旅融合高质量发展十佳县",2021 年获评第二批浙江省全域旅游示范县。

根据浙江省发展和改革委员会 2021 年 5 月发布的《关于支持泰顺县跨越式高质量发展的若干举措——加快推进生态旅游全域美丽》,浙江省将支持泰顺通过五年努力,成为山区 26 县生态旅游全域美丽的示范标杆地,"绿水青山就是金山银山"理念的创新实践地,实现"全力争创国家全域旅游示范县"的总目标。到 2025 年,全县旅游综合产值达 80 亿元、游客接待人次 1200 万人次,年均增长分别达到 10% 以上,旅游业增加值占 GDP 比重达 12% 以上;生态环境指标稳居全省前列,生态环境质量持续提高,生态价值转化通道更加通畅。①

具体的支持举措有以下几个方面。

(一) 生态为基,促进泰顺"生态+"融合创新发展

提升廊桥—氡泉旅游度假区、乌岩岭国家级森林公园、飞云湖、交溪流域四大核心旅游集群能级。支持温州西南(泰顺)生态产业园创建省级经济开发区(园区)。支持泰顺县创建省级以上农村产业融合发展示范园,列入部省共建乡村振兴示范省先行创建单位,新型"三位一体"产业园列入省级特色亮点培育工程,农特优产品列入全省农产品区域公共品牌。支持仕阳镇创建省级农业特色强镇。

(二) 文化为魂,实施泰顺文旅品牌塑造工程

联合福建省共同牵头推进闽浙木拱廊桥申报世界文化遗产工作。支持泰顺县"百家宴"申报国家级非遗项目、手工制陶和"三杯香"绿茶制作技艺申报省级非遗项目,积极推动木拱桥传

---

① 浙江省发展和改革委员会. 关于支持泰顺县跨越式高质量发展的若干举措——加快推进生态旅游全域美丽 [Z]. 2021-05-05.

统营造技艺纳入国家传统工艺振兴目录，引导竹木企业、石雕工作室加大文创和旅游产品研发力度。在"浙里好玩"品牌馆开设泰顺馆，支持泰顺县旅游线路纳入省市旅游采购商重点推介和浙江红色旅游经典线路，积极引导职工群众到泰顺开展疗休养活动。

（三）补齐短板，夯实泰顺旅游兴县硬核支撑

协助泰顺县争取温武吉铁路途经泰顺并设站，加快推动通用航空机场、S220省道南浦溪至浙闽界段、S326苍南至庆元公路、川山垟至牛栏岗段建设，与福建共同推进丽（水）南（平）铁路前期，启动全域旅游山地轨道交通规划研究、景宁至柘荣高速泰顺段前期研究。新建改扩建县乡道150公里、改造提升300公里、新建通村公路100公里。制定新一轮普通国省道建设养护资金补助办法，加大对泰顺县支持力度。指导泰顺县加大旅游、茶产业等队伍建设，支持申报省"希望之光"计划。支持泰顺县专业技术人才参加职称评审及省级工艺美术大师评定，同等条件下给予适当倾斜。支持泰顺县主城区创建5A级景区城。

（四）平台赋能，打响泰顺最美山地大花园金名片

支持廊桥—氡泉国家级旅游度假区创建，争创国家4A级旅游景区，培育华东大峡谷氡泉旅游度假区为千万级核心大景区。积极推动柳峰牧歌云憩田园综合体、氡泉小镇、百丈时尚体育小镇等产业平台建设，打造中医药、老年养生旅游示范基地。建成"掌上地图游泰顺"，创建省数字化文旅改革示范区。

（五）项目牵引，打造泰顺旅游发展标志性工程

重点建设华东大峡谷氡泉旅游度假区、松垟花开等重大文旅项目和文礼书院、凤篁峪国学康养基地等标志性文化项目。对省级以上传统村落进行重点保护提升，支持筱村公社等民宿创建省级以上民宿品牌、村尾村等打造全国乡村旅游重点村。

（六）改革先行，推动泰顺绿水青山向金山银山转化

支持泰顺县实施生态搬迁，争取形成泰顺经验。优先考虑泰顺县申报"两山"实践创新基地名额，支持泰顺县生物多样性保护优先区域建设、参加《生物多样性公约》第15次缔约方大会平行活动，指导泰顺县开展全域生物多样性本底调查并给予资金支持。支持泰顺县开展低收入农户同步基本实现现代化试点工作。

未来5年，泰顺将以打造华东康养文旅首选目的地、山区26县生态旅游全域美丽示范标杆地、"绿水青山就是金山银山"理念创新实践地为总目标，全面推进"旅游业高质量发展十大工程"，创成国家全域旅游示范县。

三、案例：江山市绘就全域旅游画卷

江山是旅游胜地，自然景观独特，旅游资源丰富。江山是中国优秀旅游城市、首批国家全域旅游示范区，拥有江浙沪唯一的世界自然遗产——江郎山，国家5A级景区1处（江郎山·廿八都旅游区，含江郎山、清漾、廿八都古镇），4A级景区2处（仙霞关、浮盖山），3A级景区12处，高等级景区数量居浙江省各县（市、区）前列。江山市是全国一流休闲旅游目的地，在做大做强核心景区的同时，致力做优做美乡村休闲旅游，打造了幸福大陈、书香清漾、秀美耕读、古韵浔里、七彩保安、醉美碗窑等一大批各具特色的文化古村落，推出世遗江郎风采线、古镇养生风韵线等6条乡村休闲旅游精品线路，被评为全国休闲农业与乡村旅游示范市。

近年来，江山市坚持把"景区"作为全域旅游转型发展的第一资源，把"创新"作为全域旅游动能转换的第一动力，围绕全国一流休闲旅游目的地目标，全力打造以景区带动型全域旅游发展的江山样本。通过多年的路径创新和方法创新，江山市以景区带动，创

新引领全域旅游示范区建设，取得明显成效。2019年9月20日，国家文化和旅游部发文公布首批71个国家全域旅游示范区，江山市榜上有名。江山市开展全域旅游的做法有如下几点。[①]

（一）打造大景区，绘就全域旅游"一幅画"

依托江浙沪首个世界自然遗产，近年来，江山市坚持以核心景区集聚带动，牵引市域景区化建设，初步形成了"星罗棋布、众星拱月"的全域旅游壮美画卷。

（1）聚焦核心景区。按照"挖掘一方文化，塑造一个景区"的理念，江山市梳理区域"4+1"特色人文，成功打造世界自然遗产地1处、国家5A级景区1处、国家级风景名胜区1处、4A级景区2处、3A级景区12处，全面建成5大核心景区。全面推动旅游重大项目向核心景区集聚，"江郎山居"田园文旅颐养小镇、城北旅游综合体、旅游集散中心等一批强链补链项目先后落户江山。其中，江郎山居田园文旅颐养小镇项目是江山市迄今为止单体投资最大的招商引资项目，项目由宋卫平的蓝城集团投资，总投资80亿元，规划建设用地1500亩，建设周期8年，5年内将基本建成以马文化为主题、集养生养老等于一体的综合性4A级旅游景区。

（2）聚力精品线路。按照全域旅游理念，集中资源打造世遗江郎风采线、七彩保安风情线、古镇养生风韵线、幸福乡村风光线、村歌文化风俗线、醉美碗窑风行线等6条精品线路。2020年，6条精品线路完成涉旅项目投资26亿元，沿线60个村实现景区化提升，努力把散落的148个景区村庄串点成线、串珠成链，形成旅游精品线路，与核心景区形成遥相呼应、众星拱月之势。

（3）聚拢旅游资源。启动国家级文化旅游资源普查试点，并

---

① 本案例参考江山市人民政府．江山市创建国家全域旅游示范区工作情况汇报［R］2021-03-11，特此说明。

在风景区内执行最严格的农房管控办法。所有涉旅重大项目招商全部要求按 4A 级以上旅游景区标准建设，提高准入门槛，避免旅游资源低端无序开发。开展跨区域旅游合作，联手福建方面，推动大浮盖山景区联合开发共创 5A，努力将该项目打造成为浙闽赣皖国家生态旅游协作区建设的启动项目。

（二）推进大融合，串起产业经济"一条链"

依托核心景区串联带动，全面调整旅游供给结构，提高旅游供给质量，培育旅游全新动能。

（1）做强"旅游+乡村"，发展美丽经济。自 2009 年以来，江山市在全国创新推行以五村联创为主要内容的"中国幸福乡村"建设，累计成功创建"中国幸福乡村"95 个，获评浙江省首批美丽乡村示范县，并成功承办浙江省美丽乡村和农村精神文明建设现场会。在此基础上，提出打造"中国幸福乡村"升级版，率先全省启动 A 级景区村庄打造。两年来，成功打造省 A 级景区村庄 148 个，其中 3A 级景区村庄 27 个，建成新时代美丽乡村 153 个，新时代"中国幸福乡村"（精品村）52 个，[①] 数量居浙江省前列。在发展乡村旅游的过程中，注重发挥农民的首创精神，通过创新景区门票让利、资源入股开发等方式，一批过去人迹罕至的空心村成为今天生机盎然的景区村，富民成效显著。两年来，旅游对乡村就业贡献率连续突破 10%，主要旅游乡镇农民年均可支配收入增幅超 15%。

（2）做精"旅游+体育"，打造城市名片。近年来，江山市以打造运动之城、体育福地为目标，积极发展赛事 IP，连续 5 年承办全国举重锦标赛、全国新年登高健身大会及江山 100 国际越野跑，连续 3 年承办全国健美操锦标赛，连续 2 年承办全国攀岩系

---

① 梅玲玲，程伟，蒋君．江山：探索山区县高质量发展的特色之路［N］．浙江日报，2021-08-17（12）．

列赛等 60 多场赛事活动，以此带动全域旅游发展。每年春节江山市有 120 多个村自发举办新春农民运动会，已连续举办 14 年，被国家体育总局称为江山"体育现象"，得到中央媒体聚焦。此外，以 Maxi-Race 赛事为媒，与欧洲著名山地休闲度假目的地法国勃郎圣泉市缔结友好城市。

（3）做深"旅游+文化"，唱响幸福村歌。探索把村歌作为农民唱响幸福生活和发展全域旅游的"同心曲"，赋予全域旅游更多内涵和灵气。目前，全市所有景区村庄拥有自己的村歌，作品累计荣获国家、省级荣誉 20 多项，江山村歌多次唱进全国人民大会堂，并入选 G20 杭州峰会"国礼"。2021 年江山市投入 1000 万元，在 3A 级景区村庄——大陈村固化演出大型实景剧《你好江山》，游人如织、好评如潮，丰富了文旅融合产品，带来更多人气、商气、财气。

（三）优化大配套，走活公共服务"一盘棋"

把基础设施和公共服务配套从景区拓展到全市域，补齐全域旅游短板，并按照打造中国营商环境最优城市标准，全力打造全域旅游主客共建共享的"有礼"之城。

（1）打破"小围墙"，管理"大转型"。一方面打破景区围墙。自 2017 年以来，江郎山·廿八都 5A 级旅游景区，以及仙霞关、浮盖山 2 个 4A 级旅游景区工作日全部对公众实行免票开放，全年免票时间超过 240 天；另一方面打破政府围墙。在所有黄金周、小长假期间中餐时段，面向游客开放重点景区所在地乡镇政府食堂，并向游客开放政府办公地点停车位，江山市的旅游管理和公共服务真正实现了从"单打、独享"向全社会"共建共享"转变。

（2）抓好"小厕所"，服务"大民生"。近年来，江山市把旅游厕所新改建作为优化全域旅游产业配套的切入口，在浙江省率先实施旅游厕所五类管理工作法，由市财政安排 1000 多万元专项资金，推动全市257个旅游厕所升级改造，基本实现了旅游厕所全域覆盖。同时，坚持旅游厕所科技创新，运用"互联网+"技术，实现厕所管理在旅游大数据中心的终端控制，将旅游厕所臭味检测与预警纳入旅游大数据中心，并依托大数据实现旅游厕所"最多找一次"。

（3）整合"大数据"，提升"大旅游"。近年来，江山市委托专业力量，建成全域旅游数据采集展示中心，旅游管理服务平台、旅游营销商务平台，即"一中心两平台"。创新将旅游大数据中心与基层治理体系"四个平台"相结合，实现公安、交通、气象等涉旅数据全网互通，真正打破信息孤岛瓶颈。目前，全市1万多个"天眼"为旅游大数据中心5万条旅游信息提供基础支撑。探索建立江郎山世界自然遗产保护系统，实现语音导览在全市3A及以上景区全覆盖，开通"码上游江山"微信公众号，为游客提供涉及所有乡镇（街道）、涵盖旅游"六要素"等综合性服务。

（4）开放"大通道"，释放"大活力"。构建"快进慢游"的综合旅游交通体系。构建快进交通方面，谋划推进了杭衢高铁、义金衢上高速、通景公路等重大交通项目，外部交通环境大幅改善，特别是杭衢高铁通车后，杭州至江山高铁行程仅需45分钟。构建慢游格局方面，与上海汽车城集团合作，打造"4轮+2轮"旅游交通模式，建成EVcard电动车租赁点102个、EZbike高端自行车租赁点12个，投放共享新能源电动车400辆、运动休闲自行车250辆，覆盖中心城区和主要旅游景点，实现游客"落地自驾自由行"，打通旅游交通最后一公里。

（四）实施大战略，点亮区域发展"一个梦"

加快发展旅游产业已经成为"江山共识"，成为江山建设"实力支撑、美丽著称、活力开放、人民幸福"江山大花园的主要抓手。

（1）全社会联动。组建高规格的领导小组，构建"党委统揽、政府主导、部门联动、专班推进、全社会参与"的高位推进机制。大刀阔斧推进旅游管理体制改革,"横向"组建"1+3"全域旅游综合管理体制,强化旅游主管部门牵头抓总、涉旅项目审核职能,着力解决"小马拉大车"问题。组建旅游发展公司,将本该推向市场的职能从行政管理部门中剥离出来,实现公司化、市场化运作。完善旅游协调管理机制。"纵向"在全部19个乡镇(街道)设立生态文旅办,148个A级景区村庄设立村旅游站。建立覆盖所有乡镇、国家A级景区、省A级景区村庄的全域旅游纠纷人民调解机制,实现"小纠纷不出村、大纠纷不出镇"。

(2)全要素支持。加大资金投入力度。江山市每年统筹财政资金1亿元以上,近三年撬动社会资金超40亿元发展全域旅游。除去市财政每年安排专项资金4000万元外,江山市还整合新农村建设、"五水共治"等各线涉旅资金6000万元,集中投向全域旅游。引导社会力量参与发展。江山市还着眼于社会资本投身全域旅游,着力解决融资难问题。设立政府产业引导基金、"绿色资金池",创新开发"信用村(户)示范贷""村级集体发展贷""民宿贷"等金融产品,贷款业务规模可达1亿元,进一步为全域旅游发展助推加力。

(3)全方位整治。全域旅游是一把手工程,没有一把手的关注支持是绝对干不好的。近年来,相继组织"全域旅游大讨论"活动,市委理论中心组只讨论一个议题,那就是全域旅游。召开全域旅游示范区创建推进会,将全域旅游发展任务项目化、清单化,将175项发展任务分解至83个部门、乡镇。此外,将全域旅游工作列入全市"九五重点"专项,旅游类项目全部编入重点项目盘子,强力推进。对重中之重的项目组建工作专班,实行专项专班专人专干。对工作难度大、推进缓慢的,形成七大交办机制,实行每周交办、钉督落实,逾期未完成的,实行"一次说明、二次表态、三次问责",确保每项工作落实。

第九章　乡村振兴与山区县发展

乡村振兴战略是党的十九大首次提出的重大国家战略。山区县通过实施乡村振兴战略为乡村价值的提升提供了可能，也是实现农业现代化和区域跨越式高质量发展的重要保障。

一、山区县实施乡村振兴战略的重要意义

党的十九大以来，党中央和国务院做出了一系列重大决策部署。2018年1月，中共中央和国务院印发《关于实施乡村振兴战略的意见》。同年9月，中共中央和国务院印发《乡村振兴战略规划（2018—2022年）》。党的十九届五中全会再次提出，要"走中国特色社会主义乡村振兴道路，全面实施乡村振兴战略"[1]。乡村振兴战略指的是在社会法治过程中优先发展农业农村，按照产业兴旺、生态宜居、乡风文明、治理有效、生活富裕的总要求，建立健全城乡融合发展机制和政策体系，进一步加快对农业农村现代化建设步伐的推动。王红艳（2021）认为，从理念层面看，乡村振兴战略在对乡村角色的定位上基本超越了工具主义，在对城乡关系的认识上基本超越了城市中心主义，在发展目标的设置上基本超越了经济主义，在实施方式的选择上基本超越了物质主

---

[1] 中共中央关于制定国民经济和社会发展第十四个五年规划和二〇三五年远景目标的建议[N]. 人民日报，2020-11-04（01）.

义。① 山区县实施乡村振兴战略具有重要意义。

(一) 乡村振兴战略是党的"三农"工作战略的重要提升

乡村振兴作为新时代中国特色社会主义建设的新战略，反映了党的农村发展战略思想的与时俱进。改革开放至今四十多年的历程中，党在不同的发展阶段对农村发展的战略思想曾有过不同的侧重与表述。党的十一届三中全会总结历史的经验和教训，提出"经济上保障农民的物质利益，政治上尊重农民的民主权利"，为党和政府处理与农民的关系确立了准则。党的十六届五中全会统揽新世纪国家发展全局，提出了建设社会主义新农村的重大历史任务和统筹城乡经济社会发展的要求。党的十七大基于对"三农"问题在国民经济发展中重要地位的判断，指出要把解决好"三农"问题作为全党工作的重中之重，并致力于打造城乡经济社会发展一体化新格局。党的十八大把解决好农业农村农民问题摆在全党工作的重中之重，并将城乡发展一体化作为解决"三农"问题的根本途径，明确指出了推动城乡发展一体化的基本方向和着力点，是党对解决"三农"问题思路的新认识。

党的十八大以来，以习近平同志为核心的党中央高度重视"三农"问题，并在进一步确立农业农村农民问题在国计民生中的根本性地位的基础上，站在全面建成小康社会的全局高度，结合中国农村在新时代面临的现实问题，既高屋建瓴又接地气地围绕"中国要强，农业必须强；中国要美，农村必须美；中国要富，农民必须富""任何时候都不能忽视农业、不能忘记农民、不能淡漠农村""坚定不移深化农村改革，坚定不移加快农村发展，坚定不移维护农村和谐稳定"等思路，提出了一系列分量重、含义深、作用大的战略思想。党的十九大报告提出实施乡村

---

① 王红艳. 乡村振兴战略的"四重超越"特征——兼论中国特色社会主义乡村振兴道路 [J]. 新视野, 2021 (1)：33-38.

振兴战略,要求农村发展要以"产业兴旺、生态宜居、乡风文明、治理有效、生活富裕"为目标,城乡关系要以"建立健全城乡融合发展体制机制和政策体系"为思路,明确了"加快推进农村现代化"的总任务。这些新的战略部署是对党在过去四十年里所形成的"三农"战略思想的继承与发展。[1]

(二)乡村振兴战略是农业制度的深化改革

在党的十九大报告中,广大农民群众最关心的问题就是第二轮土地承包再延长三十年。这一政策出台的主要目的就是要进一步巩固和完善农村基本经营制度,以深化农村土地改革制度和农村集体产权制度为主,把制度建设放在乡村振兴战略的基础地位。[2] 对于土地资源集中的农村来说,土地始终是农民生存、生活的重要因素。因此,党中央在推进乡村振兴战略的过程中,其具体的政策执行下,围绕农村的经营制度、产权制度和其他制度进行了一系列的改革和深化。

(三)乡村振兴战略是实现农业现代化的重要保障

在实施乡村振兴战略的过程中,通过在农业现代化上推进政策协调,在建设坚持城乡融合发展的整体机制之上,加快推进农业农村的现代化改革。在综合国力支撑上,要推动农业现代化的技术和物质支撑。尤其是在相对地形复杂、经济条件较差的山区县,通过乡村振兴战略,采取各种有效的措施,能够全力开拓山区县发展新局面。将"数字农业""现代机械化生产"等不同的生产技术相互融合。尤其是在农业设施和技术项目上,通过学习借鉴和模仿发达国家先进的种植技术,能够更好地拓宽山区振兴发展的价值深度。

---

[1] 王亚华,苏毅清.乡村振兴——中国农村发展新战略[J].中央社会主义学院学报,2017(6):49-55.

[2] 禤培浩.对山区县实施乡村振兴战略的思考[J].法制与社会,2018(5):132-133.

（四）乡村振兴战略为乡村价值的提升提供了可能

随着中国经济社会发展进入新时代，特别是当人民日益增长的美好生活需要和不平衡、不充分的发展之间的矛盾已经上升为新时代建设与发展中的主要矛盾后，乡村发展的宏观与微观环境发生了变化，乡村振兴战略为乡村价值的提升提供了可能。

进入新的发展时代，由于影响乡村发展的宏观与微观环境发生了实质性改变，乡村价值得到快速提升。从乡村价值提升的宏观基础条件变化情况看：一是国家工业化和城镇化战略在中国总体上已经进入着力破除城乡二元结构、形成城乡经济社会发展一体化新格局的大背景下进行了重要调整，提出了走中国特色新型工业化、信息化、城镇化、农业现代化道路，推动信息化和工业化深度融合、工业化和城镇化良性互动、城镇化和农业现代化相互协调，促进工业化、信息化、城镇化、农业现代化同步发展。国家工业化、城镇化和现代化发展战略由工业优先农业、城镇优先农村发展，转变为工农业协调和城乡统筹发展战略，农业和农村在国家现代化发展战略中的地位得到极大提升。二是乡村建设与发展的外部基础设施条件得到了前所未有的改变，为乡村全面融入城镇化发展奠定了基础。三是电子信息等新技术革命深入到社会发展的方方面面，尤其是互联网和电商平台的出现，不仅在及时、有效、便利和低成本获取信息方面让乡村与城市站在了同一起跑线上，解决了乡村社会信息"孤岛"制约其发展的问题，而且为高度专业化分工背景下城市产业向乡村转移创造了条件，为发展乡村地区特色小镇和特色村庄创造了条件。

从乡村价值提升的微观基础条件变化情况看：一是以改厕、改水、改圈、改厨、改路，广播电视和公交"村村通"，以及文化、教育、医疗卫生事业建设为主要内容的乡村建设，大大改善了乡村地区居民的生活条件，缩小了乡村与城市居民在居住和生活方面的差距，为城市居民到乡村地区工作和生活提供了便利；

二是通过美丽乡村建设补齐农村环境这块短板；三是在稳定农村基本经营制度的基础上，通过农村集体经营性土地所有权、承包权和经营权"三权分置"改革，以及农户房产和宅基地确权改革，实现了土地由资产到资本的身份转变，为工商资本与土地资本的结合创造了条件。①

二、支持山区县乡村振兴的主要举措

2021年7月21日，浙江省农业农村厅《关于支持山区26县加快发展高效生态农业的意见》（浙农专发〔2021〕35号），②将在以下几方面充分发挥生态资源优势，加快发展高效生态农业，助推山区26县跨越式高质量发展。

（一）提升粮食、生猪等重要农产品综合生产能力

（1）提升粮食生产能力。加大粮食生产功能区和高标准农田建设倾斜支持力度，完善粮食生产政策，推广优质粮油品种，推进粮食生产扩面增产。加强水稻绿色高产栽培技术及生长模式研究，支持发展水旱轮作、粮经轮作、稻渔综合种养等新型种养模式，支持永嘉、江山等地建设省级稻渔综合种养示范县，建成省级示范基地15个，扩大番薯、马铃薯等旱粮种植面积。

（2）增加生猪等重要农副产品供给。坚持"六化"引领推进生猪产业高质量发展，优先支持建设美丽牧场、数字牧场，确保生猪存栏增加到250万头以上。加强动物防疫体系建设，支持龙游、仙居、莲都、松阳等地改造提升动物卫生监督所站、病死动物公共处理中心等动物防疫基础设施。支持苍南、三门等地建设一批设施化"菜篮子"基地，加大大中城市保障型、应急型蔬菜

---

① 张军. 乡村价值定位与乡村振兴 [J]. 中国农村经济，2018 (1)：2-10.
② 浙江省农业农村厅. 关于支持山区26县加快发展高效生态农业的意见（浙农专发〔2021〕35号）[Z]. 2021-07-21.

生产基地扶持力度，提高应季蔬菜自给能力。

(二) 推进特色农业一、二、三产融合发展

(1) 做强特色精品产业。大力发展山区特色种养业，培育壮大茶叶、食用菌、中药材、蔬菜、水果、优质家禽、湖羊、地方猪、蜜蜂、油茶、笋竹、渔业等特色产业，支持淳安、衢江等地建设省级渔业健康养殖示范县7个。大力发展林下经济，支持磐安、淳安、龙泉等地建设林下道地中药材种植基地50个，优先推荐申报国家级中药材示范基地。

(2) 培育壮大山区地方种业。开展山区种质资源调查、收集保存和鉴定评价，健全种质资源库，加大协议保种支持力度，实现山区特色种质资源应保尽保。指导丽水市打造华东地区生物多样性基因库，谋划建设国家种源硅谷，支持淳安建设国家级家禽种质基因库。支持高等院校、科研机构在山区建立种质资源库、种苗培育实验室。

(3) 建强特色产业发展平台。引导资金、技术、人才等要素向山区农业平台集聚，支持创建省级现代农业园区、特色农业强镇，基本实现"一县一园""一县一镇"，优先推荐申报国家现代农业产业园和特色农业强镇。支持泰顺、磐安、景宁等地培育省级特色农产品优势区，创建茶叶、食用菌、中药材等山区优势特色产业集群，支持永嘉、武义、磐安等地建设浙南早茶、"浙八味"道地药材等国家级优势特色产业集群项目，支持缙云、泰顺、平阳、开化等地跨县统筹新建2个百亿级优势特色产业集群。

(4) 支持全产业链发展。支持以县为单位的农产品产地仓储保鲜冷链物流基地建设，引进一批适用冷藏保鲜、分拣包装和仓储物流技术，提升加工、运输、流通等配套能力。支持建设农产品加工园区，新建一批农产品生产加工销售基地。支持农产品市场体系建设，提升浙南茶叶市场、"浙八味"特产市场影响力。支持缙云、永嘉等地振兴乡村美食。拓展农业观光采摘、休闲体

验、文化创意等功能，推进农业与旅游、教育、文化、健康养老等产业深度融合，大力提升休闲农业发展水平，让其成为山区拓展农业、繁荣农村、富裕农民的新兴支柱产业。

（5）强化品牌营销。指导推进全产业链标准化建设，在"一县一品一策"项目方面给予倾斜，努力提升产业效益，增加农民群众收入。实施农业品牌发展战略，提升"丽水山耕"等区域公用品牌影响力，实现农产品区域公用品牌县域全覆盖，支持打造浙江知名农产品品牌。支持天台、常山、庆元等地举办特色品牌宣传推介，开展数字化营销。支持在浙江省农业博览会、中国国际茶叶博览会等平台开展展销和品牌推荐活动，支持举办磐安中药材博览会。

（6）拓展销售渠道。开展农产品产销对接活动，大力实施消费帮扶，积极配合实施政府采购脱贫地区农副产品、支持乡村产业振兴政策。支持文成、柯城等地开展直供直销、农超对接、连锁经营，打造产销共同体，优化提升供应链。加快电商专业村、"网上农博"地方馆等建设，扩大特色农产品线上销售，支持创建电商专业村，大力培育电商服务企业、农村电商平台，农产品网络销售额增速快于全省平均。

（三）支持生产方式加快转型升级

（1）全域推进绿色发展。开展山区涉农关键技术攻关，支持绿色技术研发应用。支持全域开展"肥药两制"改革综合试点，健全主要作物化肥定额施用制度、粮油作物化学农药定额施用制度，支持常山、三门、遂昌等地建设"肥药两制"改革综合试点县、施用示范区和绿色防控示范区。支持农田氮磷生态拦截沟渠系统建设，示范推广农业农村有机废弃物清洁能源利用工程。支持实施农业节水灌溉，加快发展节水畜牧业、渔业。扩大商品有机肥、配方肥、可降解薄膜应用。每年新增绿色食品 100 个以上。

（2）加快改善设施装备。大力发展山区设施农业，推广应用全自动控温控光控湿和山地节水灌溉等设施，支持利用非耕地和低产耕地发展无土栽培。加大温室大棚倾斜支持，设施种植面积提高到15%以上。加强区域农机综合服务中心和数字农机应用示范基地建设，提升山区特色产业农机综合服务能力和数字化水平。支持农田宜机化改造，加快山区农机作业道路建设。开展山区适用机具试验示范，完善农机购置补贴政策，扩大丘陵山区适用农（林）业机械补贴范围。增加水利投入，提高水旱灾害防治标准，提升自然灾害防御能力。

（3）加快实施数字赋能。依托省数字三农协同应用平台，支持市县界面开发和"三农"驾驶舱建设。加快发展山区智慧农业，因地制宜开展规模种养基地数字化改造，优先支持建设一批数字农场、数字植物工厂、数字牧场、数字渔场。加快数据采集和图层构建，推进生产经营全链条数字化蝶变。支持三门、磐安、龙泉、景宁等地创建数字乡村试点县、国家数字化赋能农村一、二、三产业融合示范园、国家数字农业推广应用基地。优先推荐申报乡村振兴集成创新示范县和"三农"新型基础设施试点县，加快乡村宽带、5G基站建设进度，加强农产品冷链、仓储等流通服务设施建设。

（四）培育做强现代农业经营主体

（1）培育现代职业农民。支持实施"两进两回"行动，加大千万农民素质提升工程培训资源倾斜力度，加强山区高效生态农业专题培训，培育高素质农民和农村实用人才5万人以上。大力培育地方特色专业技术劳动品牌，农业技术系列高级职称评定给予适当倾斜。

（2）壮大新型农业经营主体。优先将山区26县纳入家庭农场整体提升县，创建省级示范性家庭农场1000家以上。支持农民合作社规范化发展，培育一批规范化合作社。落实省级农业龙头企业优惠政策，发展壮大省级以上农业龙头企业150家。加大农创客培育倾斜，培育农创客 3 万人以上。

（3）促进主体抱团发展。按照产加销一体化及一、二、三产融合要求，支持主体间产销对接、股权参与等合作。引导农业企业、农民合作社、家庭农场、种养大户联合抱团，设立农民合作社联合社，组建农业产业化联合体，实现省级农业产业化联合体全覆盖。支持深化生产供销信用"三位一体"合作，建设产业农合联 60 个。

（五）强化保障措施

（1）加强规划引领。指导山区依托资源优势和产业发展基础，按照发展"一县一业""一县一品"要求，编制特色优势产业发展规划，支持优化产业布局，壮大主导产业。强化省级统筹，促进县域协同发展，打造集中连片的特色产业集群。

（2）加大资金投入。进一步加大省农业农村高质量发展专项资金、省级以上衔接推进乡村振兴补助资金、乡村振兴绩效提升奖补资金等对山区 26 县倾斜，山区 26 县安排比例达到 40% 以上。支持符合条件的重大项目申请省产业基金。指导推进涉农主体信用体系建设，推动农户小额普惠贷款等增加放贷规模。举办山区农商对接、农旅互动等活动，引导社会力量广泛参与。

（3）优化智力支持。支持开展新时代乡村集成改革，推动农业农村领域试点试验。支持增强现代农业生物技术原始创新能力，加强山区绿色农业关键技术攻关。深入实施科技特派员制度，强化农业科技服务。实施"三联三送三落实"活动，实行专家服务团联系制度。统筹整合各类教育培训资源，多渠道开展农业科技教育培训。

三、案例 1：打响"常山阿姨"品牌 输出就业高质量

保障百姓就业，促进农民增收，是重大的民生问题。山区县

由于经济发展底子薄，本地解决两大民生问题并非易事。衢州市常山县通过与外地及山海协作县市劳动部门联系，有组织的输出劳务、帮助农民就业，取得长足成效。

（一）常山县家政产业发展历程

常山地处浙江西部，是个山区县，历来也是劳务输出大县。为保障百姓更好地就业，一直来，常山高度重视保姆等农民就业培训。2000年，衢州在全省率先实施"万名农民素质工程"，常山就是试点县。2003年7月，时任省委书记专门到常山考察调研，在青石镇农民培训基地停留的时间最长。

2006年，常山县被国家劳动和社会保障部确认为第一批全国劳务输出工作示范县。

2013年，为更好地推进"万名农民素质提升工程"，常山县成立农民学校，依托这一平台开展大规模的农村初级实用人才培训工作。经过多年发展，不少农村女性选择到大城市从事家政服务工作，家政行业规模初具，常山保姆在业内名气初显。

2017年，常山县把准市场脉搏，立足"好人之城"深厚的道德底蕴，以农村妇女精准化就业服务为切入点，创新实施"放心保姆哪里找？常山阿姨就是好！"的品牌建设工程，引领家政行业转型升级。经过近三年的实践，"常山阿姨"深受市场认可，成为行业新标杆。

"常山阿姨"的经验做法先后受到三位中央领导同志的批示肯定。2018年7月，在常山召开"常山阿姨"经验推广暨全省发展家庭服务业工作交流会。"常山阿姨"工程荣获第五届浙江省公共管理创新案例优秀奖。2019年11月，常山县被国家发改委、商务部列为全国家政服务业提质扩容"领跑者"行动重点推进城市。2020年1月，省政府办公厅发文明确推广常山"阿姨学院"的"政府+高校+龙头家政企业"三位一体培训基地模式。2020年

10月,"常山阿姨"管理服务标准被列入2020年省级标准化试点项目,"常山阿姨"品牌入选浙江省精准扶贫十大案例。

(二)"常山阿姨"品牌建设的主要做法

1. 发挥政府引导作用

坚持先行一步,由政府站台提供可靠保障,全面规范、引导和培育,助推家政服务产业转型高点起步。一是专班领导牵动。早在2017年就把"常山阿姨"品牌建设作为一项县委中心工作,成立由县委书记挂帅的行动领导小组。开展"领跑者"行动之后立即成立"领跑者"行动工作领导小组,出台行动方案,24个部门单位"一把手"领办责任,乡镇(街道)、行政村同频共振,形成县委领导、部门协作、各级联动的工作格局。二是专门机构推动。增设全国首个专管家政产业发展的县级事业单位——常山阿姨事业发展中心,全面负责"常山阿姨"的培育培训、市场对接、诚信管理等工作。三是专业政策促动。出台《关于推动"常山阿姨"产业发展的若干政策》等一揽子政策,优化发展环境,聚合扶持力量。有效整合相关单位培训资金,设立"常山阿姨"发展专项基金,每年投入500万元保障事业发展,同时撬动社会资金投入参与。

2. 打造过硬品质

坚持市场需求和群众需要相结合,瞄准高端市场,塑造"放心"内涵,确保阿姨质量有保证。一是重抓五类档案。积极探索行业准入制度,完善家庭、品行、技能、健康和从业档案,设置个人申报、资格初审、部门联审、综合会考、专项体检"五项流程",对阿姨实行"一人一证一码一档"管理,严把入职关口。二是重视政企校合作办学。联合浙江树人大学、龙头家政企业全力打造"政府+高校"模式合作办学的培训基地——常山阿姨学院,形成了从招生、培训到就业的一条龙管理模式。2021年推进常山阿姨学院改革，鼓励县农投集团、知名家政企业、顶级教育集团实行股份制办学，组建常山阿姨教育培训管理有限公司，以市场化手段打造"政产研学"有机联动的产教融合型企业。三是注重学历教育提升。整合高端培训资源，着重培育领跑学校、领跑企业。指导县职业中专开设早教专业，联合家政领跑企业——赛得健康集团成立民办技工学校。以职业教育为抓手，面向全国初中毕业生开设健康服务与管理、护理和幼儿教育3个专业，力争为家政市场培育优质家庭管家、护工、幼教等人才。目前共有200余名来自全国各地的学生在常学习。四是完善地方行业标准体系。探索制定了一整套涵盖"常山阿姨"准入流程、认证评价准则、信息管理、等级管理、年审评价准则等细则的全流程地方标准体系，并被列入2021年省级标准化试点项目。

3. 构建信誉反馈体系

把标准评价作为规范和改进工作的重要手段，针对"阿姨"和企业两大主体谋划实施"终身评价制"，实施动态考评，并将结果加以运用，让放心保姆成为最明智的选择。一是建立信用评价反馈机制。开发常山阿姨信用数据库，完善《常山阿姨信用等级评价体系》，根据基本素质、职业技能、职业经验、文明道德、社会信用等五方面内容对从业人员进行5星档案管理。已经为7000余人建立"诚信码"。二是建立家政企业考评机制。根据品牌授予、企业规模、常山阿姨派遣量等实际情况，实施星级家政企业评定，企业星级越高，贷款额度越高，受政府扶持力度越大。三是建立事业管理规范机制。发挥阿姨中心作用，围绕品牌授予、日常管理、"阿姨集中村""阿姨之乡"创建等，建立系列规范制度。比如，在阿姨集中村创建方面，探索成立村级劳务公司，鼓励村集体、培训学校和家政公司三方合作，培训学校和家政公司分别支付一定的组织管理费给村集体，实现村集体和百姓共同增收。其中，全县共试点成立3个村级劳务公司，白石镇草坪村新增"常山阿姨"110人，村集体增收15万元，促进村民增收600余万元。

未来，"常山阿姨"项目将紧紧抓住"全国家政服务业提质扩容'领跑者'行动重点推进城市试点县"的宝贵机遇，以重点促进农村妇女精准化就业服务为目标，积极探索"市场化、产业化、专业化"运作方式，优化整合各类高质资源，实现促进就业、精准脱贫、保障民生的重要作用，基于常山、辐射浙江、覆盖全国、走向世界，把"常山阿姨"项目打造成为全国家政服务业的"标杆"。

具体发展思路为：围绕家政服务行业全产业链、一站式解决方案这一愿景，建立四重信用担保机制，利用技术手段建立从阿姨到雇主的全国信用档案体系；充分依托国家、浙江省、常山县三重政策优势，发挥政府的引导作用，以市场化手段打造"政产学研"有机联动的产教融合型企业，实现一站式服务闭环；加强与英国、菲律宾等国际合作，承接国家家政服务行业课题，依托国家人社部、妇联、发改委权威认定，确定"常山阿姨"作为全国运营、培训、服务、认证、信用等方面的最高标准。同时，实行双中心发展策略，将上海作为全国品牌运管中心，将常山作为示范教学中心，以中心向周边层级辐射，实行协同发展。

（三）经验启示

"常山阿姨"品牌，已经成为常山县保就业、促农民收入增长、发展现代服务业的一张金名片。虽然"常山阿姨"品牌是常山根据自身特点数十年积累与打造的结果，具有一定独特性，但是常山县打造"常山阿姨"品牌的经验做法仍然具有推广性，值得其他山区县参考借鉴。

（1）"找准一个点"，实现本地特色与现代生活方式的交汇。"常山阿姨"的起步，在于本地农村大量保姆劳动力供给与大城市对高品质保姆服务需求的结合。随着后工业化时代的不断迈进，消费理念、生活方式不断变革，人们对个性化、定制化的要求愈来愈高，市场利基越来越多。浙江省26个山区县在自然资源、人文风情、城市环境等方面各有特色。借鉴常山模式，其他山区县可以从本地特色资源与文化出发，以满足新的消费需求为牵引，挖掘具有绝对优势或比较优势的发展路径，作为实现跨越式发展的新的增长点加以培育。

（2）"坚持一条道"，不断强化优势成为全省乃至全国的"领跑者"。从有组织地开展劳动力素质培训，到成为第一批全国劳务输出工作示范县，到最终输出高品质的放心保姆，"常山阿姨"的成功取决于常山县数十年坚持在一个方向上的探索积累——干中学并不断优化形成正反馈。目前，26个山区县或多或少都拥有一个或数个特色优势。借鉴常山模式，未来各山区县需要紧紧围绕自身的特色优势，加强政产学研的结合力度，以高标准、高品质严格要求自己，走出一条既具有自身特色又顺应时代潮流的高质量发展之路。

（3）"坚守一颗心"，以诚信赢得尊重，打造靓丽"金名片"。诚信是发展经济的基本要求，也是重要保障。"常山阿姨"项目明智地觉察到了信任对发展品牌的重要性。近年来，通过构建信誉反馈体系，完善常山阿姨信用等级评价体系，谋划实施"阿姨"和企业的"终身评价制"，对"常山阿姨"的诚信发展提出了极高标准。借鉴常山模式，其他山区县在发展本地特色优势产品、产业时也需要加强企业诚信管理，防止出现"一粒老鼠屎糟蹋一锅粥"的局面，以诚信经营塑造优势形象。

四、案例2：江山市以"五村联创"为抓手 打造城乡协调发展样板区

针对城乡发展不平衡、农业发展不充分等问题，2009年以来，江山市创造性提出并启动以富裕、美丽、文明、和谐、满意

为主题,以全面提升农民幸福指数为最终目标的中国幸福乡村建设,在财政并不宽裕的情况下,对每个成功创建"中国幸福乡村"的村给予至少120万元的奖补,十年来,创建了107个幸福乡村,走出了一条"低成本可复制、乡土化可操作、长效化可坚持"的富有江山特色的乡村建设之路。2016年,江山市成功创建全省首批美丽乡村示范县。2017年,成功承办全省美丽乡村和农村精神文明建设现场会。2019年,成功入选第一批部省共建乡村振兴示范省先行创建单位。2020年4月,农业农村部组织的"千万工程"培训班在江山市开班。

(一)全面提质产业,建设富裕乡村

产业兴旺,是乡村振兴的核心。江山市始终把发展乡村经济,作为实现百姓美好富裕生活梦的"第一要务",以农业供给侧结构性改革为主线,坚持质量兴农、绿色兴农、品牌强农,完善农业产业体系,全面提高农业创新力、竞争力,推进农村三产深度融合。一方面,依托高品质的美丽乡村环境,引导村民发展运动休闲、民宿、农家乐、观光农业等美丽经济,先后推出世遗江郎风采、古镇养生风韵等6条乡村休闲旅游精品线路,建设"最江南""古道溯源"等6个核心景观片区;另一方面,引导各类民间资本投资乡村旅游项目,积极引进高端运动休闲项目,成功举办MaXi-Race100国际越野赛、全国新年登高等一批休闲体育赛事和重要节会,将乡村休闲旅游打造成为江山旅游发展的"主引擎"和百姓实现增收致富的"黄金产业"。同时,完善农业产业扶持政策,大力培育猕猴桃、茶叶、蜂蜜、食用菌、中药材等特色产业,加快农产品电商发展,加强龙头企业培育,推动农业产业高质量发展。

(二)着力再造环境,建设美丽乡村

生态宜居,是乡村振兴的关键。近年来,江山市大力推进

"五水共治"、农村生活污水治理、农房改造、异地搬迁、中心村建设,实施人居环境功能化改造,特别是重拳出击,铁腕开展了生猪养殖污染、河道非法采制砂、"三改一拆""四边三化"、城乡污染集中处理等专项行动,农村环境持续优化,农村垃圾集中收集覆盖率达100%。同时,按照"一村一品""一村一景""一村一韵"的要求,制定新农村建设标准,增设旅游设施、观光线路等动态特色考评,引领建设"景在村中、村融景中"的百姓新家园。先后培育出书香清漾、古韵浔里、秀美耕读、养生兴墩等一批风格迥异、富有韵味、个性十足的美丽乡村景区村。近年来,建成美丽乡村示范村37个,成功创建省A级景区村庄94个,其中3A级景区村庄12个,数量居全省第一。6个村荣膺国家3A级景区,4个乡镇被评为省美丽乡村示范乡镇,10个村被评为省美丽乡村特色精品村。其中,大陈乡大陈村荣获"中国十大最美乡村"称号。

(三)致力风尚传承,建设文明乡村

乡风文明,是乡村振兴的保障。近年来,江山市以"一座礼堂,一首村歌"模式为载体,突出传承培育雅俗共赏、兼容并蓄的乡土文化,让风土民俗成为风景,自然山水成为人文山水,把农村文化礼堂建成百姓文化的"精神坐标",把村歌作为唱响百姓幸福生活的"同心曲",将礼堂文化、村歌文化打造成为美丽乡村独树一帜的"品牌标识"和"魅力元素"。同时,深入实施历史文化村落保护开发建设,建设清漾毛氏文化村、廿八都古镇、和睦彩陶文化村、大陈古村落等13个中国传统村落,62个省级历史文化名村,建成20多家村级农耕民俗博物馆,每年举办民俗特色文化活动300多场。江山村歌先后唱进省人民大会堂、北京人民大会堂,并入选G20杭州峰会国礼,被誉为"中国村歌发祥地"。

（四）突出党建统领，建设和谐乡村

治理有效，是乡村振兴的基础。近年来，江山市围绕衢州市提出的打造中国基层治理最优城市目标，秉承把美丽乡村建设的主动权"还给基层、交给村民"的理念，坚持党建大统领，深入开展"党建+好班子、+好门路、+好乡风、+好服务、+好山水"的"党建5+"建设行动，选优配强村级领头雁和班子队伍，推动基层治理架构在江山更好落地生根见效。为加强农村社会管理，创新性实施"幸福江山连心服务"工程，在所有乡镇、村都建立"幸福江山连心服务"工作站，建立"一个口子管理、一套机制运转、一块牌子对外"的长效化基层治理机制和为民服务平台，构建横向到边、纵向到底的民情信息网格化管理和基层综治维稳网络，夯实农村社会稳定基础。这一工程入选"全国社会管理十佳案例。"此外，鼓励不同经济成分和各类投资主体以独资、合资、承包、租赁等多种形式参与乡村振兴建设和产业项目开发，形成乡村振兴"大合唱"。

（五）强化目标导向，建设满意乡村

全面小康，是乡村振兴的目标。近年来，为确保与全省同步高水平建成小康社会，打造华东地区最具活力城市，江山市着力打造一批满意乡村建设，将幸福江山建设推向更高层次，打造中国幸福乡村升级版。一方面，突出以农村基础设施配套完善为重点，大力开展村庄整治，加大村庄道路硬化、垃圾收集、卫生改厕、河沟清淤、村庄绿化等基础投入。建成9个省级、35个衢州市级全面小康示范村，233个村通过省整治村验收，基本形成了点上开花、面上提升的新农村建设格局。另一方面，对标打造浙江生态屏障，围绕让山更青、水更绿、空气更清新，探索实施"河长制"等管理机制，加大农村污水设施投入，全力治好"一方水"，使人民群众有更好地获得感。近年来，全市出境水全面达标，饮用水和地表水达标率始终保持100％，两次获全省治水最高奖项——"大禹鼎"。

五、案例3：松阳县以传统村落保护为抓手 助力乡村振兴

传统村落是中华文化的瑰宝，是中华民族农耕文明的集中体现，但随着城市化进程，传统村落面临自然衰败的窘境。针对这一问题，松阳县积极对接国家有关部委，先后争取中国传统村落保护发展示范县、中国传统村落保护利用试验区试点和中国"拯救老屋行动"整县推进试点县，积极推进传统村落村居环境改善、村庄业态培育、乡村文化传承、农民持续增收，全力打造具有松阳特色的乡村振兴样板区。

（一）松阳县以传统村落改革试点主要做法

近年来，松阳县以中国传统村落保护发展示范县、中国传统村落保护利用试验区试点和中国"拯救老屋行动"整县推进试点县为抓手，积极推进传统村落村居环境改善、村庄业态培育、乡村文化传承、农民持续增收，全力打造具有松阳特色的乡村振兴样板区。

1. 健全风貌保护机制，助力"生态振兴"

松阳县积极推进以传统村落保护、拯救老屋行动为载体的村居提升工程，全面提升整村风貌。在2019年5月召开的首届联合国人居大会上，该县成为全国唯一一个受邀的县交流发言，并与联合国人居署签署合作意向书，共同推进以传统村落保护改革为载体的村居提升行动。一是坚持整村规划。按照"活态保护、有机发展"理念，编制《松阳县传统村落保护与发展总体规划》，统筹推进乡村山水林田湖草系统规划，最大程度保护乡村原有风貌。截至2020年，已编制71个中国传统村落发展规划。二是坚持系统保护。编制传统村落保护和老屋修缮导则，严格控制乡村

建筑层高和体量，并对生态湿地、古树名木等进行全面普查和挂牌保护，已完成70余个村的整村风貌提升，1200多幢传统建筑实现挂牌保护，近200多座宗祠、20多座古廊桥、60多公里古道、240多幢老屋得到修缮保护。三是坚持低碳生活。充分利用原生态、废弃建材进行建筑改造，并全域开展垃圾分类、农业废弃物资源化利用等试点，构建乡村生产生活循环链，全县废弃农药包装物回收率和处置率均达100%。

2. 激活乡村经济活力，助力"产业振兴"

松阳县以优良生态为底版、以民俗文化为依托、以艺术创作为媒介，植入民宿、游学、文创等业态，推动三产融合发展，助力农民持续增收。截至2020年，已累计吸引外来工商资本投资超3亿元，120多个村植入新型业态，旅游收入年均增幅48%，先后荣获中国古村旅游目的地、全国旅游创新发展示范地等称号。一是培育特色农业经济。推广全息自然农法、原种农业等生态农业，并建立利益联结分配机制，推动分散农户与合作社、工商资本等有机衔接。例如，沿坑岭头村引入工商资本，打造"善果"品牌，金枣柿售价从原来的每斤3~5元提高到每斤78元，每年带动农民增收10万多元，该案例入选阿里研究院《中国新农人研究报告》。二是培育乡愁旅游经济。精准定位艺术创作、休闲度假、养生养老等小众化细分市场，复活特色民俗节庆活动60台，并建立"乡乡有节庆、月月有活动"民俗节会展演机制，打造"永不落幕的民俗文化节"；建成民宿村、画家村、摄影村60余个，"过云山居""茑舍"跻身"中国民宿榜"前50强。三是培育农村电商经济。与上海财经大学、中国互联网新闻中心等共同建立田园松阳电子商务研究院和动态商学院松阳分院，并成立网商创业联盟和网创见习基地，培育青年"创业大军"、妇女"服务大军"、中年"务农大军"、老年"后勤大军"等5万余人，建成"中国淘宝村"3个、电商专业村5个，连续5年入选中国电商百佳县。

3. 推动文化多元融合，助力"文化振兴"

深入挖掘农村优秀传统文化，推动优秀传统文化与社会主义核心价值观、外来优秀文化融合发展，成为中国古村落文化保护传承基地。一是弘扬优秀传统文化。成立传统村落保护专家委员会和古村落文化研究会，全面开展优秀传统文化挖掘，将礼序家规、家风家训与培育新时代文明新风有机结合，充分发挥优秀传统文化的教化功能。已收集各类祖训家训328条，村规民约实现村（居）全覆盖，校本课程实现学校全覆盖。二是培育艺术共享空间。创新百名艺术家入驻乡村计划，依托修缮老屋打造集艺术品展陈交易、研学进修、文创体验等功能于一体的艺术家工作室。已建成艺术家工作室85个，签约国内外艺术家65名，培育艺术家集聚村落10个。三是打造特色乡村工坊。充分利用古民居、祠堂、文化礼堂等建筑，累计改建兼具展陈体验、社交娱乐及农产品加工等功能于一体的特色乡村工坊20多个，特色乡村工坊先后5次亮相"德国Aedes论坛""威尼斯建筑双年展"等国际展台，参展情况被国内外知名主流媒体相继报道。

（二）主要成效

目前，松阳全县有75个村被列入中国传统村落名录，总数居华东地区首位，先后荣获中国古村旅游目的地、中国古村落文化保护传承基地等荣誉称号。试点获得省委原书记批示肯定，并在央视、《人民日报》等国内外主流媒体刊发；在2019年5月27—31日召开的首届联合国人居大会上，该县与联合国人居署签署合作意向书，共同推进以传统村落保护改革为载体的村居提升行动，成为全国首个与联合国人居署开展合作的乡村发展示范县；2019年11月10—14日与联合国人居署在松阳县联合举办了第一届城乡联系国际论坛；2020年3月被省委省政府评为全省乡村振兴优秀县。

（三）几点启示

浙江省26县有很多传统村落。如何在保护传统村落的同时，带动乡村振兴，分析松阳县以传统村落改革试点助力乡村振兴的做法，可以得到以下几点启示。

（1）树立科学理念。充分尊重乡村发展规律，不急功近利，优先使用乡村存量资源，最大限度保护乡村自然风貌、古朴民风，渐进式恢复乡村生命力。

（2）坚持系统建设。将城乡发展视为一个有机整体，积极推动城乡资源要素双向流动、城乡基础设施共建共享，构建城镇村三元共生的新型城镇化道路。

（3）坚持主客共享。既以开放姿态接纳外来工商资本，又决不能动摇原住民主体地位，积极构建新老村民融合共生的发展机制和合理的利益联结机制，让原住民合理分享全产业链增值收益，最大限度共享乡村发展成果。

（4）突出文化引领。既要传承发展好优秀传统文化，充分提炼优秀传统文化中蕴含的精神内涵，又要结合新时代美丽乡村建设要求进行创新性发展，使其成为经济社会发展的引领力量。

（5）坚持品质发展。将工匠精神、品质意识贯穿于乡村振兴各环节、全过程，吸引外来优秀人才和各类乡贤回归乡村参与乡村建设。

（6）加强社会治理。乡村振兴离不开和谐稳定的社会环境。要强化基层组织建设，提升基层组织自我管理能力和水平，构建自治、法治、德治相结合的乡村治理体系，形成乡村善治新风尚。

第十章　生态转化与山区县发展

山区 26 县既是浙江省的生态屏障，也为全省乃至全国人民提供了丰富的生态产品，将这些生态产品蕴含的经济价值转化为经济效益，是山区县又一新的绿色发展机遇。

一、山区县生态产品转化的路径与机制

"生态产品"是指维持生态安全、保障生态调节功能、提供良好人居环境的自然要素，包括清新的空气、清洁的水源和宜人的气候等。物质产品、文化产品和生态产品是支撑现代人类生存和发展的三类产品。如果说过去的物质产品和文化产品主要满足人们物质生活和精神生活需要的话，那么生态产品则主要满足人们健康和生命的需要。生态产品的价值实现机制本质上就是建立与"生态环境生产力"相适应的新的生产关系。生态产品价值具有多维性，不仅要关注生态产品价值总量，而且要考虑其价值结构，不同类型的生态产品价值具有不同的价值实现机制与路径。曾贤刚（2020）针对不同类型生态产品的特征，将生态产品价值实现路径分为四类：基于政府的公共生态产品价值实现机制；基于市场的私人生态产品价值实现机制；基于PPP的生态产品价值实现机制；基于社会的生态产品价值实现机制。[1]

一般而言，山区县生态产品转化的路径与机制有以下几个方面。

---

[1] 曾贤刚. 生态产品价值实现机制[J]. 环境与可持续发展，2020（6）：89-93.

（一）建立生态产品价值（GEP）核算机制

科学度量生态产品的实物量与货币价值，将绿水青山及其所提供生态产品的经济价值显现出来，是生态资产交易与生态产品开发经营的基础和前提，是有效破解生态产品"度量难"的主要手段。[①] 目前，全国各地均在积极探索实践，浙江丽水发布《生态产品价值核算指南》，开展了市、县、乡、村四级生态产品总值核算；深圳市出台由《生态系统生产总值核算技术规范》、统计报表制度、核算平台与实施方案构成的"1+3"生态产品价值核算机制，实施GDP与GEP双考核等。这些做法值得推广。

（二）建立生态产品机制实现市场机制、政策机制和技术路径

发挥市场在资源配置中的决定性作用，在生态产品市场化经营开发上取得新突破，拓展生态产品价值实现路径，破解生态产品"交易难"问题。许多地方已有成功的探索，浙江丽水、江西抚州、陕西汉中整合当地优质农产品，分别创建"丽水山耕""赣抚农品""味见汉中"等生态产品区域公用品牌，提升了生态产品溢价价值，帮助农民提升农产品质量、增加经济收益。四川九寨沟、江西资溪大觉山等地区依托良好自然生态景观资源，发展生态旅游，促进了自然生态系统美学文化价值的实现。但生态产品经营开发仍然面临着缺乏有效的市场机制，价值实现模式单一、价值实现不充分，还有许多生态产品，尤其生态调节服务产品没有有效的价值实现模式等问题，需要重点突破。

（三）创新绿色金融机制，助力生态产品价值实现

金融是生态产品价值实现的高效催化剂。通过创新绿色金融

[①] 欧阳志云. 加快建立生态产品价值实现机制 推动长江经济带绿色高质量发展 [OL]. 国家发展改革委网，2022-01-07.

工具，以生态资源抵押等方式，将资源变资产、资产变资本，为市场经营开发主体提供资金保障，以破解生态产品"抵押难"问题。例如，福建省南平市探索建立"生态银行"机制，把森林、水等碎片化、分散化生态资源规模化收储、整合和优化，再引入有社会责任感的龙头企业，导入新产业、新项目，搭建资源变资产为资本的转化平台。再如，浙江丽水将生态产品使用权（经营权）、生态产品收益权、生态信用等作为抵押物，创新推出"三贷一卡"模式。

（四）完善生态补偿机制

生态补偿机制是以保护生态环境、促进人与自然和谐为目的，根据生态系统服务价值、生态保护成本和发展机会成本，综合运用行政和市场手段，调整生态环境保护和建设相关各方之间利益关系的一种制度安排。针对多数生态产品是公共产品的属性，发挥政府在公共生态产品配置中的主导作用，完善确定补偿范围、补偿对象、补偿标准、补偿方式等方面的机制，助力生态产品市场化开发，共同破解生态产品"变现难"问题。目前，国内已有许多成功有效的生态补偿实践，如北京、河北开展密云水库上游生态补偿；云南、贵州、四川三省开展赤水河流域生态保护补偿；浙江、安徽两省开展新安江流域生态保护补偿，根据水质考核结果，分配补偿资金等。

然而，在生态补偿制度建设过程中仍然存在企业和公众参与意识不强、补偿资金渠道单一、市场化和多元化的补偿机制仍未完全建立等一系列问题。因此，必须将生态补偿制度建设与国家重大发展战略深度融合，进一步提高生态补偿效率，建立健全多元化、市场化的生态补偿机制。吸收、借鉴生态系统服务价值核算的方法与思路，探索生态系统服务价值核算在生态补偿机制中的应用，确立既能兼顾公平和效率，又具有较强可操作性的生态补偿标准。①

二、支持山区县生态环保的政策举措

为加快推进山区26县深入践行"绿水青山就是金山银山"的发展理念，筑牢绿色生态屏障，提高绿色发展水平，助力新时代美丽浙江建设，2021年5月6日，浙江省生态环境厅发布《关于支持山区26县跨越式高质量发展专项政策意见》（浙环函〔2021〕118号）。该意见对山区26县提出了以下几方面的生态环保专项支持政策。

（一）加大省级生态环保专项资金支持力度

指导落实中央生态环保资金项目储备库制度，对照入库项目范围，积极谋划储备一批项目；优先支持已纳入国家中央项目储备库建设的项目。

在省级专项资金分配中，对生态保护因素、污染防治因素、监管能力因素等均予以一定程度倾斜，形成总分配方案后，再上浮至少3%的额度，具体上浮比例根据年度资金规模予以调整确定，在地区财力因素中安排。

优先支持绿色发展财政奖补、上下游生态补偿等工作与省直部门开展沟通衔接。

（二）支持率先实现碳达峰、碳中和

鼓励支持探索符合自身实际的碳达峰、碳中和路径，积极开发具有地域特色的生态系统碳汇方法学和项目，全面提升生态系统碳汇能力。

优先支持开展"零碳"试点示范建设，推动构建多层级、多领域的"零碳"示范体系，探索"碳标签"认证，开展低碳社区、低碳工业园区试点。

---

① 丁斐，庄贵阳，朱守先．"十四五"时期我国生态补偿机制的政策需求与发展方向［J］．江西社会科学，2021（3）：59-69，255.

优先支持通过碳汇林建设等方式，推动大型活动实施碳中和，推进公共机构实践碳中和，争创碳中和示范区。

优先支持率先探索建立碳汇有偿交易机制和气候投融资实践，建立碳汇交易平台。

（三）支持生态修复和生物多样性保护

支持全面开展生物多样性调查评估工作，加大生物多样性资源可持续利用；支持磐安探索建设生物多样性友好城市、景宁畲族生物多样性体验基地等试点示范和建设，全面拓宽绿水青山与金山银山的转化通道。

支持积极开展生态保护天地空一体的监管能力建设，并给予资金和技术支持。

（四）加大环评审批管理支持力度

加大对高速公路、高速铁路等重点基础设施建设项目的环保前期指导服务，对省内审查审批项目实施一对一跟踪帮扶机制；环评审批时限压缩至5个工作日内（不含环评公示、专家审查等时间）。

支持加快小微园区建设提升，对小微园区内同一类型的小微企业项目可打捆开展环评审批，统一提出污染防治要求，单个项目不再重复开展环评及环评审批。

（五）指导做好环境治理工作

支持积极探索"绿岛"等环境治理模式，建设小微企业共享的环保公共基础设施或集中处理设施。

支持云和、景宁开展云景产业合作，并支持云和景宁共建环保公共基础设施或集中处理设施。

对符合"三线一单"要求的重大产业项目，由省、市生态环境部门在省市排污指标储备量中优先予以调配支持。

启动修订《浙江省跨行政区域河流交接断面水质保护管理考

核办法》，综合考虑山区26县水环境实际情况，完善考核标准。

（六）支持开展先行先试

加大支持发展绿色金融。探索与省内主要银行签订绿色金融合作协议，引导合作银行围绕当地传统产业绿色改造和新动能培育，在绿色债券、绿色基金、绿色信贷、绿色PPP等产品服务创新，以及绿色保险合作上先行先试。

支持武义环保科技小微园及铝水配送中心项目建设，根据实际需要给予重金属总量指标调剂。优先支持申报国家生态环境导向的开发模式（EOD）试点。支持江山市装备制造、消防器材、电器产业补链项目建设，根据实际需要给予重金属总量指标调剂。

深化开化县生态环境管控信息系统试点建设及推广运用。深化云和县国家生态环境与健康管理试点，推广应用环境空气质量健康指数（AQHI），率先构建生态环境与健康管理数字化平台。

（七）支持加强生态环境治理能力建设

加强省、市、县三级生态环境工作人员交流，优先在山区26县开展人员上挂下派。强化生态环境监管与帮扶，优先开展执法人员业务培训、派员参加强化督察和交叉执法检查等措施，提升基层执法人员业务能力。支持完善生态环境监测体系，提升科技监管能力。[1]

三、构建以山区为重点的GEP核算应用体系[2]

GEP是指特定地域单元自然生态系统提供的所有生态产品的

---

[1] 浙江省生态环境厅.关于支持山区26县跨越式高质量发展专项政策意见（浙环函〔2021〕118号）[Z].2021-05-06.

[2] 本部分为浙江省委党校与中央党校、丽水市委党校联合课题组成果，通过《决策参阅》2020年81期上报浙江省领导，获得省委书记袁家军批示。感谢课题合作者丽水市委党校周爱飞教授和中央党校生态文明教研部宋昌素博士。

价值总和，包括提供的物质产品、调节服务和文化服务，是衡量该地域生态环境功能量、质量及其所蕴含的生态产品价值的综合性指标。探索开展 GEP 核算不仅是量化"绿水青山"价值的方法创新，更是拓宽"两山"转化通道的理念深化，对于重拾价值自觉，重塑发展逻辑，引领生态治理变革，高水平构建高质量绿色发展体制机制有重要意义。

（一）丽水围绕 GEP 核算及应用的试点情况

GEP 核算及应用作为浙江（丽水）生态产品价值实现机制试点重要内容，自 2019 年开展试点以来，取得积极成效。

1. 核算实现市域全覆盖

丽水市通过联手中国科学院、北京空间机电研究所（508 所）等机构，在卫星遥感数据来源、分辨率、算法等方面形成统一，近期已基本实现"市—县—乡—村"四级 GEP 核算全覆盖。即实现"市—县—乡"三级 GEP 核算全覆盖、村级调节服务类 GEP 核算全覆盖和 GEP 全市一张图展示。已做到 2 米精度（可做到 0.5 米精度）上任一空间单元的调节服务类 GEP 的产品核算，且可每月更新。

2. 核算应用形成一定特色做法

围绕基于 GEP 的考核，丽水市从"GEP 转化为 GDP""GEP""GDP 转化为 GEP" 3 个维度各编制了 9 项指标，建立了 GDP 和 GEP 双考核、双提升的工作机制。

围绕基于 GEP 核算的生态产品政府采购，云和县在确保农户、村集体原有利益"只增不减"的前提下，通过整合存量（在 21 项涉农财政支出中，整合生态公益林补偿、耕地地力保护补贴、环卫保洁、网格员等 4 项存量支出）、增量涉农财政资金，率先出台《生态产品政府采购试点暂行办法》，现已向两个试点乡镇强村公司支付 70% 的采购额。根据年度任务方案，预计全年全市可实现公共生态产品政府采购5亿元。

围绕基于GEP核算的市场化应用，国家电投集团投资1.7亿元缙云县"农光互补"项目，并向当地强村公司采购生态产品279.28万元。云和县从GEP"量、质、价"3个维度确定生态增值的核算公式，出让附带"生态增值"土地；杭州宏逸投资集团有限公司通过青田县"两山银行"向小舟山乡"两山公司"支付294万元，专门用于项目所在区域的生态环境保护与修复工作。青田县纯集体的祯埠镇生态强村公司，以GEP中的调节服务类和文化服务类两类生态产品的使用经营权作为质押担保获得省内首笔"GEP贷款"500万元等。

围绕与GEP核算相关的文化服务产品应用，丽水市发布中国大陆首个环境空气健康指数（AQHI），云和县发布云海景观指数等。

（二）GEP核算试点存在的主要问题

（1）机构核算差异问题。目前有4家机构在省内从事GEP核算工作，分别是中国科学院、浙江大学、省发展规划研究院、中国（丽水）两山学院，其中3家机构在丽水开展GEP核算。除可解决的分辨率等差异之外，中国科学院、省发展规划研究院、中国（丽水）两山学院3家机构在GEP三级目录核算上一致，与浙江大学有微差异。

（2）核算体系自身问题。目前GEP核算体系侧重于生态环境功能量、价值量核算，单位GEP、生态要素质量评价等反映质量指标有待丰富完善，核算科目也有待健全；现有的GEP核算体系主要适用于山区陆域，对于城市、海洋等区域需有新核算体系。

（3）GEP统计报表制度问题。GEP核算统计报表制度没有建立，核算数据类型繁多、核算费时费力，核算成果并未移交统计部门公布，与深圳市盐田区相比，丽水在这方面已慢了"半拍"。

（4）GEP与GDP换算问题。GEP核算方法论是基于生态学，而GDP则基于经济学，两者不同体系、很难兼容换算，据丽水市统计局反馈，除物质产品类可换算外，占主导地位的调节服务、文化服务没有换算的可能。

（5）核算应用问题。核算应用与技术更新存在"前后脱节"现象，土地"生态增值"等领域应用算法亟待统一完善，应用场景不够丰富，总体尚处于初步阶段。

上述问题，需要在实践推广中不断充实完善、迭代升级。

（三）构建GEP核算应用体系的若干建议

综合研判GEP核算应用，已具备全省逐步铺面推开的条件。以浙江省山区26县为重点，构建GEP进监测、进规划、进决策、进项目、进产品、进交易、进金融、进考核等"八进"应用体系，并提出相关建议。

1. GEP"进监测"

这是项前置性基础工作，需高效协同、集成推进，建议由省发改委、省统计局牵头，其他部门协同，做好以下三个方面：一是建立全省统一的"立体化"支撑平台。融合现有省域大数据，利用卫星遥感数据，借助中科院GEP算法，建立基于GEP因子为主矩阵、"天上可看、网上可管、地上可查"的立体监测平台，构建生态环境监测、GEP核算及展示、宜居性评价、土地利用变化监测、应急响应等多方面应用场景，形成监测成果"闭环"管理与应用机制。二是开展全省统一的"一键式"GEP核算。借鉴深圳经验，加快建立GEP核算统计报表制度，完善百余项GEP数据指标在线报送流程，实现所有GEP指标"一键核算"。三是近期可建立全省统一的调节服务类GEP"一张图"动态展示。根据调节服务类GEP所在不同区域、生态系统类型、监测科目等，以多时相、多尺度、可视化的方式动态展示前后变化特征，为各部门及公众提供所需的生态监测专题数据产品。此外，可借鉴

"贵阳一号"卫星等经验,适时发射"浙系卫星",以提高综合监测和服务水平。

2. GEP"进规划"

考虑到全省大多数县(市、区)尚未开展 GEP 核算,根据数据可获得性,可将调节服务类 GEP 目标作为预期性指标纳入省—市—县"十四五"规划纲要(也可将山区 26 县先纳入);已开展 GEP 核算的县(市、区),可把 GEP 总量目标纳入当地"十四五"规划纲要。各级国土空间规划结合主体功能定位,科学评估、合理设定、细化落实各区域 GEP 提升目标,为各类开发保护建设活动,创新重点生态功能区建设机制,实施政府间补偿交易等提供基本依据。各专项规划、区域规划的编制所涉及 GEP 提升目标的需制定细化落实的时间表和路线图,以提高针对性和可操作性。

3. GEP"进决策"

各地、各部门在做出重大事项决策、重要干部任免、重要项目安排、大额资金的使用等"三重一大"决策时,可将 GEP 变化纳入综合评价指标体系,将 GEP 变化指标作为决策行为的重要指引和硬约束。需科学核算评估"三重一大"决策对 GEP 可持续供给能力的影响,全面把握生态产品价值变化,确保生态功能不退化、面积不减少、性质不改变,实现生态产品价值倍增、高效转化和充分释放。

4. GEP"进项目"

从生态用地改变、景观环境变化、节能减排等方面分析项目对区域 GEP 影响,建立项目建设与 GEP 变化相挂钩的评估机制,形成一套权威、可行的算法,让 GEP 增值的项目业主"有利可图",受损的项目业主"付出代价"。对当地 GEP 受损的项目,可要求业主按照当地或异地恢复;对当地 GEP 几乎没有影响、有区位优势的项目,可在土地出让、流转等市场环节,让土地增值溢价;对违法森林用火、电鱼捕鱼、滥砍滥伐等行为,可通过项目化衡量损失,要求犯法者采取"补植复绿、增殖放流、劳务代偿"等方式进行修复。

5. GEP"进产品"

通过天—地一体的监测,能全方位、精准化立体描述农林产品、康养服务产品所在 GEP 的空间矩阵,即所涉及的空间地理(如海拔经纬、坡度坡向等)、空气、水、温度、湿度、风力、日照、磁场、土壤有机质、地质灾害等特征信息。通过 GEP"进产品",有效整合多部门分头设立的农产品气候品质认证、农产品地理标志认证、有机食品认证、绿色产品认证等,在全国率先高水平建立指标先进、权威统一的生态产品标准、认证、标识体系,真正实现一类产品、一个标准、一个清单、一次认证、一个标识的体系整合目标,从而提供更多与"重要窗口"建设相称的"优质生态产品"。同时,灵活运用构成 GEP 质量的单项、多项信息指标,围绕需求有针对性地开发产品及服务,引导居民健康生活、健康消费。

6. GEP"进交易"

围绕政府端,省级层面建立健全与生态产品质量和价值相挂钩的财政转移支付及横向生态补偿机制,县级层面则先引导山区26县建立面向生态产品所有者、守护者、提供者的采购与绩效评估机制;[①] 推动政府间"耕地占补平衡"的平面交易升级为"耕地占补+生态产品占补"的空间立体交易,以更好彰显生态产品价值,杜绝毁林开垦。围绕市场端,借鉴德国生态账户等经验,

---

① 丽水在实践中把强村(两山)公司视为乡村生态产品主要所有者、生态环境主要守护者、优质生态产品主要提供者的集中代表、法人组织,视为增强山区造血功能,促进乡村产业振兴与生态富民的关键主体。

在"两山银行"试点基础上，集成升级"两山银行""华东林业产权交易所"的功能，建立拥有合法资质、全省统一的生态产品交易平台，明确交易主体、交易客体、交易规则、交易程序，引导、激励企业和社会各界参与，构建多元主体、多个层次的市场交易体系。结合温铁军等专家观点，一级市场以乡镇级强村（两山）公司作为经纪会员，注重乡村闲置生态资源流转整合，须保障村集体和农民利益；二级市场则注重项目包装和交易，对于"对GEP产生净损"的项目交易主体和"对GEP产生增值"的项目交易主体，分别建立生态账户，在促成交易中更好平衡、补偿和增值"生态"，在实现生态功能持续和稳定的同时，更好带来发展红利。

7. GEP"进金融"

围绕GEP整体、分项，以及居民的信用行为、康养体验、消费心理与GEP的相关性，可在农村金融改革成果的基础上，再丰富开发以下金融产品：一是生态权属类质押贷款。如以河权、林权、碳排放权、地役权等为质押的贷款，以基于GEP核算的生态产品采购收入为收益权所开展的质押贷款等。二是生态信用贷款。如以居民、企业和行政村的生态信用行为为对象，与当地GEP增减相挂钩，所开发的贷款。三是生态保险。如农产品气象指数保险、观云（萤火虫）险、赏月险、地质灾害险等。四是生态产业化基金。如大健康产业基金等。

8. GEP"进考核"

通过卫星监测数据，组织团队研究20年以来全省调节服务类GEP的变化规律，分析此类GEP提升的空间、手段，升级与GEP相挂钩的全省绿色发展财政奖励机制，建议如下：一是参照全省森林覆盖率的激励做法，GEP存量部分先确定全省调节服务类GEP的单位均值，针对高于全省单位均值的县域，按超出比例给予梯度激励。二是针对当前山区 26 县调节服务类 GEP 占比高（2018 年丽水市调节服务类 GEP 占总 GEP 的比重高达 72.8%）、已经接近"天花板"的事实，可按 1%~5%不等比例，梯度考核 GEP 增幅。三是借鉴城乡收入比考核指标，设立 GEP、GDP 相比指标——GGI 指数（即 GEP 除以 GDP），一般情况下，GGI 指数越低，经济相对发展水平越高，例如，2018 年深圳市盐田区为 1.72∶1、缙云县为 2.38∶1、庆元县为 6.18∶1、开化县为 5.34∶1。此外，可推动 GEP 进"自然资源资产负债表"，将 GEP 核算相关指标纳入自然资源资产负债表统计范围；推动 GEP 进"领导干部自然资源离任审计"，更好发挥 GEP 指挥棒和导向约束作用。

四、案例：常山县组建"两山银行" 拓宽生态价值转化通道

为进一步拓宽"两山"转化通道，坚定不移深化改革，2020 年 9 月，常山县决定组建"两山银行"，专门成立了以县委主要领导任组长的"两山银行"建设工作领导小组，并抽调精干力量集中办公推进，主要领导参与"两山银行"组建顶层设计，邀请相关专家建言献策，相关筹备工作迅速到位。常山县以数字化改革为引领，借鉴商业银行零存整取的逻辑，打造了一个"资源整合、功能提升、可持续运营"的生态价值实现新平台。2020 年 9 月 29 日，常山县"两山银行"（常山县生态资源经营管理有限公司）作为常山农投集团一级子公司，正式挂牌实行实体化运营。常山县在"浙里办"上线"常山生态云脑"，打通 12 个部门 869 个数据项，实现手机端便捷存储，管理端一图感知。截至 2021 年年底，已存入各类生态资源 1585 项，总价值 17.6 亿元，其中土

地 1.7 万亩、闲置房屋 9.8 万平方米。[①] 常山县"两山银行"已经成为区域内名副其实的资源集聚平台、资产交易平台、信用担保平台、招商对接平台、农业投资平台和生态补偿平台。[②]

（一）主要做法

常山"两山银行"在组建之初的顶层设计时，就立足问题导向，明确目标定位，设计实现路径，确保"两山银行"有业务、有产品、有流程、有外部体系支撑，真正把生态资源归集整合、开发保护这篇文章往深里做、往实里做。

1. 聚焦四大现实困惑，突出问题导向

常山"两山银行"主要聚焦当前生态资源资产管理和转化的四大困惑，开展业务开发和产品设计。一是低效闲置的困惑。当前大量"山水林田湖草地房矿"等资源资产闲置、抛荒或低效利用，不能实现价值转化，造成资源浪费。二是支农无奈的困惑。很多农业或生态资源经营主体前期投入大量资金，用于经营权、生产资料等获取，但这些有偿取得的权项有的得不到金融机构的认可，沉淀的资金无法盘活用于再投资，生态资源的金融转化存在堵点。三是增收乏力的困惑。村集体或资源权属人，守着大量优质生态资源，不能盘活利用，也没有渠道对接资本开发运营，村集体经济组织很难从生态资源资产的转化利用中获取收益，"守着金饭碗讨饭吃"的现象比较普遍。四是招商开发的困惑。大量生态资源布局分散，基础配套薄弱，有招商资本对接时或因农户坐地起价，或因基础设施不配套等因素，造成政策处理难度大、周期长，项目往往不能顺利落地。

2. 立足五大目标定位，明确产品目录

"两山银行"以农业产业投资银行、生态资源储蓄银行、低

[①] 浙江常山：搭建"两山银行"促进山区共同富裕 [OL]. 中国网，2022-02-07.
[②] 本案例取材自《常山县跨越式高质量发展调研报告》，感谢俞国军博士的前期整理。

效资产招商银行、文化资源开发银行、有偿权项变现银行等"五大行"为目标定位,推出14类产品,促进生态产品价值转化。农业产业投资银行对应以"常山三宝"为主的农业产业投资四类产品,促进县域特色农产品产量优化、品质提升和实现产销衔接,提升品牌价值,起到引领作用。生态资源储蓄银行对应闲置资源存储、低效开发资源存储、砂石和矿产资源收储三类产品,主要针对集中连片和闲置资源资产、虽有开发但开发低效的资源资产,以及砂石和资产资源进行集中收储和处置,形成"两山银行"资源库。低效资产招商银行对应闲置资源招商、已开发资源二次提升招商二类产品,主要由"两山银行"对收储资源资产进行包装策划、基础配套、整合提升,并与资本进行有效对接,挖掘资源资产的最大利用价值。文化资源开发银行对应古城、古镇、古村、古街开发;文化IP开发(胡柚娃、鲜辣文化、宋诗之河);无形资产开发(常山胡柚地理标注品牌)三类产品,形成资源到产业、关注到消费转化的闭环系统。有偿权项变现银行对应"生态贷""收益贷"二类产品,主要通过"两山银行"为相关主体增信,创新"林权贷、胡柚贷、奇石贷、苗木贷、民宿贷、养殖贷、财信贷、门票贷"等金融产品,有效解决农业经营主体融资难等问题。

3. 搭建"6+X"组织架构,实行实体运行

常山"两山银行"(常山县生态资源经营管理有限公司)作为常山农投集团一级子公司,财务独立,人员专配,实行实体化运营。目前"两山银行"有前端专职人员8名,内设综合管理部、资产管理部、评估担保部、招商运营部、计划财务部、风险管控部等六大职能部门,根据职责分别负责资产收储管理、招商对接、投资管理、风险控制等工作。还计划根据需要设立若干乡镇或村级子公司,就近负责集中连片、规模较大资源资产的集中收储、开发提升和运营管理等工作,并搭建多方利益共享纽带。

4. 依托十大支撑体系，形成工作闭环

按照常山"两山银行"目标定位和产品种类，平台运行是一个涉及多部门、跨专业的系统工程，要确保"两山银行"真正发挥作用，必须有"四梁八柱"的有力支撑。围绕资产怎么来、资产值多少、由谁来背书、由谁来证明、由谁来登记、钱从哪里贷、资产如何整、由谁去招商、由谁去运营、由谁来反哺等"两山银行"工作链上十大主要问题，整合相关机构力量，完善村级合作组织、评估机构、担保机构、公证机构、农村产权交易中心、金融机构、土地收储中心、专业招商组、产业运营中心、产业基金等十大支撑体系，确保工作链条完整，形成闭环。

（二）转化成效

"两山银行"通过化身"五大行"14类产品的覆盖，并配套十个方面的工作支撑，在探索闲置资源集中收储、生态产品交易机制、生态产品品牌体系建设、推进生态资源分类开发等方面取得了明显成效。

1. 通过集中统一收储，"碎片化"资源形成规模

在"两山银行"成立之前，县内生态资源的价值转化，大都以单个主体、单块果园、单幢民房等"低小散"模式的转化为主，难以形成规模优势。"两山银行"成立后，制定标准，对资源进行集中统一模式的收储，即农房原则上5栋以上且相对连片的可纳入存储；宅基地原则上5000平方米以上相对连片的可纳入存储；山塘水库须库容5万立方米以上的可纳入存储；经济林（胡柚林、油茶林等）原则上100亩以上可纳入存储。资源进入"两山银行"后，平台通过整合连片、配套升级，使其更具规模优势和可开发利用价值。"两山银行"组建后，依托这一模式，对何家乡溪东村3A景区村的沙滩、景观菜园、树屋、烧烤房等资产及7幢闲置民房进行统一收储，资源形成规模后，将统一打包对外招商，引进社会资本打造"钱江源头第一湾"农旅综合体。

2. 通过分类开发运营，"低效化"资源价值提升

县域内各类资源进入"两山银行"后，平台根据所在区位、当地资源特色、开发强度，分类进行包装策划，形成招商文本并精准对接社会资金，提升闲置低效资源利用价值。结合"退散进集"工作，"两山银行"对工业园区外所有"低小散"工业企业进行收储，并根据各收储企业实际，将不适宜作为产业用地的进行建设用地复垦，可二次利用的则进行改造提升"退二进三"，目前已收储企业57家，其中复垦26家。

3. 通过增信经营主体，"沉淀化"资源激活变现

长期以来，农业和生态经营主体通过依法有偿形式取得的承包权、种植权、养殖权、使用权等经营权和苗木、展品等生产经营资料因不能确权登记等因素，难以通过抵押等形式得到金融认可，造成资金沉淀，后续投资乏力。"两山银行"立足这一痛点问题，积极联合县金融中心、银行、担保机构、公证机构进行金融创新，搭建绿色金融服务新平台，以担保、承诺收购、优先处置等形式，为主体增信，打通农业和生态经营主体融资贷款的堵点。

4. 通过利益共享机制，"薄弱化"主体实现增收

针对村级集体组织坐拥大量优势生态资源，"守着金饭碗讨饭吃"的局面，"两山银行"积极作为，通过共享机制反哺村级集体经济组织，带动增收消薄。通过参股分红带动村集体增收。

5. 通过平台赋能产业，"立体化"产业加快培育

以"常山三宝"为代表的常山农业产品一定程度上存在主体不强、链条不齐、层次不高等问题。"两山银行"充分发挥农业产业投资银行的作用，对处在成长期的龙头企业柚香谷公司进行2500万元投资，帮助企业解决原料不足、产能不够和市场开发问

题，极大增强了企业做大做强的信心。

（三）几点启示

常山"两山银行"化身五大银行，搭建六大平台，为生态资源价值转化赋能，打通"绿水青山"变"金山银山"的通道。

（1）通过集中统一收储，"碎片化"资源形成规模。常山"两山银行"对"低小散""碎片化"资源进行集中统一收储，通过"两山银行"平台予以整合连片、配套升级，使其更具备规模优势和可开发利用价值。

（2）通过分类开发运营，"低效化"资源价值提升。"两山银行"根据资源所在区位、资源特色、开发强度，分类进行包装策划，形成招商文本并精准对接社会资金，提升闲置低效资源的使用价值。

（3）通过增信经营主体，"沉淀化"资源激活变现。"两山银行"积极联合县金融中心、担保机构、公证机构等进行金融创新，以担保、承诺收购等形式为主体增信，打通生态经营主体融资贷款的堵点。

（4）通过利益共享机制，"薄弱化"主体实现增收。"两山银行"通过共享机制反哺村级集体经济组织，将沉睡的、散落的自然资源有效开发利用，带动扶贫消薄、村集体增收，加速释放生态红利。

（5）通过平台赋能产业，"立体化"产业加快培育。"两山银行"充分发挥农业产业投资银行的作用，帮助成长性好但目前资金短缺的企业解决原料不足、产能不够和市场开发问题，助推产业振兴。

第四篇 实 践 篇

第十一章 常山县跨越式高质量发展研究

加快实现跨越式高质量发展,是常山县忠实践行"八八战略"、奋力打造"重要窗口"的必然要求,是扎实推动共同富裕先行示范区的核心任务。为深入贯彻落实《中共中央国务院关于支持浙江高质量发展建设共同富裕示范区的意见》《浙江高质量发展建设共同富裕示范区实施方案(2021—2025年)》《浙江省26县跨越式高质量发展实施方案(2021—2025年)》《衢州市跨越式高质量发展五年行动计划(2021—2025年)》,开展常山县跨越式高质量发展研究。[①]

一、发展背景

(一)现实基础

常山县位于浙江省西部,素有"四省通衢,两浙首站"之称。近年来,常山县全面落实"强发展、求突破、勇争先"工作

---

① 本章为常山县发改局委托课题《常山县跨越式高质量发展五年行动计划(2021—2025》的研究成果。感谢常山县何健常务副县长、李湘副县长,发改局琚东风局长、李鸿品副局长和何水龙科长的支持和帮助,感谢课题合作者俞国军、马文娟博士。

总要求，经济社会取得较快发展。

1. 综合实力稳步提升

"十三五"期间，培育"小升规"企业 75 家、"新上规"企业 20 家、"隐形冠军"企业 1 家，农业产业化国家重点龙头企业 1 家，新增国家高新技术企业 44 家。地区生产总值、人均生产总值、一般公共预算收入、社会消费品零售总额等主要经济指标均保持一定增长，分别达到 160.1 亿元、6.2 万元、12.2 亿元、71.8 亿元。规上工业企业亩均税收 11.1 万元/亩，较 2015 年提高 73.1%。

2. 产业培育成效显著

三次产业结构比由 2015 年的 7.3∶48.9∶43.8 调整为 2020 年的 5.2∶42.3∶52.5，一、二、三产业齐头并进，融合发展的趋势愈加明显。生态农业蓬勃发展。通过做大做强"常山三宝"（胡柚、山茶油、猴头菇），大力培育香柚、香榧、蓝莓、食用竹、香椿等特色产业，常山农业特色化发展格局逐步形成。柚香谷列入省级农村产业融合发展示范园创建名单。生态工业转型升级。培育壮大了"3+3"制造业体系，即轴承、建材、纺织等传统产业和数字经济、新材料、大健康等新兴产业。研究与试验发展经费占生产总值比重从 2015 年的 0.7% 提高到 2020 年的 1.65%。生态服务向高品质方向发展。赏石小镇、云耕小镇列入全省特色小镇创建名单，建成赛得健康产业园、不老泉养生养老度假村、众卡物流产业园等现代服务业项目。旅游总收入从 2015 年的 32 亿元增加到 2020 年 53 亿元，年均增速达 11%。

3. 生态环境持续优化

全县主要生态指标均居全省前列，森林覆盖率达到 71.57%，常山港流域地表水质、出境水质均 100% 符合要求，空气优良率由 2015 年 91.7% 上升到 2020 年 99.7%。"绿美常山"国土绿化行动四次名列全省榜首,"蓝天三衢"生态治理工程扎实推进,钙企业污染问题彻底解决。成功纳入国家重点生态功能区,入选全国山水林田湖草生态保护修复工程试点、全省大花园示范县建设单位,获评"全球绿色城市""中国天然氧吧"。

4. 民生福祉不断增进

"十三五"期间,城镇、农村居民人均可支配收入分别年均增长 8.3%、9.4%,达到 41890 元、24033 元,城乡居民收入比持续缩小至 1.74∶1,高于全省平均水平。基本养老保险、基本医疗保险参保率分别达到 99%、99.97%。建成省基本实现教育现代化县。"厕所革命"列入全国典型范例,"医共体""农饮水"树立全省标杆,获评国家卫生县城、全国无障碍环境县、省体育强县、省科普示范县。"常山阿姨"品牌全面打响,成为全国家政服务业提质扩容"领跑者"行动唯一试点县。

5. 区域协调取得突破

城乡风貌加快改善,城市发展迈入"常山江"时代,小城镇环境综合整治任务提前完成,建成省级美丽乡村特色精品村 18 个,获评省级新时代美丽乡村示范县、中国最美乡村旅游目的地。成功招引万洋众创城、先导产业园等重大协作项目。助力古蔺县高质量完成脱贫"摘帽"。"消薄飞地"落地慈溪高新技术开发区,为常山 94 个薄弱村带来近千万元的保底收益。全县内畅外联的开放格局加速形成,衢九铁路开通运营,常山迎来"动车时代",48 省道延伸线、淳常公路、320 国道"二改一"等一批重大交通项目相继建成。"衢常一体、融合发展"孕育新机,启动浙赣边际合作(衢饶)示范区建设并逐步向纵深推进。

(二)短板不足

根据浙江省对山区 26 县发展实绩的考核,常山县总体排名靠后,2015 年、2016 年、2017 年度分别为二类县第 5 名、第 11

名、第13名;2018年、2019年、2020年度分别为第16名、第22名、第21名。因此,必须清醒地看到,在推动跨越式高质量发展的道路上,在迈向现代化的征程中,常山县仍然面临诸多困难和问题。

1. 产业结构面临转型偏慢的问题

2020年,县内124家规上工业企业中,亿元以上企业仅34家。产业结构依旧偏重偏老偏传统,资源消耗较大、要素制约趋紧,产业平台承载力不强,科创成果转化率较低,高质量发展整体支撑相对不足。以新技术、新业态、新模式引导传统产业转型升级尚需时日;高新技术产品占比偏小,主导产业、特色产业尚处于培育阶段,数字经济、新材料、大健康等新兴产业还处于起步阶段。特色农产品仍存在价格低、深加工产品少、三产融合程度不高等问题,整个产业链条仍然薄弱。科技研发、创意设计、电子商务等现代服务业发展缓慢。

2. 创新发展面临要素制约的问题

常山发展受人才、技术、体制等要素制约的局面还未发生根本转变。人口总量小,青年劳动力外流严重,60岁以上人口的比重已经突破22%。人才引留较困难,高层次人才紧缺。全县R&D经费投入占比、高新技术产业增加值占比等指标值远低于全省平均水平。"两山"转化探索实践程度不高、进展不快,推进绿色化发展还处于生态农业、生态旅游等初级层面。

3. 区域融合面临基建滞后的问题

中心城市综合能级不高,城镇化率偏低。区域辐射能力和影响力偏弱,第三产业发展滞后。优质公共服务的供给不足,对新兴产业的集聚缺乏磁力。综合交通发展不平衡,内联外通的交通格局亟须提升。城乡基础设施建设滞后,管道燃气、农村生活污水处理等设施欠账较多。

4. 共同富裕面临挑战加剧的问题

高水平建成小康社会成色不足，人均 GDP 全县仅为衢州市的 85%、浙江省的 62%。发展不平衡、不充分的问题日益突出，优质公共服务供给不足、城乡公共服务差距明显，教育、医疗、养老等民生服务仍有较大短板，环境保护、社会治理、城市更新等关系群众切身利益的问题需要有效破解，社会数字化改革面临一系列挑战。

二、总体思路

（一）指导思想

以推动跨越式高质量发展为主题，以深化供给侧结构性改革为主线，以改革创新为根本动力，以满足人民日益增长的美好生活需要为根本目的，坚持"生态优先、内生发展，深化改革、开放发展，山海协同、借力发展，创新驱动、转型发展，共同富裕、共享发展"的原则，按照"强发展、求突破、勇争先"工作总要求，围绕实施做大产业扩大税源行动和提升居民收入富民行动，更加注重拓宽"绿水青山就是金山银山"转化通道，更加注重融入新发展格局，更加注重系统性增强内生动力，更加注重强化数字变革引领，全面实施"八大行动"，促进经济社会更深层次、更高水平、更高质量发展，为浙江省忠实践行"八八战略"、奋力打造"重要窗口"、实现共同富裕贡献常山力量。

（二）功能定位——打造"浙西第一门户"，争当共同富裕示范区县域典范

聚焦聚力高质量、竞争力、现代化，充分发挥常山自身优势，加快建设"浙西门户大花园"，形成一批标志性、突破性、系统性成果，努力实现生态效益、社会效益、经济效益的有机统一、叠加放大，积极为 26 县跨越式高质量发展探索常山新路，为

共同富裕示范区建设提供常山样本。

——绿色产业富民实践地。大力发展"两柚一茶"产业和高端装备零部件产业,联动做好"双招双引""转型升级""三产融合"三篇文章,发展高端绿色产业,全面提升产业竞争力,做大共同富裕增量。全方位升级职业培训体系,培育常山名匠,全力推进居民增收致富。

——城乡协调发展标杆地。以建设"山水公园城市"为目标,统筹推进城乡基础设施一体化建设,协调城乡基本公共服务均等化发展,促进新型工业化、信息化、城镇化、农业现代化互促共进,建设彰显优势、协调联动的城乡区域发展体系,建设全民幸福生活均衡县,构建城乡融合发展新格局。

——文旅融合样板地。以争创省级历史文化名城、省级5A景区城为目标,解码文化基因、打造文化精品、壮大特色文旅产业。彰显"宋韵"文化魅力,突出"宋诗之河"文化主轴,实施千年古城复兴计划,深入挖掘宋诗文化、山水文化、红色文化等特色文化,创建国家级文旅融合示范县。

——县域整体智治示范地。以数字化改革为牵引,统筹推进市域社会治理现代化和"县乡一体、条抓块统"高效协同治理试点工作,对准"152"跑道,高质量打造多跨场景应用,推动社会治理中心规范高效运行、"大综合一体化"执法改革走在全省前列,打造平安常山、法治常山、智治常山示范样板。

(三) 主要目标

1. 综合实力提升,内生发展动力增强

到2025年,年度GDP达到300亿元,年均增速达到13.5%;人均GDP达到10万元,年均增速超过10%。年度固定资产投资增速高于全市平均水平,并高于全省平均1个百分点以上;力争特色产业、基础设施投资增速快于固定资产投资增速。

全员劳动生产率达到 17 万元/人，年均增速超过 9.5%。年度一般公共预算收入达到 20 亿元，年均增速超过 10.5%；人均一般公共预算收入达到 7850 元。常住人口城镇化率达到 65%。地方政府债务率控制在 120%以内。

2. 产业持续升级，协同发展效益明显

到 2025 年，一、二、三产业融合发展，协同共进。年度农林牧渔业增加值达到 9.96 亿元，年均增速超过 2.6%。年度规模以上工业增加值接近 74 亿元，年均增速 15%左右。累计新增规模以上工业企业 76 家以上，规模以上工业企业总数量达到 200 家。年度规模以上工业亩均税收达到 24 万元/亩，年均增速 16.5%。年度旅游业增加值超过 22 亿元，年均增速达到 10%。年度网络零售额接近 24 亿元，年均增速达到 13%。年度社会消费品零售总额达到 110 亿元。建成特色生态产业平台，五年累计固定资产投资突破 50 亿元，引进亿元以上项目不少于 15 个（其中 6 亿元以上项目不少于 5 个）。加强山海协作"产业飞地"建设，五年累计固定资产投资突破 10 亿元，引进亿元以上项目不少于 5 个。

3. 强化科技创新，加快科创动能培育

到 2025 年，高新技术企业和科技型中小微企业分别达到 105 家、340 家以上，力争高新技术企业和科技型中小微企业数量增长快于全省平均。年度数字经济核心产业增加值占 GDP 比重 6%，年均提升幅度 16 个百分点。年度高新技术产业投资 20 亿元，年均增幅超过 10%。全县技能人才 6.8 万人，占从业人员比重 36%。实现上市公司零的突破，力争培育上市企业 2 家。累计盘活存量建设用地面积超过 5000 亩。

4. 聚力绿色发展，畅通生态价值转换路径

到 2025 年，生态系统生产总值突破 240 亿元。GEP 的 GDP 实现率达到 15%，力争超过 26 县平均水平。单位 GDP 能耗、单

位 GDP 碳排放全面完成上级下达目标。新增光伏装机规模 100 兆瓦以上。清洁能源占能源消费比重达到 15%。$PM_{2.5}$ 年均浓度控制在 26 微克/立方米以内。交接断面水质状况保持 Ⅱ 类以上。地表水达到或优于 Ⅱ 类水质比例达到 100%。空气质量优良天数比例大于 96%，森林覆盖率、空气、水质等生态指标率先迈向国际先进水平。实现生活垃圾分类全覆盖。农村生活垃圾处理率达到 100%。

5. 优化公共服务，社会民生事业全面提升

到 2025 年，居民人均可支配收入与全省平均之比持续缩小，居民人均可支配收入 5.6 万元，年均增速率 11.9%。城镇居民、农村居民人均可支配收入分别突破 6.6 万元、4 万元。城乡居民收入比逐渐缩小。低收入农户人均收入超过 2.4 万元，年均增长率 13.5%。集体经济相对薄弱村到 2022 年年底全面消除，县域内行政村的经营性收入 15 万元以上，增加一批年经营性收入在 50 万元以上的行政村。累计新增就业岗位 3.3 万个以上，其中城镇新增就业人数 3 万人以上。打造教育现代化强县，教育现代化指数提升至 88，达到全省平均水平。普惠性幼儿园在园幼儿占比达到 98.4%，每千人口拥有 3 岁以下婴幼儿托位数 4.5 个。每千人口拥有执业（助理）医师数 4.2 人。亿元 GDP 生产安全事故死亡率低于 0.024%。行政村通双车道比例超过 75%。百人以上自然村通公路比例达 98.4%。"四好农村路"建设水平位次居 26 县前十。

三、重点任务

（一）做大产业扩大税源，实现经济高质量发展

1. 积极培育现代产业经济

全面实施工业强县"1+10+5"战略体系，通过数字化改革赋能、科技创新赋能、资本赋能、绿色低碳赋能，协同推进产业基础再造。强化用地、用能、金融、科技、人才保障，推动产业能级提升。以做强企业、做强产业、做强平台、做强外贸为目标，聚力打通要素堵点，创新高质量发展方式，构建现代产业新体系。

做大做强两大主导产业。打造最具常山辨识度的"两柚一茶"产业。围绕标准化种植、高端化加工、品牌化营销，持续推进胡柚、香柚、油茶一、二、三产融合发展。高标准建设油茶产业综合体和胡柚农业科技园。加快技术改造和新产品研发，开发休闲旅游食品、养生（保健）食品、水制品等食品系列，打造绿色食品深加工基地。积极探索农旅融合、文化融入新路径，大幅提升胡柚、油茶等历史经典产业的品牌价值、经济价值、文化价值，成为生态产业富民实践地。打造全省有较强影响力的高端装备零部件产业集群。以"三化四名"为重点，大力推进轴承等传统制造业改造提升2.0版，加快产业数字化智能化绿色化改造，推动半导体装备核心部件、电子元器件、现代物流智能装备和智能健身器材等产业发展壮大，一体打造"名品+名企+名产业+名产地"。扩大增量，引进一批优质高端装备零部件产业项目，定向支持项目落地。到2025年，力争"两柚一茶"全链产业规模达到100亿元；高端装备零部件产值规模达到200亿元。

培育一批低碳新兴产业。以数字经济、大健康、新材料为重点方向，发挥领军型企业带动作用，加快构建绿色制造体系，培育一批低碳新兴产业。实施生产过程清洁化改造，建设一批绿色工厂、绿色园区。推进高端轴承、现代纺织、新型建材等三大传统优势产业低碳转型。实施数字经济五年倍增计划，提升数字经济核心制造业发展水平。大力发展大健康产业，主攻有机食品、绿色产品、生态康养产业，吸引健康领域新投资，培育壮大新业态。坚守生态环保底线，以纸基、钙基新材料为重点，加快形成一批中高端产品群。以全球视野培育未来技术颠覆创新力量，争取创建第三代半导体未来产业先导区。到 2025 年，数字经济核心产业、大健康、新材料产业规模分别达到 70 亿元、50 亿元、120 亿元。

优化布局绿色能源产业。开发建设常山江梯级电站，加快龙潭水库项目前期，力争尽早开工建设。加快农村水电站生态化改造项目，推进山区生态水电示范区建设，转型发展绿色小水电站。推进整县分布式光伏试点，合理发展农（渔）光互补、林光互补地面光伏项目。适时启动南部山区风力发电项目。推动储能、氢能发展，加快常山抽水蓄能电站选址研究。到 2025 年，力争新建 4 个水电站，新增光伏装机规模 100 兆瓦。

培育壮大产业发展新动能。积极构建大中小企业融通发展培育体系，建立企业梯度培育计划，搭建创业创新平台，全面提升科技型企业的数量和质量。鼓励企业加大科技投入，支持优势企业组建创新联合体，为新兴产业健康发展提供有力支撑。推动服务业集群化发展，加速形成一批以工业设计、现代物流、科技服务、节能环保服务等为代表的生产性服务产业。提升商务办公、创新孵化和公共服务功能，实施辉埠片区、新都片区全面提升工程，推进先进制造业和现代服务业的深度融合发展，激活传统制造业产业发展新动能，争创全省两业融合示范区。持续深化"八八组团"服务企业"破山"行动，为企业高质量发展赋能助力。到 2025 年，规模以上工业企业突破 200 家，规模以上工业研发经费占营业收入比重 3.3%；力争入库高新技术项目 125 个，培育 2 个两业融合试点企业、2 家上市企业，产值超 10 亿元企业 10 家、超 20 亿元企业 5 家、超 50 亿元企业 2 家。

2. 着力提高产业平台能级

打造高能级园区平台体系。聚焦"梦想园区、未来工厂"发展目标，加快产业基础设施迭代升级。整合提升开发区（园区）能级，完善"一区四片""一区多园"基础设施和空间布局，加

第四篇 实 践 篇

第十一章 常山县跨越式高质量发展研究

快补齐生产、生活配套领域短板。加强开发区创新能力建设，高位推进科创中心建设，积极培育企业孵化器、众创空间等，构筑全域创新生态"引力场"，力争2021年列入省级高新园区创建名单，并向国家级高新园区迈进。建设浙江理工大学常山研究院和浙江省常山精密基础件产业创新服务综合体。以建设低碳园区为导向，在县经济开发区辉埠片区规划建设不少于3平方公里的特色产业平台。加快万洋众创城、众卡产业园、生态园区、球川轴承小微企业园建设，促进芳村、招贤等现有乡镇平台固本提质增效，以新机制、新载体、新模式推进产业集聚、产业融合、产业创新，培育产业经济发展新亮点。到2025年，开发区规上工业总产值超400亿元，规上工业亩均税收达到24万元；力争特色生态产业平台引进5个投资额超6亿元的产业项目。

提质扩面山海协作平台。深化与上海宝山区、慈溪市、拱墅区等发达地区精准对接、合作共赢。加快常山—慈溪山海协作产业园建设，超前谋划启动山区跨越式发展产业园，深入研究重点对接产业、重点承接平台、重点对接项目"三级清单"，携手打造全省"山海协作"标杆。加快慈溪—常山"科创飞地""产业飞地"建设，谋划推进新的"科创飞地""产业飞地"项目，聚力发展高质量"飞地"经济。深化拱墅—常山电商合作基地，在重点协作城市设立常山农产品城市展示窗口、直销中心和连锁店等。加强特色农业产销合作，推广常山特色美食。进一步规范常山—慈溪"消薄飞地"建设健全运营管理、收益分配机制，提升经济效益，带动更多行政村实现增收致富。谋划新的"消薄飞地"项目。积极对接省内及"长三角"地区重大创新平台，引进高端科创人才，增强创新发展动能，打造产城融合标杆地。到2025年，累计到位产业合作项目资金100亿元以上、山海协作消费帮扶金额1亿元以上。

3. 招大培强重点产业项目

实施企业增资扩产行动。以产业基础高端化和产业链现代化为目标，实施企业扩产增效扶持计划，鼓励县域优质制造业企业追加投资，建设二期、三期乃至四期项目。支持哲丰新材料、大和热磁、斯凯孚、利安隆科润等优质企业产能扩张。到2025年，累计实现企业追加投资80亿元以上，力争全县实现产值10亿元以上企业10家，20亿元以上企业5家，50亿元以上企业2家。

开展双招双引增效行动。进一步优化营商环境、彰显区位优势、增强发展动力、拓展发展空间、释放发展潜力。谋划一批支撑作用强、辐射带动好的重大产业项目，开展产业链精准招商，编制产业链全景图和产业招商地图。建立企业画像和区域画像智能匹配的大数据精准招商平台，践行大数据招商、云招商等新型招商方式。加强补链、配链、延链、强链项目招引力度，加快"链主"型、创新型、科技型企业引进步伐，力争引进布局一批具有竞争力优势和乘数效应的重大产业项目，同时利用其辐射带动作用，集合产业链上各规模企业的生产需求等环节，培育高端装备零部件现代产业集群。瞄准全球500强、央企、省属国企、名企等龙头企业，加快引进"大好高"项目。加强与省工商联的对接，落实知名浙商助力常山跨越式发展专项行动；发挥常山异地商会招商"窗口"作用，实施乡贤回归投资创业工程，吸引和鼓励在外创业的乡贤才俊回乡投资，助推家乡发展。积极参加长三角、珠三角等地招商推介、引资引智活动。到2025年，力争引进"链主"企业1家、央企项目2个，累计实现招商引资到位资金达到150亿元。引培各类产业领军人才150名以上，各类紧缺急需及高层次人才500人以上。

（二）聚焦富民、改善民生，全面提升获得感和幸福感

1. 提升生态农业富民

特色发展生态高效农业。谋划开展"科技强农、机械强农""双强"工作，聚焦政策激励导向不足、基层农技人才匮乏、农业科技转化率低等突出短板，夯实常山农业规模化、高端化发展基础。稳定粮食种植面积和产量，建成并保护好粮食生产功能区、高标准基本农田。大力发展高效生态农业、智慧农业，推进农产品精深加工，打造一、二、三产融合的农业全产业链。培育壮大特色农业，重点推进"常山三宝"等提档升级，扶持壮大香柚、香榧、蓝莓等一批农业新产业。加强胡柚、猴头菇等本土特色种质资源保护。推广高效生态农业模式，力争创成国家有机产品认证示范区和国家级农产品质量安全放心县。全面提升生猪等规模畜禽养殖场生态化水平，积极创建省级和市级美丽生态牧场，保障县域范围供求稳定。到2025年，新落地2个以上三产融合项目，建成一批高质优产的特色农产品生产基地。

建设融合发展农业园区。加快建成省级"柚香谷"、金色同弓农村产业融合发展示范园、油茶公园、胡柚精品园等一批现代农业产业园、农产品功能区为平台的三产融合示范区。加大农业园区物联网应用试点示范和推广力度，提升农业园区机械化水平，因地制宜推广稻鱼共生、水旱轮种等特色生产模式，提升园区亩均效益，全面推进"科技强农，机械强农"塑造高效生态农业发展新优势，加快实现农业现代化。深化乡村振兴数字产业园建设，打造"智慧农业"示范基地，积极创建"国家数字化赋能农村一、二、三产业融合示范园"。到2025年，建成2个以上三产融合示范园，打造56家以上数字化种养基地，建设20家以上特色农产品种植基地。

完善农特产品经营体系。引导农业企业、农民合作社、家庭

农场、种养大户联合抱团发展。加快推进县域综合型农产品加工物流园区、骨干市场和冷链物流设施建设，健全升级农产品销售网络。加快集成数字农合联（浙农服）和常山县"融供销e家""城乡通"等为农服务系统并推广应用，推进生产、供销、信用"三位一体"服务数字化，着力打造服务农合联组织、会员和农户的数字化平台，为农业生产全周期提供整体智治、高效协同的全要素服务。建立健全区域性农产品公用品牌产品标准、认证、标识、全程追溯监管体系，推进常山现代农业向"品牌化、规模化、集约化、高端化、精细化"发展。积极培育区域公用品牌，强化"常山三宝"等国家地理标志保护产品品牌建设，进一步打响常山特色农业知名度。积极争创国家家庭农场整治提升县。到2025年，力争组建省级农业产业化联合体1家，新培育浙江名牌农产品12个，创成县级以上规范性家庭农场220家。

推进林下经济高质量发展。强化良种选育、技术指导和品牌建设，重点实施林下野生药用动植物资源保护与开发利用工程。加大胡柚药用性研究开发，推动常山胡柚（常山柚橙）申报纳入《中国药典》。加强林下集成栽培、病虫防治、精深加工、储藏保鲜、装备应用等先进实用技术的研究和推广，实行林下经济产业科技人员结对帮扶机制。科学利用林地资源促进木本粮油和林下经济高质量发展，重点实施"千村万元"林下经济"消薄"增引帮扶工程，到2025年，力争结对帮扶10个林下经济项目，新发展10个林下经济村。

2. 强化生态旅游富民

做强多元文旅业态。大力推进文旅产业融合发展，放大常山生态优势，挖掘宋诗、胡柚、赏石等具有常山辨识度的特色文化资源，整合自然生态、地质文化、历史文化、非遗艺术等研学资源，谋划推进宋畈矿山公园等一批特色项目，大力发展乡村旅游、生态旅游、康养旅游、研学旅游、红色旅游等业态。实施

"万村景区化"2.0版,打响"常山漫居"民宿品牌,带动群众增收致富。到2025年,力争打造5个文旅融合示范项目、8个康养综(联)合体、22个省级3A景区村,新增12家省级等级民宿;累计实现文旅投资150亿元以上,其中单体投资超10亿元项目不少于3个。

打造文旅生活新场景。积极引进工商资本投资旅游产业,提档升级三衢石林、梅树底两家4A级景区,力争培育1家千万级核心大景区。以常山江"宋诗之河"文化带发展为主轴,以联盟大道为串联,突出常山宋诗城、黄冈山、金色同弓、赏石小镇等重点区块和拳头产品,打造一条山水城交融的美丽风景大道。推动国家油茶公园提升,打造集非遗展示、休闲观光、研学旅游于一体的非遗4A景区油茶公园。创成省级全域旅游示范县,力争2025年创建国家全域旅游示范县。

持续提升旅游品质。启动实施旅游业"微改造、精提升"行动计划,促进旅游品质提升。提升研发"常山十大碗""鲜辣美食"等特色名菜,开设10个"诗画浙江·百县千碗"体验店和100家"鲜辣美食"门店,打造提升长风美食一条街、城东新区美食街,每年开展两场以上美食活动。提炼"开放、活力、多彩、自在"的城市气质,进一步提升凸显"浙西第一门户"形象。办好YOUYOU音乐节、鲜辣美食节、三山艺术节等文化节庆赛事活动。培育常山县山地自行车、龙舟赛、定向越野赛等三大体育赛事品牌。组建文化创意产品开发联盟,搭建创意设计和宣传营销平台,创新开发一批文化创意产品,重点推进"大宋诗人""胡柚娃""鲜辣标识"系列文创产品。到2025年,举办大型文化节庆赛事活动12次以上,文创产品销售额实现5000万元以上。

挖掘红色旅游资源。扩大西源革命纪念馆、常山革命纪念馆影响力,重点开发重走麻山路红色追忆游,打造西源红色研学基地，开发体验式红色旅游产品，推进红色旅游与生态游憩、古村落体验等融合发展，创建新昌红色旅游示范基地，融入浙闽赣皖红色旅游联盟。统筹推进县域干部教育基地、党史教育基地、红色研学实践教育基地、爱国主义教育基地等建设。整合后弄、金源等乡村红色旅游资源，挖掘红色旅游文化，串联红色旅游线路，提升红色旅游配套设施与公共服务。到2025年，力争打造1家省级以上红色教育基地，开发红色旅游路线2条。

3. 支持就业创业

拓宽就业创业渠道。充分发挥特色生态产业平台、山海协作产业园、特色小镇、小微企业园等平台作用，吸纳群众就近就业。推进大学生创业园、返乡创业基地、创业孵化基地、创业园区和众创空间等新型创业平台建设，促进创业带动就业。深入实施千万农民素质提升工程，深化"农民培训券"制度，加大农村实用型人才培训及普及型培训，聚焦专业技能人才培养，重点培训"常山阿姨""胡柚大王""油茶宗师"等特色人才。建成全国家政服务业提质扩容"领跑者"行动试点县。研究制定创业就业补助政策，健全创业就业服务体系，鼓励和扶持大众创业。帮扶就业困难人员多渠道灵活就业，升级发展来料加工，扩大公益性岗位安排，确保零就业家庭动态清零。到2025年，力争新增就业岗位3.3万个，培养特色人才2万人，开展"常山阿姨"等技能培训1万人次，建成省市创业孵化示范基地3家。

拓展消费帮扶渠道。大力发展订单农业，推进龙头企业、农批市场、电商企业、大型超市等采取"农户（基地）+合作社+企业+市场"模式，建立生产、加工、物流基地。推广"共享稻田""共富果园"等发展模式，创新运用众包、众筹、共享等新经济理念，建立生态产品收益共享机制。构建以直播带货等新零售为主，线上线下联动的新型农产品网络营销体系。发挥政采云平台

第四篇 实 践 篇
第十一章 常山县跨越式高质量发展研究

作用,引导以"常山三宝"为代表的特色产品生产主体通过政采云平台进行营销,按需求订单确定供给规模,打通常山县当季时蔬、水果等高品质农产品进城直供通道。积极引导各级工会组织赴常山县开展职工休疗养活动。到2025年,力争打造1个消费帮扶综合特色街区、1个村播示范基地,培育"10万+"粉丝农产品主播70人,利用政采云平台累计销售农产品1000万元。

4. 提高公共服务共享水平

聚焦公共服务均等化、标准化、优质化,以打造现代物流产业基地、现代职业教育高地为目标,建设一批具有带动性和标志性的社会事业项目,加快补足消费、物流、教育、医疗、社会保障等方面的硬件短板。

打造四省边际教育现代化强县。推进城乡学前教育资源布局一体化发展,创成浙江省学前教育普及普惠县,争创国家学前教育普及普惠县,构建以公益性、普惠性为主的学前教育公共服务体系。加快推进义务教育优质均衡,全面发展素质教育,创成全国义务教育优质均衡发展县。大力实施"初中提质强校"工程,进一步补齐义务教育短板。完善特殊教育体系,推进高中普职协调并进。重点完成衢州数字工业学校迁建和转型升级,引进和培育1所技师学院。深化社区教育,积极完善终身教育体系。依托山海协作平台,大力实施"千校(园)结对"帮扶,与慈溪市、拱墅区等结成20所以上教育共同体,每年安排60名以上年轻教师与支援地名优教师结成师徒关系。做好省"希望之光"教育专家团来常开展"组团式"帮扶。实施"银龄讲学"计划,大力推进"互联网+义务教育"城乡结对帮扶,带动提升农村学校教育、教学和管理水平。深化城乡教共体建设,到2025年,实现县域内农村义务教育公办学校结对全覆盖。

全面推进健康常山建设。持续深化与浙大一院高水平医联体建设，有序推进县中医院、县妇保健院等与省级医院建立紧密型协作。深化县域医共体建设，打造招贤、芳村、球川三个区域医疗中心，探索将村卫生室、专科医院纳入统一管理。积极推进城东新区专科医院建设。加快医共体一体化信息平台建设。推进县疾控中心标准化建设，提升公共卫生防控救治能力。加强胸痛、卒中、创伤中心建设，提高医疗应急处置能力。加强龙头学科、重点专科建设，将呼吸内科、重症医学科、感染科、肛肠外科等打造成为全市标杆学科。补齐肿瘤科、精神科、心血管内科、骨伤科、康复科、口腔科等薄弱学科短板，提升专科医疗服务水平。推进影像、检验、心电等共享中心建设，强化医疗服务创新支撑。到2025年，县域医疗卫生服务体系全面优化，服务效能全面增强，基层就诊率达到65%以上，县域就诊率达到90%以上。

完善社会保障体系。健全公平可持续的社会保障体系，促进城镇职工基本养老保险由制度全覆盖到实际人群全覆盖，实现城乡居民养老保险适龄参保人员应保尽保，失业保险、工伤保险实现职业劳动者广覆盖。实施低收入群体"惠衢保"医疗补充政策性保险全覆盖，完善低收入农户子女接受教育费用奖补或减免等政策。落实好农村困难家庭危房改造即时救助制度，做到动态清零。深化新时代社会救助综合改革，由兜底保障向多样化保障拓展，实施高水平应助尽助。加强对农村留守儿童、妇女、老年人、残疾人等关爱服务，推进乡村无障碍环境建设。强化养老服务保障，探索建立多样化的养老服务产业体系，形成覆盖城乡的康养服务网络。持续深化"幸福爷爷·快乐奶奶"行动，完善养老服务设施，加强养老服务人才队伍建设，加大基层养老服务供给，构建覆盖城乡的康养服务网络。到2025年，养老、医疗保险实现全覆盖，救助"一件事"惠民联办率100%，城乡居民最低生活保障年标准达到1.3万元，每万名老年人口拥有持证养老护理员人数达到全省平均水平，人均体育场地面积达到3平方米，力争城镇住房保障收益覆盖率超过20%。

（三）加快新型城镇化建设，促进城乡区域协调发展

1. 建设山水公园城市

按照"东拓西整、拥江发展"主线，坚持"小县大城、产城融合"，做实"十个一"工程，推动县城人口规模达到10万人以上，特色化建设宜居宜业宜游"山水公园城市"。持续推进城市有机更新。深入实施城区畅通工程，打通一批"断头路""卡脖路"，全面完成东河南街和溪滨路延伸、城南第二通道、定阳北路延伸、文峰西路延伸等一批城市主次干道建设。完善小区公共设施配套，不断推进临港片区、清河片区（沙洲、下水弄、宜家广场）等一批老旧小区改造，到2025年年底基本完成2000年年底前建成的老旧小区改造任务。进一步提升城市景观，系统提升东明湖公园、塔山公园、常山江沿线生态风景带、高速入口大草原、文教路沿线等景观风貌，打造美丽舒适宜居的现代化城市。持续纵深推进城东新区开发建设，高品质建设高铁区块、狮子口片区和慢城核心区，引进五星级酒店，建成宋诗城、常山文化旅游博览中心、杉杉天地等一批城市地标，立体式打造高质量中央商务区和城市客厅。按照共同富裕现代化基本单元的建设要求，高标准建成渡口未来社区、北门历史街区，加快西门、江滨等片区更新步伐，提升城市基础设施建设与管理运营水平。推进农业转移人口市民化，加强农业转移人口技能和文化培训，促进就业增收，提高农业转移人口素质和融入城镇能力。到2025年，力争全面完成城市"十个一"工程建设、4大片区旧城改造任务，打造1个省级未来社区。

2. 加快美丽城镇建设

深入实施"百镇样板、千镇美丽"工程，推进中心镇、小城市和美丽城镇建设，打造一批新时代美丽城镇省级样板，发挥球川、芳村、招贤三大副中心型城镇辐射带动效应，推动美丽城镇组团式、集群化发展，把美丽城镇建成多层级、强辐射的区域公共服务中心。逐步构建起以乡镇政府驻地为中心的镇村生活圈，打造以一条商贸特色街、一个商贸综合体、一张覆盖周边乡村物流配送网等为基础的现代商贸特色镇（示范村）。到2025年，力争建成美丽城镇省级样板5个、打造商贸特色示范镇2个、商贸特色示范村5个。

3. 推动城乡融合发展

大力实施"大搬快聚富民安居"工程，结合新农村建设、城中村改造与全域土地综合整治、城镇环境综合整治、"三改一拆"，引导农村村民下山安置、农村人口进城集聚、城中村改造居民集中安置。适时稳妥有序推动行政区划调整，提升中心城镇集聚发展能力。实施"两进两回""常雁回归"工程，复制推广"三塘模式"，有序促进城乡科技、人才、资本等双向高效流动，激发乡村活力。加快芳村、同心和渣濑湾乡村新社区建设，打造引领数字生活体验、呈现未来元素、彰显江南韵味的"画里乡村"样板。到2025年，创成省级新时代美丽乡村标杆县，省级精品村15个，实现新时代美丽乡村建成率、保留村的村庄规划编制率、合格饮用水人口覆盖率3个100%；累计建成5个以上农民集聚点，农民异地搬迁2000人以上，培育1500名以上农创客。

4. 打造省际交通新门户

加快打通对外通道和内部区域交通网，构建"铁、公、水、空"一体化交通体系。2023年建成衢九、杭衢铁路连接线项目，抓牢杭衢铁路项目建设机遇，争取大幅提升经停常山站列车车次，增强常山铁路通达能力。争取衢黄铁路项目纳入《长三角地区多层次轨道交通体系》国家级规划，启动线路走向等前期工作。开工并建成常山南方水泥铁路专用线项目。充分发挥衢九铁路社会经济效益,积极谋划推进辉埠公铁水多式联运中心铁路运输专线,助力建设多式联运物流园区。快速建成351国道、杭金衢高速拓宽、辉何公路、快速通道等公路项目。争取建成S324温岭至常山公路常山宋畈至新桥段公路项目。谋划常山至衢州西区快速通道、G320常山招贤至草坪段改建、G205常山长风至五联段改建、常玉快速通道等公路项目。实施美丽通道建设工程,改造提升农村公路800公里以上,推动有条件建制村通双车道公路,推进百人自然村通等级公路,全面推进城乡公交一体化发展,联合探索省际公交一体化发展路径。开工常山江（辉埠—双港口）航电枢纽项目,争取2025年年底前通航。加强浙赣运河项目前期谋划,积极构建长江"第二出海口"和西向辐射门户节点。加快通用航空机场前期,力争2025年年底前完成军地审批程序。深入推进快递业进村进厂出海"两进一出"工程,培育现代物流业,构建城乡贯通、内外融合的现代快递物流网。到2025年,基本建成浙江省1小时交通圈、四省边界2小时黄金旅游圈、县域"半小时交通圈"。

5. 健全美丽幸福水利网

践行生态河湖建设理念,突出水岸同治同美,提升常山江水生态环境,推进芳村溪、龙绕溪、虹桥溪、南门溪等美丽河湖建设,打造保障生态、绽放美丽的沿河风景线,助力宋诗之河、美丽乡村、生态工业建设。提升防汛抗旱能力,完善防洪排涝设施建设,实施一批水库、山塘的除险加固和扩容提质,提高县域防洪减灾能力。加强水源地保护,提升水资源配置能力,开展千红和芙蓉水库灌区的节水配套改造,推进第二水源地建设,加强农村饮用水供水保障能力提升建设,保障农村供水安全。开展山塘综合整治,建设美丽山塘。至2025年,完成山塘综合整治50座,建设美丽山塘27座。

（四）推动数字化改革，完善绿色发展体制机制

1. 全面推进数字化改革

坚持以数字化驱动制度重塑，以数字化改革撬动各领域、各方面改革，按照"152"总体架构，加快打通各类政务信息数据资源，推进重要应用系统和数据综合集成，建成一体化、智能化公共数据平台。加快梳理数字化改革"三张清单"，按照"大场景、小切口"，谋划一批以党政机关整体智治为中枢，数字政府、数字经济、数字社会、数字法治有机联结重大应用场景，推动重大改革落地见效。加快"一件事"改革向民生服务、公共场所和乡村基层延伸全覆盖。创新"大数据+集成应用""互联网+政务服务"，推进"十站四心五化"公共场所建设。深化"浙里办""慢城通"基层推广应用，进一步提高事项覆盖面、群众知晓度和实际办事量，推动实现"就近可办、全域通办、跨省通办"。以信息技术为手段，打破"数据孤岛""信息壁垒"，高效能推进政府内部"一件事"改革，创新实施多部门联办"一件事"，推进全流程"网上办""掌上办"。开展人口集聚趋势数字化分析和要素优化配置数字化分析，为跨越式高质量发展提供科学决策支撑。谋划山区低收入群体持续增收数字化应用场景，实现人群精准识别、情况动态监测、帮扶直达到位。建成省数字生活新服务标杆县。到2025年，力争打造25个特色应用场景，实现部门间非涉密事项100%网上办理。

2. 健全生态综合保护利用机制

完成常山县国土空间"三区三线"划定，合理确定城镇、农业、生态空间及生态保护红线、耕地红线、城镇开发边界。完成钱塘江源头区域全国山水田湖草生态修复工程试点建设。积极探索以国家公园为主体的自然保护地管理体系，打造人与自然和谐相处的新典范。逐步扩大省级以上公益林覆盖面，优化完善森林

生态效益补偿机制。加快开展县域山地、坡地、城市、乡村、通道、河湖等"六大森林"建设，积极创建国家森林城市。建立多元化生态补偿机制，健全资源开发补偿、污染物减排补偿、水资源节约补偿、碳排放权抵消补偿制度。积极推进生物多样性保护和可持续利用，争创生物多样性保护引领区。创成省级生态文明建设示范县，积极争创国家生态文明建设示范县。严格执行常山县国家重点生态功能区产业准入负面清单，发展适宜产业。统筹推进经济社会发展全面绿色低碳转型，构建绿色低碳发展体系和技术创新体系，积极开展省级低碳试点县创建工作，推进低碳、近零碳试点示范创建。到2025年，建成6个以上示范点。

3. 拓宽"绿水青山就是金山银山"转化通道

建立生态系统生产总值（GEP）核算制度，推行"GEP论英雄"改革，形成GEP"进规划、进决策、进项目、进交易、进监测、进考核"的应用体系。完善资源环境市场交易机制，探索建立可再生能源消费量不计入（或抵扣）能源消费总量机制，建立规划水资源论证机制。加强"两山银行"平台建设，探索建立"两山"基金，积极开展耕地占补平衡、森林覆盖率、碳排放权、排污权，以及林权等的指标、配额、产权进入平台交易，盘活土地、山林、房屋等资源要素，有效扩大群众资产性收入，打造省级乃至国家级的"两山银行"实践样板地。探索发展生态创意经济，谋划一批项目，对接省属高校、科研院所、企业集团，力争2个项目落地。

4. 深化绿色金融改革

坚持金融支持实体经济，防范化解金融风险的基本要求，紧紧围绕"金融支持传统产业绿色改造转型"的定位和工作主线，积极参与衢州绿色金融改革创新试验区建设。探索构建以绿色信贷、绿色债券、绿色保险、绿色产权交易平台等为主要内容的绿色金融服务体系，全力打造由生态价值金融、农村产权金融等有机结合、相互支持的绿色金融创新示范区，推动绿色经济与绿色金融互动双赢，助力"两柚一茶"等主导产业和低碳新兴产业发展壮大。实施小微企业信贷"增氧计划"和金融服务"滴灌工程"，加大对常山县重点企业绿色信贷的投放力度。积极争取国开行、农发行等国家政策性银行支持。对接引进省企、民企注资入股，深化"两山"银行等投融资运营管理平台建设。到2025年，绿色贷款占比达20%，力争开发10个特色金融产品，累计获得政策性银行资金支持100亿元。

5. 强化国有资本服务实体经济发展

聚焦做大"资产池"、做活"资金池"、做优"项目池"、做强"人才池"，深化新一轮国资改革。落实一批产业项目，结合全县实际精准对接一批优质资源，落实一批产业项目，激发全县高质量发展内生动力。推动设立省属企业主导、地方参与、民企入股的山区建设投融资运营管理平台，实行股份化、市场化、实体化运作，促进从生态效益、社会效益转化成经济效益的良性循环。围绕产融结合，以产业金融为主体，充分发挥国有企业产业资源优势和渠道信息优势，提升产融协同能力，合理介入创投、风投等新兴金融领域，深入拓展供应链金融服务，提升特色品牌效应和独特竞争力。

（五）深化区域开放合作，全面融入新发展格局

1. 全方位融入长三角一体化发展

全面实施融入长三角一体化发展计划，创新长三角合作机制，构建区域协同创新产业体系，推动文化旅游协作，构建基础设施互联互通网络。加快构建协同创新共同体，深度融入G60科创走廊，推进与上海宝山区、闵行区等长三角核心圈，以及杭州都市圈城市的战略合作，加强人才、资本、平台、服务等战略资源链接，深化产业拓展招商和供应链精准对接，将常山打造为长三角地区的重要的产业协作配套基地。加强对沪杭甬数字经济"溢出效应"的转化承接，打造数字经济产业集聚平台，建设长三角数字化协同创新的合作中心和数字智造的应用转化基地。积极对接钱塘江生态经济带，以宋诗文化、生态环境和旅游资源为载体，主动融入钱塘江诗路文化带，培育长三角"后花园"美丽经济。加快提升绿色农产品生产能力，强化品牌建设和推广，将常山打造成为长三角绿色有机农产品生产基地。联动实施长江经济带共抓大保护战略，全力推进生态环境治理和生态保护修复，打造长三角生态绿色屏障。

2. 深化"一带一路"开放合作

积极参与"一带一路"建设，主动融入义甬舟大通道西延行动，打造国内国际双循环的重要节点。加快贯通常山江航运，恢复"通江达海"，同步建成常山港区1个以上作业区，引进1家实力强的港口企业合作运营，努力推动常山港与宁波舟山港等通关便利化。积极培育壮大沿江临港优势产业，谋划建设公铁水多式联运综合物流园区，成为辐射周边县市的区域货运物流中心。围绕衢州"全省经济向中西部邻省拓展"的战略定位，推进常山与义乌陆港、宁波海港的公铁水联运提级上档，推进特色优质农产品和工业制造品进入国际市场。积极融入浙江自贸试验区，建设保税物流中心（B型）。实施外贸创强行动，鼓励县域外贸企业在国外设立"海外仓"和产品展示中心，提升国际市场份额。到2025年，力争培育进出口额1亿美元以上的重点企业3家，5000万美元以上企业5家，常山外贸出口额突破52亿元。常山港区货物吞吐量突破270万吨，建成1个以上"海外仓"。

3. 全面深化省际边际交流合作

积极对接长江经济带、江西内陆开放型经济试验区及中部崛起、西部大开发等国家战略，深化东西部协作机制，努力在产业、人才、生态等重点领域寻求合作，打造浙江经济向中西部内陆拓展第一站。积极参与浙皖闽赣国家生态旅游协作区和"衢黄南饶"四市联盟花园建设，加强与赣闽皖等中部城市交流合作，开展旅游联合营销，开通三山、山海文化旅游合作直通车。加快浙赣边际合作（衢饶）示范区建设，完善合作机制，积极争取重大产业、重大基础设施布局和土地资金要素资源支持，形成省际毗邻区域协同发展的新标杆。深化东接西联北融，支持招贤镇、东案乡融入衢州高铁新城，打造借势（市）融合发展先行示范区。支持芳村镇、新昌乡进一步发挥生态资源优势，打造杭衢发展先行示范区。支持球川镇、白石镇依托浙赣合作平台，全力打造四省边际的重要门户。到 2025 年，举办 4 次以上文旅推介活动，省外来常山游客每年超 4 万人；衢饶示范区新落地 15 个以上项目，总投资超 10 亿元。

四、保障措施

（一）进一步强化组织保障

以党建统领推动常山跨越式高质量发展。成立常山县跨越式高质量发展工作专班，工作专班办公室设在县发改局，负责全面统筹协调工作，并积极与上级部门沟通协调，推动省市县三级联动协调解决重难点问题。制定并分解年度工作任务和指标目标，对工作任务和指标目标实行年度动态调整。细化部门、乡镇（街道）责任分工，以"清单化、项目化、节点化"方式确保各项计划任务和指标目标推进落实。健全考评机制，建立更加有利于形成"干得好的奖、增、加，干不好的罚、减、换"导向和格局。建立统计制度，加强相关统计分析和咨询服务，助力提高发展决策质量。

（二）进一步完善政策支持

加强与省级部门对接，与省级部门协同形成干部上挂下派、资金向26县倾斜、重大产业项目和重大基础设施高效落地等良好局面。加强与市本级衔接，积极争取衢州市产业基金支持和跨区域重大项目、重大基础设施建设等，积极对接市级各职能部门，促进省级各类专项扶持政策有效传导落地。与省26县跨越式高质量发展工作专班高效对接，主动谋划一批合理且符合常山发展实际需求的若干举措，积极争取省级各部门支持。

（三）进一步突出借力发展

健全山海协作工作机制，加强与结对地区合作，不断深化拓展协作领域，吸引援建企业、专家、资金，加快"产业飞地""科创飞地""消薄飞地"建设，主动对接以省供销社为组长的帮扶团组，与各类帮扶主体共同谋划项目落地、政策倾斜等事项，积极向慈溪市、拱墅区等学习招商引资、人才招引等方面先进经验。积极参与央企走进浙江26县建设共同富裕示范区系列活动。

（四）进一步加强宣传引导

健全信息报送、工作发布制度，主动对接各级各类媒体加强策划组织，深入宣传常山县跨越式高质量发展的重要部署和举措，积极报送帮扶典型、发展典型、合作典型等各类先进信息，做好重大平台和重点项目建设中典型做法的宣传推广，引导形成全社会共推跨越式高质量发展的良好氛围。

第十二章　松阳县跨越式高质量发展研究

加快实现跨越式高质量发展，是松阳县忠实践行"八八战略"、奋力打造"重要窗口"的必然要求，是扎实推动共同富裕先行示范区建设的核心任务。为深入贯彻落实《中共中央国务院关于支持浙江高质量发展建设共同富裕示范区的意见》《浙江高质量发展建设共同富裕示范区实施方案（2021—2025年）》《浙江省26县跨越式高质量发展实施方案（2021—2025年）》《丽水市跨越式高质量发展五年行动计划（2021—2025年）》，科学指导松阳未来五年跨越式高质量发展，开展本研究。①

一、发展背景

（一）现实基础

近年来，松阳县坚持以习近平新时代中国特色社会主义思想为指导，认真贯彻落实中央决策部署和省市工作要求，紧紧围绕全面建成小康社会目标，坚定不移践行"绿水青山就是金山银山"发展理念，运用"跨山统筹、创新引领、问海借力"三把金钥匙，发挥自身特色优势，大力弘扬践行浙西南革命精神，全面

---

① 本章为松阳县发改局委托课题《松阳县跨越式高质量发展五年行动计划（2021—2025）》的研究成果。感谢松阳县经商局刘祖军局长、发改局黄春爱、徐磊科长的支持和帮助，感谢课题合作者徐依婷、马文娟和俞国军博士。

厉行"丽水之干"，经济社会发展取得较大进步。

1. 综合实力迈上新台阶

松阳坚持高质量绿色发展，推进"田园松阳"升级版建设，到 2020 年，全县实现地区生产总值 119.49 亿元，年均增长 6.8%；财政总收入 13.7 亿元，年均增长 11.9%；一般公共预算收入 8.19 亿元，年均增长 10.1%；实现社会消费品零售总额 58.82 亿元，五年累计完成固定资产投资 272.97 亿元。城镇居民人均可支配收入和农村居民人均可支配收入分别年均增长 8.2% 和 9.4%。"十三五"期间主要经济指标平均增幅高于全省平均水平。

2. 绿色经济取得新成效

松阳以"生态经济化、经济生态化"为导向的现代生态经济体系初步形成。生态农业质效齐增，初步形成三大主导产业、五大特色产业并进发展的产业格局，建成全省首个国家级绿色食品（茶叶）标准化生产基地，茶叶全产业链成为浙江省示范性全产业链。生态工业动能转换提速，完成丽水生态产业集聚区管委会松阳分区和松阳—余姚山海协作产业园平台建设，工业园区列入第二批省级循环化改造示范试点园区，成为全省不锈钢管产业基地、国家级不锈钢产业质量提升示范区。全域旅游全面打响，累计建成 1 个省级旅游度假区，4 个国家 4A 级旅游景区，成功入选国家全域旅游示范区，成为全国旅游创新发展示范地、全国最佳养生休闲旅游名县。连续五年获评"中国电子商务发展百佳县"，成功入选国家电子商务进农村综合示范县。

3. 城乡统筹迈出新步伐

坚持"生态引领、全域统筹、城乡融合"发展路径，推动城乡发展双向互动、城乡经济互融共生。品质新城日见雏形，县城建成面积突破 10 平方公里，南城独山区块、文教区块等建设稳步推进。人文古城加速复兴，青田码道、瓦窑头、项弄区块改造全面推进，松阳古城逐渐成为独具特色的城市名片。乡村振兴成为全国示范，75个村列入中国传统村落名录，成功入选首批部省共建乡村振兴示范省先行创建名单，成为中国传统村落保护发展示范县、保护利用试验区和"拯救老屋行动"整县推进试点县。城乡基础设施不断完善，实施黄南水库、配电网改造升级工程等一批重点工程，衢宁铁路顺利通车，开工建设衢丽铁路、235国道、仙居至庆元公路松阳水南至枫坪段工程（西竹玉公路）等一批重大交通基础设施，松阳正式步入"铁路时代"。

4. 生态环境展现新面貌

松阳坚持生态优先，生态环境质量保持全省前列，创成省级生态文明示范县。全面打好"蓝天、碧水、净土、清废"四大战役，松阴溪被评为国家级水利风景区，创成省级湿地公园，松阴溪古市段获评省级"美丽河湖"，成功创建省级园林城市、省级森林城市。深入实施"五水共治""六边三化三美""三改一拆""小城镇环境综合整治"等专项行动，纵深推进农村"厕所、垃圾、污水"三大革命，17个乡镇（街道）小城镇环境综合整治全部通过省考核验收，创成省"基本无违建县"，松阴溪出境断面水质常年保持Ⅱ类水标准，全县空气优良率100%。获得"国家卫生县城""国家生态县""中国天然氧吧"等荣誉称号，两次荣获"五水共治"大禹鼎。

5. 改革创新实现新突破

最多跑一次改革、农村金融改革、搬迁扶贫改革、生态产品价值实现机制试点等改革扎实推进，全面深化县域资源全域统筹运营机制，建立健全绿色发展和生态保护共生共赢机制。"民情地图"国家级试点、"拯救老屋行动""乡村振兴"等成为全省乃至全国的示范，"拯救老屋行动"工作列入中共中央、国务院

《乡村振兴战略规划（2018—2022年）》，并在全省全面推广。成功举办城乡联系国际论坛、国际有机农业峰会、国际茶商大会等，乡村振兴实践登上首届联合国人居大会，与联合国人居署建立常态化交流合作关系，松阳对外开放发展的渠道进一步拓展。深化与宁波余姚、上海市松江区、嘉兴经开区等地的全面合作关系，在上海、杭州等地建设"人才驿站"。余姚"飞地"项目建成投用，嘉兴"飞地"、上海海尔智谷"飞楼"项目推进顺利。扎实推进遂松乡村振兴区建设。

6. 民生福祉获得新提升

稳步推进民生事业发展和社会治理，人民群众的幸福感、获得感、安全感显著提升，五年累计民生支出占一般公共预算支出超过80%。全力推进农村发展六大行动计划、"大搬快聚富民安居""千村示范、万村整治"等工程，全面消除家庭人均收入8000元以下低收入农户现象。教育事业全面进步，成为衢丽地区首个省级教育基本现代化县。县域医共体运行管理机制高效建成，省级卫生乡镇实现全覆盖，深入推进中医药复兴地建设，健康浙江考核连续三年获得优秀。推动"永不落幕的民俗文化节""永不闭馆的乡村博物馆""永不停歇的乡野运动场"等三大文化品牌建设，传承复活了百余台民俗节会，相继举办了一批高等级活动赛事。特困供养在全省率先实现一院供养，创新"农村宅基地换养老"模式，居家养老服务照料中心运行率全市第一。创成省食品安全县，平安创建实现十四年"满堂红"。

（二）短板不足

一是产业结构问题突出。生态工业占比偏低，重大制造业项目支撑不足，科技创新能力不强，发展质量不优，高新技术产业、装备制造业、战略性新兴产业总体规模较小，高端智造、新兴产业发展缓慢。现有不锈钢管、合成革等"块状经济"产业链偏短明显，尚未形成优势产业集群。产业平台能级偏低。平台集聚效应不强，园区整合度不高，区内产业整体处于低水平空间集聚的初级阶段。二是城乡融合格局尚未建立。依山而居、靠山而作、划山而治的"分散式"格局尚未打破，常住人口城镇化率远低于全省平均水平，松古平原一城化步伐有待加快，非农人口转移速度有待提速，山区新型城镇化尚处于探索阶段。三是优质基础设施、公共服务供给依然短缺。交通出行不便捷，校网布局不合理，基层医疗基础设施薄弱，人才队伍短缺等问题突出，公共安全、安全生产、应急管理等还存在薄弱环节，距离人民日益增长的美好生活需要还有较大差距。

二、总体思路

（一）指导思想

以习近平新时代中国特色社会主义思想为指导，坚持"生态优先、内生发展，深化改革、开放发展，山海协同、借力发展，创新驱动、转型发展，共同富裕、共享发展"的原则，深入实施做大产业扩大税源行动和提升居民收入富民行动，更加注重拓宽"两山"转化通道，更加注重融入新发展格局，更加注重系统性增强内生动力，更加注重强化数字变革引领，加快建设现代化经济体系和现代化县域治理体系，促进经济社会更深层次、更高水平、更高质量发展，构建具有鲜明山区特色的共同富裕体制机制，全力打造"高水平生态文明建设和高质量绿色发展重要窗口示范区"，争当山区共同富裕探路者和模范生。

（二）功能定位

加快推进生态产业发展，聚力打造"智能制造新城、中国有机茶乡、全域康养胜地、国家传统村落公园"等具有松阳辨识度的金名片，成为全省新发展格局中的县域支点、诗画浙江大花园最美核心区中的重要板块和全省山区跨越式高质量发展的先行标杆。

1. 打造智能制造新城

大力实施生态工业倍增计划，全县生态工业整体素质和综合竞争力大幅提高，初步建设形成富有活力和发展潜力的浙西南"智能制造新城"，工业发展迈入全市第一梯队。重点培育汽车零部件产业，建设智慧交通产业园；做大做强高端不锈钢管产业，推动不锈钢产业强链补链，建成百亿规模全国一流生产基地；培育发展高端装备制造产业，重点培育智能装备、高端基础件、电气装备；鼓励发展时尚产业，推动纺织、服装向时尚化、精品化、智能化发展；集聚发展特色产业，推动农产品精深加工业、中医药产业、有色金属压延加工等特色产业集聚发展。推进园区整合和平台二次开发，打造万亩工业大平台。2021年成功申报浙江松阳经济开发区，建成3平方公里以上的特色生态产业平台。

2. 打造中国有机茶乡

以打造具有国际影响力的中国有机茶乡和国家级示范性农业全产业链为方向，推进浙南茶叶市场转型升级，结合长虹中路改造布局茶文化街区，提升国际茶商大会世界影响力。统筹实施推广有机种植，开展"对标欧盟·肥药双控"新三年行动，推动松阳农产品对接国际食品安全认证标准，完善产品体系、培育龙头企业、强化平台建设、促进农文旅融合，全面打响具有茶园有机、茶品高雅、茶文荟萃、茶人质朴、茶韵浓郁的"中国有机茶乡"金名片。

3. 打造全域康养胜地

以优质生态为底色、以全域旅游发展为支撑、以中医药产业为核心，通过打造经济、产业、服务、文化、数字等"五大"体系，努力构建起县乡村三级联动，大健康、大康养、大文旅深度融合、竞相发展的格局，实现全域旅游、文化体验、运动康复、中医药健康等功能叠加。锚定"全要素、全领域、全产业"的旅游发展思路，大力推进"旅游+"发展，提升国家全域旅游示范区建设。打响"江南秘境·田园松阳"品牌，努力将松阳打造成为农耕文化传承地、艺术创作交流地、乡野运动最佳地、中医药复兴地和自然养生目的地、长三角最佳旅居康养地，成为囊括"食养、医养、水养、体养、文养、气养"，以及全领域、全时域、全县域、全龄域的"全域康养胜地"。

4. 打造国家传统村落公园

全域推进传统村落保护发展和拯救老屋行动，加快创建国家历史文化名城，力争到2025年，基本形成"五个一"，即：基本形成一套"国家传统村落公园"理论架构，公布一部"国家传统村落公园"建设标准，落地一处区域集中连片的集成试点，搭建一个以"国家传统村落公园"为核心的乡村振兴新平台，系统集成一批助推乡村全面振兴的制度成果，成为展示中国乡村独特韵味和乡村振兴战略成果的"重要窗口"。

（三）主要目标

1. 综合实力提升，内生发展动力增强

到2025年，GDP实现175亿元，人均GDP达87000元，一般公共预算收入达13.2亿元，年均增速超过10%，人均一般公共预算收入达6500元。常住人口城镇化率达60%。城镇居民和农村居民人均可支配收入分别达到64000元和33300元，低收入农户人均可支配收入达到21900元。

2. 产业转型升级，创新发展效益明显

到2025年，特色生态产业平台投资达40亿元（累计），引进亿元以上项目30个（累计），总投资达70亿元（累计）。山海协作"产业飞地"总投资达20亿元，引进亿元以上项目30个。新增规上工业企业数量46家，规上工业增加值达60亿元，规上工业亩均税收24万元。旅游业增加值达17.5亿元，农林牧渔业增加值达15.2亿元。社会消费品零售总额86.4亿元，网络零售额58亿元。数字经济核心产业增加值占GDP比重达到5%；技能人才占从业人员比重达到32.3%；新增上市公司数量2家。

3. 公共服务优化，共享发展水平提升

到2025年，基本公共服务水平明显提升，城镇新增就业人数6000人（累计），普惠性幼儿园在园幼儿占比达到95%以上，教育现代化指数超80，每千人口拥有执业（助理）医师数4.01人，农村生活垃圾分类处理率达100%。行政村通双车道比例达60%，百人以上自然村通公路比例达100%。亿元GDP生产安全事故死亡率≤0.04%。

4. 生态价值实现，绿色发展路径畅通

到2025年，生态系统生产总值达到340亿元，清洁能源占能源消费比重达45%以上，光伏小康工程装机规模达44000千瓦。空气质量优良天数比例达100%，地表水达到或优于Ⅱ（Ⅲ）类水质比例达100%。

5. 山区基本形态整体提升

力争打造一个100亿元级别的特色产业，一个3平方公里以上的特色产业园，"智能制造新城"初步成型。在宁波余姚市、湖州南浔区和安吉县，以及嘉兴经济技术开发区等地高质量建成"产业飞地""科创飞地"和"消薄飞地"；松阳南城建成高品质县城中心商务区，火车站前区块建成现代服务业标志性产业，三都四都国家传统村落公园核心区成为国家级旅游度假区；由公共文化中心和高水平学校、医院等构成的优质公共服务得到整体提升，成为山区共同富裕示范区的样板县。

三、重点任务

(一) 做大产业扩大税源，增强跨越式高质量发展动力

1. 推进产业结构优化升级

(1) 全力发展生态工业。实施生态工业高质量发展倍增行动，初步建设形成富有活力和发展潜力的浙西南"智能制造新城"。到2025年，全县规上工业总产值突破300亿元，其中规模以上工业增加值达60亿元以上，工业增加值占GDP比重达35%左右，工业发展质量效益显著提升，规上工业亩均增加值和亩均税收分别为120万元、24万元，规上工业主营业务收入利润率达到7%，规上工业全员劳动生产率达到30万元/人。加快引育壮大高端装备制造业新引擎，重点发展智能汽车电子及零部件、智能电气设备、智能专用装备，抢抓浙江省加快智能交通装备产业培育发展政策机遇，依托综合交通产业园建设，努力在新能源汽车、汽摩配产业上形成突破。重点推进不锈钢管产业智能化提质，建设不锈钢新材料产业园，打造从原材料自给自足到本地市场销售的全产业链体系，形成规模优势突出、辐射带动力强的百亿级不锈钢产业集群。提升发展时尚产业和农产品精深加工业两大传统产业，布局培育生物科技和新材料两大未来"新星"产业，着力构建形成展现松阳特色的"数智融合"生态工业体系。加快先进制造业和现代服务业的深度融合发展，激活传统制造业产业发展新动能。深入实施"凤凰行动""雄鹰行动""雏鹰行动"，促进中小微业企业"专精特新"发展，到2025年，全县规上工业企业数量达到150家，主营业务收入亿元以上企业数量达到60家，百亿级企业力争实现零的突破，上市企业数量达到2家；培育省级"未来工厂"1~2家，省级数字化车间/智能工厂达到5家以上；新增"品字标浙江制造"企业2家，新增制修订

国家、行业和"浙江制造"标准10项以上。

（2）挖掘提升历史经典产业。支持松阳香茶、香油、香榧等历史经典产业的精工化制作、品牌化宣介、数字化营销，通过平台和项目双推进、科技和人才双突破、市场和品牌双拓展，推动有条件的历史经典产业规模化发展。促进历史经典产业与文化、旅游、艺术等全方位深度融合，加大保护传承创新力度，加强现代产业工匠队伍培养，打造一批历史文化标志产品。

（3）培育新兴产业。接轨全球新一轮科技革命和产业变革新趋势，以智能装备、大健康产业为主导方向，加快培育战略性新兴产业集群。加快推动重点产业项目建设进度，形成"建设一批、投产一批、储备一批"的推进格局。面向未来发展需求，结合本地基础优势、资源条件和省市产业发展导向，前瞻性谋划布局，重点瞄准科技含量高、带动效应强、松阳有机会突破的生物科技和新材料两大新兴产业领域，着力引进一批优质项目和创新型企业，加快孵化培育成为未来"新星"产业集群。大力发展大健康产业，主攻绿色食品、生物医药等健康制造，以安民森林康养基地、斋坛吊坛中医康养基地、三都四都山地康旅基地为龙头，吸引健康领域新投资，打造长三角最佳旅居康养目的地。实施新一轮高新技术企业和科技型中小企业"双倍增"行动计划。支持企业加大科技投入，与省内外高校、科研院所加强对接，借智借力，鼓励引导县内企业积极申报省级、市级科技"卡脖子"攻关项目，为新兴产业健康发展提供有力支撑。到2025年高新技术企业达到50家，科技型中小微企业180家，高新技术产业增加值占工业增加值的比重超过45%。

（4）发展绿色能源产业。加快推进松阳县抽水蓄能项目前期工作，争取早日纳入国家和省级相关专项规划，并尽快实施。加快整县推进分布式光伏规模化开发试点工作，合理发展农（渔）光互补、林光互补地面等光伏项目。到2025年，新增光伏装机容量20万千瓦,其中光伏小康工程装机规模44000千瓦。加快风力发电项目建设。加快农村水电站生态化改造项目,推进山区生态水电示范区建设,转型发展绿色小水电。高标准推进国家绿色水能示范县建设,高水平创建绿色小水电示范县。

(5) 扶持建筑业发展壮大。强化政策激励,鼓励建筑业企业做大做强,提升建筑业企业资质。引导企业加大科技创新投入,提高企业"创优夺杯"意识,强化项目管理与精品工程建设,争创一批"创优夺杯"精品工程。推进建筑业外埠市场开拓,聚力发展建筑业总部经济,实施新型建筑工业化,大力推进绿色建筑发展进程。

(6) 大力发展电子商务产业。深化电子商务在三次产业中的深度应用,大力发展农村电商、旅游电商、行业垂直电商、跨境电商等电商服务。以茶叶电商为示范、以农村电商为标杆、以产业电商融合应用为重点,完善电子商务支撑配套体系。提升发展松阳祥瑞电子商务产业园、松阳县康洁电子商务园、松阳县茶叶电子商务孵化园、浙南茶叶市场电子商务集聚区,谋划建设直播电商集聚区和孵化基地,打造一批电商镇、电商村、电商街。积极培育跨境电商生态体系,融入丽水跨境电商综试区建设,支持企业利用国内外知名平台,开展跨境电子商务业务。改造提升县电商公共服务中心、祥瑞电商园公共服务中心,优化电商发展环境,完善电商基础配套。力争到2025年,全县网络零售额达58亿元。

2. 提高产业平台能级

(1) 大力提质升级工业平台,按照全县工业"一盘棋"理念,紧扣"整合、转型、赋能、开放、改制"十字方针,整合丽水生态产业集聚区管委会松阳分区及西屏、望松、赤寿等乡镇工业功能区块,打造形成万亩工业平台,积极申报"浙江松阳经济开发区",到2025年新增工业用地3300亩以上,到2025年累计引进亿元以上项目50个。提升发展一批小微企业园，加快推动工业园四期汽摩配小微园、茶叶加工小微园等园区高质量建设，加快推进乡镇工业功能区向特色小镇、小微企业园转型。推动各功能区提高行业空间聚集度，突出抓好重点特色区块建设，形成产业集群发展布局。在古赤新智能制造新城"先导区"，重点布局发展以汽车电子及零部件、智能电气设备、智能专用装备为主的高端装备制造业，以及不锈钢无缝管、焊管、管件及终端制品为主的不锈钢管产业，积极培育新材料产业。在北城特色产业高质量转型升级示范区，以生态工业"存量优化升级"为导向，着力推动不锈钢管、纺织鞋革等传统产业提质增效发展，加快培育中医药、健康器械、生物制药等生物科技产业新动能。在火车站区块生产性服务业配套综合体，重点布局建设在全国具有影响力的不锈钢管集散中心、会展中心、科创（研发）中心、不锈钢博物馆等功能平台，积极引进不锈钢焊管、不锈钢管件及制品、不锈钢管生产装备制造等延链补链企业。

（2）加快建设山海协作"飞地"。全面加强与余姚市、安吉县、南浔区、嘉兴经济技术开发区山海协作关系，建成松阳余姚不少于1平方公里的"产业飞地"，持续推进松阳嘉兴、松阳余姚"消薄飞地"，谋划建设"科创飞地"，实现飞地全覆盖。建立完善结对双方联合招商机制，做好合作项目招引落地和协调服务工作，高质量建设松阳—余姚山海协作产业园。大力推进科创孵化、康养旅游等新型山海协作飞地建设。加强山海协作人力资源、消费帮扶、社会民生等社会事业山海合作，健全干部人才交流互派机制。到2025年，山海协作"产业飞地"投资累计达20亿元，山海协作"产业飞地"引进亿元以上项目30个以上。

3. 加大重大项目招引力度

（1）坚持招商引资选资。坚持正确理念，拉高招商标杆，更加突出生态招商、精准招商、国际招商导向，真正发挥有效投资的重要引擎作用。抢抓"一带一路"、长三角一体化发展等战略机遇,加强与嘉兴、宁波、上海等结对地区的交流,争取在驻点招商、产业招商、招才引智等方面取得实质性突破,提高招商精准度。充分整合资金、资本、人才、技术等要素,加大基金组合招商模式、"园中园"模式、轻资产运作、市场换技术等模式的研究实践,进一步增强投资活力。加强与长江三峡集团"一对一"结对合作。抓好省市县长项目,发挥政府投资牵引撬动作用,引进一批具有竞争力优势、乘数效应的标志性引领性重大产业项目,加快产业基础设施迭代升级。下大力气招引"链主"企业,确定特色高新低碳产业,努力引进1家"链主"企业、3个以上央企项目,利用其辐射带动作用,集合产业链上各个规模企业的生产、供需等环节,培育现代产业集群。紧盯签约项目落地、落地项目投产等关键环节,完善招商项目服务机制,对重大项目落实"一对一"跟踪负责机制,切实提升招商服务水平和实效。力争五年累计招商引资到位资金突破150亿元,成功落地亿元产业项目50个。

(2)强化要素保障。聚焦长三角一体化发展、全省"四大"建设等重大战略,紧盯数字经济、乡村振兴、"两山"转化等建设任务,加强中央预算内投资、省重大产业、"六个千亿"投资工程、新基建等项目的挖掘、谋划、储备和争取,完善重大产业项目建设的用地、用能、资金、环境等要素保障机制。

(3)打造市场化、法治化、国际化一流营商环境。降低企业市场准入门槛,推进投资项目审批减环节、减材料、减时限、减费用,迭代推进"标准地"改革,引育更多"链主"企业、创新型企业、科技型中小企业,不断激发市场活力。

(二)提高收入推进富民,全面提升获得感和幸福感

1. 提升生态农业富民

(1)发展高效生态现代农业。实施有机茶高质量发展五年行

动计划，打造中国有机茶乡。聚焦茶资源全价利用、茶产业全链开发、茶品牌全城共建、茶效益全民共享，结合长虹中路改造，高品质建成茶文化街区，进一步打响国际茶商大会等节会品牌，促进茶产业农旅融合、工旅融合、文旅融合，打造具有国际影响力的中国有机茶乡。加快形成"松阳银猴""松阳香茶"两大区域品牌形象，创新品牌加运营方式，建立区域公用品牌与企业（产品）品牌的良性循环发展关系。推进浙南茶叶市场改造提升，构建功能齐全的综合性产业贸易综合体，巩固"中国绿茶第一市"。力争到2025年，有机茶基地面积达5000亩，有机茶转换基地面积达5000亩；力争形成销售额超亿元茶叶企业5家，销售额超千万元的茶叶企业20家；茶叶全产业链产值达150亿元以上。落实粮食生猪保供工程，有序推进高标准农田项目建设和粮食生产功能区"非粮化"整治优化，保持永久基本农田22.1万亩，巩固提升5万亩粮食生产功能区，确保年度粮食总产量保持在3万吨左右。全面提升"茶乡猪"等规模畜禽养殖场生态化水平，积极创建省级和市级美丽生态牧场。推广高效生态农业模式，积极创建国家有机产品认证示范区和国家级农产品质量安全放心县。充分利用本地自然资源优势，在卯山自然生态区、林村林场、松阴溪沿岸、板桥畲药基地、全县域药食同源生态农业基地等区域谋划抚育中药材生态种植和建设景观经济带。加大中医药制造产业招商引资力度，支持本土制药企业做大做强，培育发展一批特色功能食品、保健用品、天然化妆品等中医药衍生品，逐步形成中医药产业集群。争取创建国家级中药材示范基地。

(2) 建设山区精品农业园区。按照数字化、专业化、规范化、景区化要求，整合提升粮食功能区、现代农业园区、农业科技园区、农业特色强镇、特色农产品优势区等各类园区，建设省级农业农村产业融合发展示范园。因地制宜推广稻鱼共生、水旱轮种等特色生产模式，提升园区亩均效益。建设一批农业大数据中心、智慧农业示范基地,争取创建"国家数字化赋能农村一、二、三产业融合示范园"。

(3)完善山区农产品经营体系。促进农产品经营主体合作联合,引导农业企业、农民合作社、家庭农场、种养大户联合抱团发展,积极申报创建国家级农业产业化联合体,至少建设省级农业产业化联合体1家。加快建设县域综合型农产品加工物流园区、骨干市场和冷链物流设施,健全升级农产品销售网络。加快推广应用数字农合联,通过生产、供销、信用"三位一体"服务数字化,实现政府政策供给、机构服务供给、企业技术供给、农户产品供给、市民消费供给的信息匹配与对接机制。建立健全区域性农产品公用品牌产品标准、认证、标识、全程追溯监管体系。强化"松阳银猴""松阳香茶""松阳油茶""端午茶""茶香猪"等国家地理标志品牌建设,进一步打响松阳特色农业知名度,积极培育区域公用品。到2025年,累计创建家庭农场800家,争创浙江省家庭农场整体提升县;综合型农产品加工物流园区1个,实现农林牧渔业增加值15.2亿元以上。

(4)大力发展林下经济。强化良种选育、技术指导和品牌建设,重点实施林下药用动植物资源保护与开发利用工程。加强林下集成栽培、病虫防治、精深加工、储藏保鲜、装备应用等先进实用技术的研究和推广,实行林下经济产业科技人员结对帮扶机制。科学利用林地资源,促进木本粮油和林下经济高质量发展,集体经济薄弱但适合发展林下经济的村集体积极争取省财政资金扶持,发展林下规模经营2万亩。

2. 强化生态旅游富民

(1)打造国家级全域康养示范县。坚持打响具有松阳辨识度的国家级"全域康养胜地"金名片,推进全民共建共享,助力富民增收、共同富裕,统筹推进美丽城市、美丽城镇、美丽乡村建设。聚焦城市康养旅居、中医药养生、古村山居、森林气养等领域，瞄准西屏老城、古市古城、南城新区、延庆区块、卯山片区、箬寮片区等区域，力争到2025年，谋划5个以上单体投资超过10亿元项目。支持独山西侧文旅、卯山森林康养、南山大健康文化园、清露乡隐旅游度假区、全民健身中心、古城复兴等项目列入省级重点项目并加速实施。发挥旅游专班和全域康养胜地专班作用，实现箬寮（安民、枫坪）红色康旅基地、三都四都民宿综合体、横岗隐山居乡村文旅聚落、延庆禅旅综合体、小后畲民宿综合体、界首中医药康养综合体、五星级旅游饭店等前期项目落地。

（2）持续提升山区旅游品质。以全域"微改造、精提升"行动为抓手，促进旅游品质提升，打响"江南秘境·田园松阳"旅游品牌。持续推进"诗画浙江·百县千碗"工程，打造提升松阳老街等一批美食休闲街区，到2025年，开设10家"诗画浙江·百县千碗"体验店，开展50场美食活动。鼓励已修缮后的老屋采用多种业态的方式多元发展，作为农家乐、民宿、文化展陈室、居家养老中心、手工工坊、乡村博物馆使用，植入特色餐饮、传统手工艺、文化创意等多元业态，激活更多老屋活化利用。依托打造国家传统村落公园，加快产业融合。培育丰富业态，推进民宿经济、文创产业、节庆经济、赛事经济、传统文化游和乡村休闲旅游发展，推动在地性供给、消费、生活紧密联结。因地制宜将农产品生产、加工、销售与旅游、健康、文化、信息、体育、电商等产业有机结合、融合发展，形成产业链条完整、功能多样、业态丰富、联结紧密的产业融合发展新格局。力争到2025年，持续打造10条乡村旅游精品线路；构建完善全县"一站式、智能化、个性化"智慧旅游服务系统。

（3）挖掘红色旅游资源，打造"红绿古融合示范区"。立足玉岩镇、大东坝镇、枫坪乡、安民乡，依托箬寮原始林4A级景区、星空康养基地、暗夜公园、普济桥、安岱后红色革命遗址等重要地标，集中展示红色文化、绿色生态、古色传承的融合发展。打造浙西南红色旅游区，以安民乡安岱后村为核心，推进红色展馆、"党员之家"、红色书屋等平台建设，着力打造浙西南的红色教育中心、"浙西南的井冈山"，成立红色教育文化服务有限公司，恢复开放红军主会场，刘英、粟裕旧居，丹山故居等二十余处红色景点。以红色景区通景公路、红色村镇通村公路建设为重点，提升红色村镇配套设施与公共服务。加快培育松阴溪等省大花园耀眼明珠，打造集红色文化体验廊道、绿色发展展示廊道、生态游憩廊道、水上交通廊道等"多廊合一"的红绿融合发展特色片区，促进玉岩、大东坝、枫坪、安民、竹源等区域红色资源价值转换。

3. 实施强村惠民工程

开展农民组织化提升行动，大力实施强村惠民工程。充分发挥松阳县乡村振兴服务集团有限公司引领带动作用，推动山区村集体经济收入持续增长，村级集体经济年收入20万元以上且经营性收入10万元以上的行政村占比达100%，年经营性收入50万元以上的行政村占比达16%以上，低收入农户年均可支配收入达到省定标准。加大向乡村振兴重点帮扶村选派人员工作力度，用好用活省组团帮扶作用，配强行政村干部，选派好村第一书记和农村指导员，打造一支过硬的驻村干部队伍。

4. 全力推动就业创业富民

（1）拓宽就业创业渠道。充分发挥特色生态产业平台、山海协作产业园、特色小镇、小微企业园等平台作用，吸纳群众就近就业。推进大学生创业园、返乡创业基地、创业孵化基地、创业园区和众创空间等新型创业平台建设，全力促进创业带动就业，积极举办青年创业大赛、创业大讲堂、创业项目推荐展示等活动，培育高质量创新创业人才。完善就业创业培训体系，深化产教融合、校企合作,谋划筹建丽水农林技师学院,大力培养应用型人才、技术技能人才、乡村振兴型技能人才。谋划山区低收入群体持续增收数字化应用场景,实现人群精准识别、情况动态监测、帮扶直达到位。到2025年,确保就业总体形势稳定,每年城镇新增就业不低于1200人,城镇登记失业率控制在3.5%以内。

(2)拓宽农民增收新渠道。深入实施村级集体经济经营性收入倍增计划,持续深化"一村一策",推广"村企结对""飞地抱团""三资盘活"等成功模式,激发村集体经济内生动力。推进脱贫攻坚与乡村振兴相衔接,加强对低收入农户相对集中、村集体经济相对薄弱村的结对帮扶工作,研究出台精准扶持政策。加强农村劳动力终身职业技能培训,以新生代农民工、异地搬迁农民、库区移民和失地农民为重点,落实面向农村劳动力及后备劳动力的减、免费培训政策,完善以职业技术学校、公共培训机构和企业为主体的培训体系。推进产业富民增收,强化"小农户"与市场对接,推广"土地流转+优先雇用+社会保障"等多种农民增收模式。全面激发农村创新创业活力,引进和培育更大的市场主体,发展农村新产业、新业态,全面强化对返乡农民工创新创业政策支持。

(3)拓展消费帮扶渠道。大力发展订单农业,引导龙头企业、农批市场、电商企业、大型超市等采取"农户(基地)+合作社+企业+市场"模式,在松阳建立生产、加工、物流基地。推广"共享稻田""共享果园"等发展模式,创新运用众包、众筹、共享等新经济理念,建立生态产品收益共享机制。构建以直播带货等新零售为主,线上线下联动的新型农产品网络营销体系。发挥采购政采云平台作用,整合特色产品生产、流通、销售各个环节,扶持政采云电商平台企业做大做强,拓宽平台销售渠道,通过政采云平台打通流通、消费环节。引导生产主体通过平台进行营销,按需求订单确定供给规模,打通当季时蔬、茶叶、水果等高品质农产品进城直供通道。积极引导各级工会组织在松阳县域内开展职工疗休养活动。

(三) 提高公共服务共享水平

(1) 构建符合松阳需求的教育体系，加快教育基础设施建设，完善校网布局，推进基础教育优质均衡发展，创成全国义务教育优质均衡县。实施第四轮学前教育三年行动计划，推动乡镇公办幼儿园扩容提质，公办幼儿园在园幼儿比例达60%以上，省一、二级幼儿园占幼儿园比例达70%以上，创成全国学前教育普及普惠县。推动"管办评"分离、"放管服"结合，推进教育治理现代化。持续优化课程体系、打造未来课堂、落实"双减"政策、拓展课外活动，切实保障学生身心健康，构建"五育"并举的育人体系。全面推行教师"积分制"管理，推行中小学校长职级制改革。推进教育数字化转型，推进中小学校智慧校园建设。支持和规范民办教育发展，完善我县促进民办教育健康发展的政策，鼓励社会资本兴办教育，推进公民办教育协调发展。

(2) 推进健康松阳建设，提升医疗卫生服务能力。推动卫生健康以治病为中心向以人民健康为中心转变，进一步深化医药卫生体制改革"三医联动""六医统筹"，着力解决医疗可及性和获得感问题。持续推进县域医共体建设，健全"双下沉、两提升"长效机制，2025年县域就诊率达90%，基层就诊率达65%以上。加快医疗设施配套工程优化提质，到2025年每千常住人口医疗床位数达到7张。加强疾控机构标准化建设，提升突发公共卫生事件应对能力。坚持"中医基层化，基层中医化"发展导向，发挥中医药在治未病、重大疾病治疗、康复康养中的独特优势作用，健全中医药服务网络，高品质建设中医特色鲜明的中医院。完善精神卫生和心理健康服务体系，加快家庭医生签约服务扩面提质，重点人群家庭医生签约覆盖率80%以上，实施高血压、糖尿病等重点慢性病干预计划，争创国家级慢性病综合防控示范区、浙江省健康促进县。

（3）完善社会保障体系。稳步推进社会保险扩面，实现养老保险法定人群基本全覆盖，工伤、失业保险参保人数持续扩大，推进待遇稳步提高。发展职业年金、企业年金和商业养老保险，构建多层次养老保障体系。做好企业职工基本养老保险全国统筹衔接工作，保障社保基金可持续运行。综合发挥失业保险基金的保生活、防失业和促就业的三大功能。全面推行基本医疗保险市级统筹，推进医疗保障制度改革，实现医保服务乡镇（街道）、村（社区）全覆盖，提高城乡困难人员医疗救助社会保障率。到2025年户籍人口基本医疗保险参保率稳定在99%以上，困难人员资助参保率和享受医疗救助率实现两个100%。健全困难职工帮扶机制。深入开展"双拥"活动，加强困难退役军人帮扶援助。扩大保障性住房覆盖面。探索农村低收入人群基本住房安全保障机制。加快构建以公共租赁住房保障为主体，老旧小区改造、政策性租赁住房保障等为补充的城镇住房保障体系。到2025年力争城镇住房保障受益覆盖率达到23%。

（四）加快新型城镇化建设，促进城乡区域协调发展

1. 提升县城综合能级

坚持以人的现代化为核心，有序推进县域经济向城市经济转型。实施城市有机更新行动，提升县城城市基础设施建设与管理运营水平，以未来社区建设示范带动城中村、老旧小区等改造，全面优化宜居环境，建设具有山区风情的宜居宜业宜游县城。实施跨越式高质量发展综合改革试点，动态推进行政区划调整，推动松古平原"乡变街道、乡并镇"调整，加大"大搬快聚富民安居"工程力度，搬迁人口安置在县城、中心镇及园区，推动人口集聚、产业集群、要素集约，提升县城首位度和古市副城集聚度。全面放宽落户门槛，落实城市租赁房屋落户政策，促进有能

力在城镇稳定就业和生活的常住人口有序实现市民化。力争到2025年，全县常住人口城镇化率达60%。做好高质量发展建设共同富裕示范区缩小城乡差距领域省级试点工作。

2. 实施松古平原一城化

重点打造"一江两岸、南城新区、老城历史文化保护区、北城望松区块、副城古市区块"等五大发展引擎。以"一城化"理念指导各项规划编制工作，推进空间要素集聚集约发展，统筹推进电力、通信、公交、给水、排污、供气、环卫等市政基础设施建设，实施松古平原市政设施的同城同网。加快建设教育、文化、医疗、体育等城市公共设施，以及幼儿园、养老、农贸市场等配套服务设施，全力支持和保障"千年古城"复兴项目建设。优化完善北城望松区块和古市镇区的路网规划，优先实施与县城、松阴溪绿道、旅游景点相连接的道路建设，建设与"一城化"相适应的交通运输体系。调整和完善城区绿地系统用地，提升城市园林绿化品质。到2025年公园绿地服务半径覆盖率达90%。

3. 深化最美花园（美丽城镇、美丽乡村）建设

提速建设美丽城镇，打造环境美、生活美、产业美、人文美、治理美等"五美"城镇，力争全县17个城镇达到美丽城镇要求，争创3个美丽城镇样板乡镇。推进县城美丽城镇建设，推动美丽城镇向县城建成区扩面提质，着力提升县城的综合服务能力。深化美丽乡村示范创建，精心打造一批宜居、宜业、宜游的美丽乡村示范乡镇和特色精品村，高水平争创省级新时代美丽乡村标杆县，争取到2025年，实现景区城、景区镇（乡、街道）、景区村庄全覆盖。开展以花园乡村风情带为主线的花园乡村示范建设，推动形成"一户一处景、一村一幅画、一带一风光、一县一品牌"的花园乡村新格局，到2025年建成市级精品花园乡村18个，历史文化村落重点村11个。提高乡镇商贸集聚功能，逐步构建起以乡镇政府驻地为中心的镇村生活圈，打造以一条商贸特色街、一个商贸综合体、一张覆盖周边乡村物流配送网等为基础的现代商贸特色镇（示范村）。

4. 完善基础设施建设

构建"外快""内畅"交通网络，建成衢丽铁路，开工建设义龙庆高速、G235松阳段、S222松阳至丽水段，谋划建设金松龙铁路、浙西南公铁物流中心和A1级通用机场，融入"轨道上的长三角"。构筑"三高、两纵、一横、两联、一环、一绕"干线公路总体布局，构建松古平原15分钟城市通勤圈，30分钟高效通达各乡镇时空圈，到2025年城乡公交一体化通达率超85%。高质量建设"四好农村路"，纵深推进建制村双车道和百人自然村通等级公路，全面推进城乡公交一体化发展。深入推进快递业进村进厂出海"两进一出"工程，培育现代物流业，构建城乡贯通、内外融合的现代快递物流网。补强电网设施短板，开工建设松阳抽水蓄能项目，积极谋划500千伏、220千伏变电站工程，实施110千伏叶水、新处等输变电工程，强化天然气供应保障。推动新型基础设施建设。推进"光网城市"和"无线城市"建设，推进光纤宽带普及提速；推进大型公建、地下管网、城市照明、交通等公共基础设施智能化改造，实现乡镇（街道）和园区主要区域NB-IoT（窄带物联网）深度覆盖；推动工业互联网、车联网等融合型基础设施部署与应用，打造全方位一体化的城市资源感知体系。到2025年，实现城区、重点公共区域和旅游景区5G全覆盖，关键基础设施IPv6改造率达80%以上。

5. 建设安全幸福水利

完善提升水利基础设施建设，构建系统完备的覆盖全域的"安全水网"。按照全域水库"一盘棋"调度原则，扩大水库防洪和生态库容，保障流域防洪和生态安全。完善全县优质水资源供给体系，新建水系联通及联库联网工程，建设"南水北调"及相关引调水工程，推动城市管网向农村地区延伸，提高城市供水覆盖率。实施松古平原水系综合治理工程，加快小流域生态修复和水土保持治理，分区加固新建标准堤防，提高区域河道防洪排涝能力，县城规划区排涝能力达到20年一遇标准。全面推进农业灌区现代化改造，松阳县江北灌区续建配套与节水改造工程，对渠道进行节水防渗改造，对渠岸结合维养道路、绿化景观等加固，对分水渠口进行计量、监控等信息化设施建设，使重点灌区供水保证率达到90%。在山区兴建"五小水利"工程，实现高效节水灌溉。以数字化赋能助力"智慧水网"建设，实施已建水利工程"数字化"升级改造，建设县级"数字化"水管理平台，构建天地一体化水利动态感知监测体系。

（五）推动山区数字化改革，完善绿色发展体制机制

1. 加快数字化改革

在数字化改革"152"整体架构下，聚焦高质量发展、竞争力提升、现代化先行和共同富裕，把数字化贯穿到党的领导和经济、政治、文化、社会、生态文明建设各个方面，对县域生产方式、生活方式和治理方式进行全方位、系统性重塑。从加快县乡一体、推动平台融合、加快数据共享、完善工作机制等方面发力，推动"141"（一中心四平台一网格）体系与"152"体系有序连接。按照"四横四纵两端"构架，实现数据、应用、组件、算力等数字资源高质量供给、高效率配置、高水平统筹，打造一体化智能化公共数据平台，为全方位各领域数字化改革提供有力支撑。以"V"字模型为基础，深化细化核心业务梳理和重大任务拆解，找准共性需求，强化业务协同与数据共享。用好"小切口、大场景"的改革突破法，结合"精彩一件事"工作，以"民情地图"促服务整体智治为重要载体，加快形成一批具有松阳特

色的管用实用、老百姓满意的最佳应用,上线运行一批多跨场景,全力打造最佳应用。聚焦党的全面领导和党的建设,构建完善"重大任务+重大应用+执行链+主要领域"的体系构架,更好发挥党的"总揽全局、协调各方"的作用;推动政府核心业务全面数字化,以"一件事"集成改革重塑政府、社会、企业和个人的关系,加快打造整体智治、唯实唯先的现代政府;以数字化重塑和提升一、二、三产业竞争力,构建以数字经济为核心的现代化经济体系;聚焦共同富裕目标,从解决人的高频需求和关键问题入手,以"城市大脑+未来社区+未来乡村"为核心场景,优化完善12个"有"跑道,推动社会事业领域改革;加快"一件事"改革向民生服务、公共场所和乡村基层延伸全覆盖。创新"大数据+集成应用""互联网+政务服务",推进"十站四心五化"公共场所建设。深化"浙里办"基层推广应用,进一步提高事项覆盖面、群众知晓度和实际办事量;按照数字法治"1338"总体架构,一体推进平安和法治建设,营造更加安全的政治环境、更加稳定的社会环境、更加公正的法治环境、更加优质的服务环境。开展人口集聚趋势数字化分析和要素优化配置数字化分析,为跨越式高质量发展提供科学决策支撑。

2. 健全生态综合保护利用机制

建立多元化生态补偿机制,健全资源开发补偿、污染物减排补偿、水资源节约补偿、碳排放权抵消补偿制度。推进生物多样性保护和可持续利用,积极参与丽水全国生物多样性保护引领区建设。积极争创国家生态文明建设示范县。对符合生态工业产业指导目录的重点项目,争取优先列入省重大产业项目并予以用能、用地指标保障。大力推进绿色低碳循环化改造,实施节能、节水、节地、节材行动。

3. 拓宽"绿水青山就是金山银山"转化通道

建立生态系统生产总值(GEP)核算制度,推进GEP核算成果的全面应用，形成 GEP "进规划、进决策、进项目、进交易、进监测、进考核"的应用体系。完善资源环境市场交易机制，建立规划水资源论证机制。加强"两山银行"平台建设，积极开展耕地占补平衡、森林覆盖率、碳排放权、排污权，以及林权等的指标、配额、产权进入平台交易，打造省级"两山银行"实践样板地。积极申报全国"两山"实践创新基地。探索发展生态创意经济，谋划一批科研攻关、创意设计、文艺创作等项目，对接省属高校、科研院所、企业集团，力争两个以上项目落地。

4. 深化绿色金融改革

聚焦金融与产业绿色化协同发展，重点发展绿色金融，探索构建以绿色信贷、绿色债券、绿色保险、绿色产权交易平台等为主要内容的绿色金融服务体系。积极参与丽水普惠金融服务乡村振兴改革试验区创建。构建集体经营性资产保值增值和集体成员财产权益联结机制，探索农村集体资源性资产产权改革。加大对重点企业绿色信贷的投放力度，充分发挥"财信贷""政采贷"等的经济杠杆作用，引导金融资源加速向绿色低碳领域积聚。对金融机构发放绿色贷款给予财政贴息、风险补偿等政策激励。开发茶园贷、香榧贷、林权贷和民宿贷等特色金融产品，探索设立特色金融机构，开展特色金融服务，探索建立农村普惠金融服务体系。到 2025 年，力争开发特色生态金融产品 10 个。

5. 积极探索"市场化推动山区建设"新模式

积极争取国开行、农发行等国家政策性银行支持，推动"两山"银行等投融资平台建设，通过推进"生态抵质押贷""两山信用贷""生态主题卡""两山金融服务站""生态区块链贷"等金融助推生态产品价值实现机制创新工作，盘活土地、山林、房屋等资源要素，实行股份化、市场化、实体化运作，缓解跨越式发展投入资金不足、人才缺乏的问题，促进从生态效益、社会效益转化成经济效益的良性循环，有效扩大群众资产性收入。

（六）其他特色领域行动

1. 跨越式高质量发展综合改革

通过综合改革，绿色发展、幸福宜居、城乡融合取得标志性成果，集成一批可示范推广的成熟经验，为打造浙江省新发展格局中的新增长极、解决发展不平衡、不充分问题探索集成更多的实践经验。主要任务为：一是构建"挖潜提质、数字赋能"的税源培育机制；二是构建"城乡融合、全域统筹"的空间发展机制；三是构建"整体智治、协同高效"的县域治理机制；四是构建"全域提升、全民共享"的共同富裕机制；五是构建"高效统筹、集成配置"的要素保障机制。

2. 深入推进遂松跨山统筹发展行动

积极融入丽水市"一带三区"建设，加强与周边县（市、区）的对接合作，实现区域资源要素的集约配置和产业的集聚发展，聚力打造区域竞争力的新增长极。依托美丽乡村建设基础扎实和农耕文化底蕴深厚的优势，加快遂松片区跨山统筹发展，推动发展规划协同共谋、生态产业共创共荣、基础设施共建共享，共建全省大花园最美核心区板块和乡村振兴示范区。强化平台整合，聚力打造云峰—古市—赤寿"万亩千亿"新兴产业平台。以松阳、遂昌两县之间的河谷田园为纽带，构建"百里美丽河谷"，发展文化创意、休闲旅游、康养度假、红绿融合的美丽经济。

四、保障措施

（一）进一步强化组织保障

进一步强化跨越式高质量发展工作专班作用，明确年度工作任务和目标，细化部门、乡镇（街道）责任分工，清单化、项目化推进，确保各项任务落实落细。每年高规格召开一次全县发展工作推进会，系统谋划部署重点工作任务。加强对基层干部关心关爱，打造高素质干部人才队伍。以聚焦提升全县党员干部服务跨越式高质量发展综合素质为重点，进一步加大县委党校干部教育培训主阵地作用，大力开展县管干部队伍集中轮训。进一步强化创建乡镇党校，有序推进村（社区）党组织书记、普通党员、基层干部进党校培训。

（二）进一步健全考评机制

优化考核办法，对各部门和乡镇设置相应发展目标，推动进一步提高发展质量。调整完善发展实绩考核奖励政策，建立更加有利于形成"干得好的奖、增、加，干不好的罚、减、换"导向和格局。建立统计制度，加强相关统计分析和咨询服务，助力提高发展决策质量。

（三）进一步突出借力发展

建立领导干部会商机制，在产业帮扶、创新人才支持包括干部交流等各方面全面发展，总结提炼最佳案例。加强与宁波市余姚市、嘉兴市经济开发区、湖州市南浔区、安吉县结对工作，强化产业合作、平台共建，不断拓展协作领域。深化与长江三峡集团"一对一"结对合作。与省属国有企业和大型非公企业继续开展"千企结千村、消灭薄弱村"的结对帮扶，高水平推动乡村振兴。

（四）进一步加强宣传引导

加强对松阳县跨越式高质量发展工作的宣传报道，协调各级各类媒体加强策划组织，及时报道推进重大平台和重点项目建设的典型做法，充分挖掘推进跨越式高质量发展的生动实践，着力营造良好舆论氛围。

参 考 文 献

[1] Dunning J. H. Multinational Enterprises And Global Economy，Addison-Wesley，1993. 77-99.

[2] Tapscott D. The Digital Economy：Promise and Peril in the Age of Networked Intelligence [M]．New York：McGraw-Hill，1996.

[3] International Monetary Fund（IMF）．Measuring the Digital Economy [R]．Washington，D C：International Monetary Fund，2018.

[4] 施庆宁．浅谈法国的山区开发 [J]．全球科技经济瞭望，1990（12）：38-41.

[5] 王立军．日本对不发达地区的开发及其启示 [J]．现代日本经济，1998（5）：41-44.

[6] 韦松龙．法国及欧盟山区农业发展战略 [J]．广西农业科学，2000（6）：325-327.

[7] 杨小凯，张永生．新贸易理论、比较利益理论及其经验研究的新成果：文献综述 [J]．经济学，2001（1）：19-44.

[8] 曹荣庆．浅谈区域产业转移和结构优化的模式 [J]．中州学刊，2001（6）：22.

[9] 林元旦．区域经济非均衡发展理论及创新 [J]．中国行政管理，2004（6）：35-38.

[10] 任英．日本对不发达地区的开发及其启示 [J]．

中国农业综合开发，2004（9）：56-59.

[11] 任英．日本开发北海道的做法及启示[J]．预算管理与会计，2005（7）：25-27.

[12] 林毅夫．比较优势与中国经济发展[J]．经济发展前沿，2005（11）：5-9.

[13] 彭新万．法国解决地区差距问题的做法及对我国的启示[J]．商业研究，2006（12）：27-29.

[14] 王文英．日本北海道综合开发的历史进程和成功经验[J]．苏州大学学报（哲学社会科学版），2006（5）：100-103.

[15] 习近平．干在实处 走在前列——推进浙江新发展的思考与实践[M]．北京：中共中央党校出版社，2006.

[16] 何东，邓玲．区域生态工业系统的理论架构及其实现路径[J]．社会科学研究，2007（3）：58-61.

[17] 邹东涛．经济起飞理论与中国的理性崛起[J]．决策探索，2009（3）：7-8.

[18] 黄其刚．北海道开发对我国区域协调发展的启示[J]．重庆经济，2009（4）：24-26.

[19] 肖美香．我国产业梯度转移的理论与模式选择探索[J]．鲁东大学学报（哲学社会科学版），2009（5）：38-40.

[20] 刘钻石．比较优势理论研究述评[J]．经济学家，2009（8）：76-77.

[21] 尚海洋，张志强，熊永兰．国际山区发展政策与制度热点分析[J]．世界科技研究与发展，2011（4）：679-682，717.

[22] 雷鹏.低碳经济发展模式论［M］.上海：上海交通大学出版社，2011.

[23] 鲁丰先，王喜，秦耀辰.低碳发展研究的理论基础［J］.中国人口·资源与环境，2012（9）：8-14.

[24] 许飞宇，郭钊.欠发达地区跨越式发展的理论及实践［J］.商场现代化，2012（21）：156-157.

[25] 胡鞍钢.中国：创新绿色发展［M］.北京：中国人民大学出版社，2012.

[26] 唐啸.绿色经济理论最新发展述评［J］.国外理论动态，2014（1）：125-132.

[27] 任文启.欠发达地区发展理论中国化研究综述［J］.理论月刊，2014（7）：163-166.

[28] 邵红岭，崔海霞，卢秀茹，等.国外山区农业发展对河北省太行山区农业发展的启示［J］.农村经济与科技，2015（2）：109-111.

[29] 秦书生，杨硕.习近平的绿色发展思想探析［J］.理论学刊，2015（6）：4-11.

[30] 王海芹，高世楫.我国绿色发展萌芽、起步与政策演进：若干阶段性特征观察［J］.改革，2016（3）：6-26.

[31] 陆波，方世南.绿色发展理念的演进轨迹［J］.重庆社会科学，2016（9）：24-30.

[32] 王亚华，苏毅清.乡村振兴——中国农村发展新战略［J］.中央社会主义学院学报，2017（6）：49-55.

[33] 薄海.我国经济欠发达地区的绿色发展理论依据及现实路径［J］.经济研究导刊，2017（25）：6-8.

[34] 禤培浩. 对山区县实施乡村振兴战略的思考[J]. 法制与社会, 2018 (5) 132-133.

[35] 赵黎光, 刘明菊. "全域旅游"发展回顾与展望——理论与实践的双重视角[J]. 商业经济研究, 2018 (10): 183-185.

[36] 张勋, 万广华, 张佳佳, 等. 数字经济、普惠金融与包容性增长[J]. 经济研究, 2019 (8): 71-86.

[37] 王宏淼, 张平. 从工业化赶超到高质量增长: 中国经济增长理论研究70年[J]. 经济纵横, 2019 (9): 9-20.

[38] 王勇. 绿色发展理论内涵、评估方法及策略路径研究回顾与展望[J]. 环境与可持续发展, 2020 (1): 37-43.

[39] 杨佩卿. 数字经济的价值、发展重点及政策供给[J]. 西安交通大学学报(社会科学版), 2020 (2): 57-65, 144.

[40] 任保平. 数字经济引领高质量发展的逻辑、机制与路径[J]. 西安财经学院学报, 2020 (2): 5-9.

[41] 曾贤刚. 生态产品价值实现机制[J]. 环境与可持续发展, 2020 (6): 89-93.

[42] 中国信息通信研究院. 数字经济发展白皮书(2020) [EB/OL]. 中国信通院网, 2020-07-05.

[43] 严成樑. 现代经济增长理论的发展脉络与未来展望——兼从中国经济增长看现代经济增长理论的缺陷[J]. 经济研究, 2020 (7): 191-208.

[44] 唐宇, 龙云飞, 郑志翔. 数字普惠金融的包容性经济增长效应研究——基于中国西部12省的实证分析[J].

西南金融，2020（9）：60-73.

[45] 刘瑾，李振，王开．数字经济创新与欠发达地区经济发展：理论分析与贵州经验［J］．西部经济管理论坛，2021（2）：20-30.

[46] 丁斐，庄贵阳，朱守先．"十四五"时期我国生态补偿机制的政策需求与发展方向［J］．江西社会科学，2021（3）：59-69，255.

[47] 戴联英，吴联峰．决战决胜脱贫攻坚 共同富裕再立新功——中国共产党成立100周年浙江经济社会发展系列报告［OL］．浙江省统计局网，2021-06-16 09.

[48] 浙江省生态环境厅．关于支持山区26县跨越式高质量发展专项政策意见（浙环函〔2021〕118号）［Z］．2021-05-06.

[49] 袁家军．忠实践行"八八战略"奋力打造"重要窗口"扎实推动高质量发展建设共同富裕示范区［J］．政策瞭望，2021（6）：11-20.

[50] 浙江省农业农村厅．关于支持山区26县加快发展高效生态农业的意见（浙农专发〔2021〕35号）［Z］．2021-07-21.

[51] 李海舰，张璟龙．关于数字经济界定的若干认识［J］．企业经济，2021（7）：13-22.

[52] 王晓明．大力发展数字经济 构建内蒙古经济高质量发展新动能［J］．北方经济，2021（9）：53-56.

[53] 王正飞．推动生态颜值向经济价值跨越［N］．浙江日报，2022-01-06（6）.

[54] 欧阳志云．加快建立生态产品价值实现机制 推动

长江经济带绿色高质量发展［J］.国家发展改革委，2022-01-07.

［55］浙江省经济和信息化厅.关于印发支持山区26县生态工业高质量发展若干举措的通知（浙经信产业〔2022〕26号）［Z］.2022-02-14.

［56］金梁，丁倩.共富路上，山区26县加速跑［N］.浙江日报，2022-02-10（1）.

［57］地区处.坚持"输血"与"造血"并重，"一县一策"推动山区26县跨越式发展［OL］.浙江发改，2022-02-19.

［58］国家发展和改革委员会.大力推动我国数字经济健康发展［J］.求是，2022（2）：7-9.

后 记

　　2020年春天，习近平总书记考察浙江时赋予浙江省"努力成为新时代全面展示中国特色社会主义制度优越性的重要窗口"的新目标、新定位。高质量发展建设共同富裕示范区是习近平总书记亲自谋划、亲自定题、亲自部署、亲自推动的重大战略决策，是浙江省忠实践行"八八战略"、奋力打造"重要窗口"的核心任务，是扛起"五大历史使命"的总牵引。习近平同志在浙江工作时多次强调，要把先富带后富作为全省经济发展的大战略，不断促进区域经济协调发展。区域协调发展是浙江推动共同富裕的独特优势，也是巨大潜力所在。推动山区26县跨越式高质量发展是浙江省缩小地区发展差距的重要抓手。在浙江省社科联合会开展的"社科赋能山区26县跨越式是高质量发展行动"中，中共浙江省委党校浙江发展战略研究院与松阳县组成战略合作关系。笔者多次带队参加松阳、常山、江山、苍南、龙泉、青田、武义等山区县的调研。

　　感谢浙江省社科联合会俞晓光巡视员、况落华副处长，浙江省发改委地区处赵黎二级调研员、陈觅副处长，浙江省改革所杜平副所长、常山县何健常务副县长、陈湘副县长、发改局琚东风局长，江山市张志军副市长、发改局徐辉副局长，松阳县经济商务局刘祖军局长和中共龙泉市委李舜副书记对调研的支持和帮助；感谢课题合作者中共浙江省委党校俞国军、马文娟、徐依婷博士和唐勇副教授，以及浙江省改革所陈静静参加课题调研，并帮助收集整理研究资料；感谢松阳、常山、江山、苍南、武义等五县县委党校的支持。

本书是浙江省山区县跨越式高质量发展的一个实证研究。在研究过程中，参考和引用了浙江省人民政府，以及相关部门的有关文件，已经在注释和参考文献中列出，挂一漏万，如果还有疏漏，敬请谅解。

由于作者学识有限，本书的不当之处在所难免，望读者不吝批评指正。

作 者

2022年5月